코틀린 코루틴

Kotlin Coroutines

Kotlin Coroutines: Deep Dive
by Marcin Moskała

코틀린 코루틴: 안드로이드 및 백엔드 개발자를 위한 비동기 프로그래밍

초판 1쇄 발행 2023년 11월 1일 **2쇄 발행** 2023년 11월 28일 **지은이** 마르친 모스카와 **옮긴이** 신성열 **펴낸이** 한기성 **펴낸곳** (주)도서출판인사이트 **편집** 백주옥 **영업마케팅** 김진불 **제작·관리** 이유현, 박미경 **용지** 월드페이퍼 **인쇄·제본** 천광인쇄사 **등록번호** 제2002-000049호 **등록일자** 2002년 2월 19일 **주소** 서울특별시 마포구 연남로5길 19-5 **전화** 02-322-5143 **팩스** 02-3143-5579 **이메일** insight@insightbook.co.kr **ISBN** 978-89-6626-415-5 책값은 뒤표지에 있습니다. 잘못 만들어진 책은 바꾸어 드립니다. 이 책의 정오표는 https://blog.insightbook.co.kr에서 확인하실 수 있습니다.

프로그래밍 인사이트

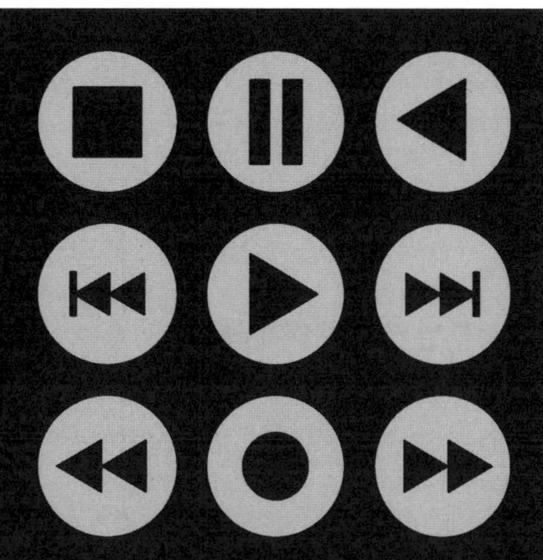

코틀린 코루틴

안드로이드 및 백엔드 개발자를 위한 비동기 프로그래밍

마르친 모스카와 지음 | 신성열 옮김

인사이트

차례

4장 코루틴의 실제 구현 35

5장 코루틴: 언어 차원에서의 지원 vs 라이브러리 53

2부 코틀린 코루틴 라이브러리 55

6장 코루틴 빌더 57

7장 코루틴 컨텍스트 73

3부 채널과 플로우 223

옮긴이의 글

제가 코틀린을 처음 접하게 된 건 회사에 입사한 지 얼마 안 된 주니어 개발자 시절이었습니다. 그 당시 팀 내에 있는 많은 시니어 개발자들이 자바와 스프링을 사용해 서버를 뚝딱뚝딱 만들어 내는 것을 보고 역시 자바와 스프링이 가장 좋은 언어와 프레임워크라는 생각을 갖고 있었습니다. 그러던 중, 한 개발자가 테스트용 클라이언트를 코틀린으로 만들었는데, 당시에는 자바도 충분히 편리한 언어인데 왜 코틀린의 익숙하지 않은 문법을 배우면서 고생할까 하는 의구심이 들었습니다.

하지만 몇 년이 지난 지금, 안드로이드는 코틀린을 정식 언어로 선언하여 사용하고 있으며, 서버를 개발하고 운영하는 조직에서도 코틀린을 서서히 도입하고 있는 상황입니다. 또한 많은 팀에서 코틀린으로 새로운 프로젝트를 개발하고 있으며, 운영하고 있는 서버 또한 기존 언어에서 코틀린으로 포팅하고 있습니다. 저도 코틀린을 처음 접했을 때 가졌던 어리석은 생각과 달리, 현재는 코틀린의 다양한 기능을 활용하고 있으며, 대부분 프로젝트를 코틀린으로 진행하고 있습니다.

코틀린은 정말 편리한 언어입니다. 자바에서 가장 문제가 되었던 널(null) 가능성을 컴파일 타임에 검증하여 런타임에 발생할 수 있는 예외를 사전에 차단할 수 있으며, 자바에서 보일러플레이트 코드였던 세터와 게터는 데이터 클래스를 선언함으로써 대체할 수 있습니다. 이 외에도 기존 언어 대신 코틀린을 사용해야 할 이유는 정말 많습니다.

코틀린은 비동기 프로그래밍을 언어적으로 지원하기 위해 코루틴이라는 개념도 도입했습니다. 이 책에도 나오는 내용이지만, 자바에서 비동기 프로그래밍을 구현하려면 RxJava 라이브러리를 사용해야 하는 등 제약이 많습니다. 코틀린 코루틴도 사용하려면 의존성이 필요하지만, 코틀린 언어를 만든 젯브레인에서 개발한 라이브러리를 사용하는 것이기 때문에 사실상 언어적으로 지원하는 것이나 마찬가지입니다.

코틀린을 처음 접할 때는 코루틴이 정식 버전이 아니었지만, 정식으로 도입된 지금은 많은 개발자가 코루틴을 사용하고 있을 정도로 인기가 많습니다. 하지만 코루틴을 제대로 배우고 싶어도 국내에 출판되어 있는 책이 없어 어려움이 많았습니다. 때마침 코틀린을 사랑해 마지않는 마르친 모스카와가 쓴 《Kotlin Coroutines》을 번역해 달라는 요청이 들어와, 코루틴을 자세히 공부할 수도 있고, 코틀린의 장점 중 하나인 비동기 프로그래밍을 쉽게 처리할 수 있다는 점을 소개할 수 있겠다 싶어 흔쾌히 수락했습니다. 번역을 하면서 최대한 원문의 의미를 살리려고 노력했으나, 여전히 미흡한 점이 있음을 너그럽게 이해해 주시길 바랍니다.

많은 사람이 코틀린이라는 언어에 반했던 것처럼, 이 책을 읽는 여러분들 또한 코루틴의 기능을 배우고 현업에서 적용하면서 비동기 프로그래밍까지 지원하는 코틀린의 매력에 푹 빠져보기를 바랍니다.

2023년 9월

신성열

지은이의 글

"왜 코틀린 코루틴을 배우고 싶은가요?" 제 워크숍에 참여한 사람들에게 이런 질문을 하면 보통 "새로운 기술이니까요." 또는 "모든 사람이 코루틴에 대해 이야기하던데요." 같은 대답을 합니다. 좀더 기술적으로 질문을 하면 사람들은 "코루틴은 가벼운 스레드니까요.", "RxJava보다 다루기 쉬우니까요." 또는 "명령형으로 코드를 짜더라도 동시성을 제공하니까요."와 같은 말을 합니다. 이 답변이 틀린 것은 아니지만 코루틴은 사람들이 생각하는 것보다 훨씬 많은 걸 제공합니다. 코루틴은 동시성을 다루는 가장 좋은 도구라 할 수 있습니다. 코루틴은 컴퓨터 과학 분야에서 1960년대부터 다뤄온 개념이지만, 현업에서는 제한적인 형태로만 사용되어 왔습니다(async/await처럼). 코루틴의 사용성이 변화하기 시작한 건 Golang이 코루틴을 범용적으로 사용하면서부터였습니다. 코틀린 또한 코루틴을 도입하였으며, 코루틴을 가장 강력하고 사용하기 쉽게 구현했다고 생각합니다.

동시성을 다루는 건 점점 중요해지고 있지만, 기존의 기술은 이에 대한 충분한 대책이 되지 못했습니다. 현재 추세로는 코루틴이 IT 산업이 지향하는 방향이며, 코틀린 코루틴은 이를 실현하고 있는 대표적인 예라고 할 수 있습니다. 실제로 어떻게 사용되는지 예제를 통해 이를 보여 주고자 합니다. 이 책을 재밌게 읽을 수 있기를 바랍니다.

이 책의 대상 독자

백엔드와 안드로이드 개발 모두를 접해본 사람으로서 저는 이 책을 두 가지 관점에 중점을 두고 쓰려고 노력했습니다. 현재 코틀린이 가장 많이 사용되는 분야는 백엔드와 안드로이드이며, 코루틴은 해당 분야에서 활용하기에 적합하도록 설계되었습니다.[1] 따라서 이 책이 안드로이드와 백엔드 개발자들을 위한 책

1 구글의 안드로이드 팀이 우리가 이 책에서 설명하는 특징을 설계하고 구현했습니다.

이라고 말할 수 있지만, 코틀린을 사용하는 다른 분야의 개발자들에게도 유용할 거라 생각합니다.

이 책은 독자들이 코틀린에 대해 잘 알고 있다고 생각하고 쓰였습니다. 만약 코틀린에 익숙하지 않다면, 드미트리 제메로프(Dmitry Jemerov)와 스베트라나 이사코바(Svetlana Isakova)가 쓴 《Kotlin in Action》(에이콘, 2017)을 먼저 읽는 걸 추천합니다.

이 책의 구성

이 책은 다음과 같이 네 개의 부로 구성되어 있습니다.

- 1부: 코틀린 코루틴 이해하기 — 코틀린 코루틴이란 무엇인지 그리고 어떻게 작동하는지에 초점이 맞춰져 있습니다.
- 2부: 코틀린 코루틴 라이브러리 — kotlinx.coroutines 라이브러리에서 가장 중요한 개념과 이를 잘 사용하는 방법을 설명합니다.
- 3부: 채널과 플로우 — kotlinx.coroutines 라이브러리의 채널과 플로우를 다룹니다.
- 4부: 코틀린 코루틴 적용하기 — 코틀린 코루틴의 일반적인 사용 예제와 코틀린 코루틴을 사용한 가장 중요한 모범 사례를 다룹니다.

이 책에서 다루는 내용

이 책은 제가 진행한 워크숍을 기초로 쓰였습니다. 워크숍을 진행하면서 참가자들이 어떤 부분에 관심이 있고 없는지를 파악할 수 있었습니다. 참가자들이 가장 많이 했던 질문은 다음과 같습니다.

- 코루틴은 실제로 어떻게 작동하나요? (1부)
- 코루틴을 현업에서 어떻게 사용할 수 있나요? (2부, 3부, 특히 4부)
- 코루틴을 사용하기에 가장 좋은 분야는 무엇인가요? (2부, 3부, 특히 4부)
- 코틀린 코루틴은 어떻게 테스트할 수 있나요? (2부의 '코틀린 코루틴 테스트하기'와 3부의 '플로우 테스트하기')
- 플로우란 무엇이며, 어떻게 작동하나요? (3부)

'개발자를 위한 코틀린' 시리즈

이 책은 '개발자를 위한 코틀린' 시리즈 중 하나입니다. '개발자를 위한 코틀린' 시리즈는 다음 책들로 구성되어 있습니다.

- 《Kotlin Essentials》: 코틀린의 기본 특징을 다룹니다.
- 《Functional Kotlin》: 함수 타입, 람다 표현식, 컬렉션 처리, 도메인 전용 언어(DSL), 스코프 함수를 포함한 함수형 코틀린의 특징을 다룹니다.
- 《Kotlin Coroutines(코틀린 코루틴)》: 코루틴을 사용하고 테스트하는 방법, 플로우 사용법, 코루틴의 모범 사례, 코루틴을 사용할 때 저지르는 가장 흔한 실수들과 같은 코루틴의 모든 특징을 다룹니다.
- 《Advanced Kotlin》: 제네릭 가변성 수식어, 위임(delegation), 멀티플랫폼 프로그래밍, 어노테이션 처리, 코틀린 심벌 처리(KSP), 컴파일러 플러그인과 같은 코틀린의 고급 기능을 다룹니다.
- 《Effective Kotlin(이펙티브 코틀린)》: 코틀린 프로그래밍의 모범 사례를 다룹니다.

이 책들은 훌륭한 코틀린 개발자로 성장하는 데 필요한 모든 것을 다루고 있습니다.

이 책의 표기법

구체적인 코드를 예로 들 때는 고정폭 서체를 사용합니다. 개념을 표기할 때는 앞 글자를 대문자로 표기합니다. 특정 타입에 속한 요소를 표기할 때는 소문자를 사용합니다. 예를 들면,

- `Flow`는 타입 또는 인터페이스이므로 고정폭 서체로 표기합니다(예: `Flow`를 반환하는 함수가 중단 함수가 되어서는 안 됩니다).
- Flow는 개념을 나타내므로 대문자로 시작합니다(예: 채널(Channel)과 플로우(Flow)의 핵심적인 차이를 말해 줍니다).
- flow는 리스트나 집합과 같은 인스턴스이므로 소문자로 표기합니다(예: 모든 플로우(flow)는 몇 가지 요소로 구성됩니다).

또 다른 예를 들면, `List`는 인터페이스 또는 타입을 의미합니다(`i`의 타입은 `List`입니다.). List는 개념(자료 구조)을 나타내지만, list는 수많은 리스트 중 하나를 뜻합니다(`list` 변수는 리스트를 담고 있습니다).

코루틴 상태 중 'Cancelled'가 있어 '취소(cancellation)/취소된(cancelled)'을 제외하면 미국식 영어를 사용했습니다.

이 책의 코드 표기법

이 책에 소개된 대부분의 코드는 import 구문 없이 실행 가능합니다. 이 책의 일부분은 코틀린 아카데미(Kt. Academy) 홈페이지에서 실행 가능한 코드가 포함된 기사로 소개되었으며, 독자들은 이 코드를 실제로 실행할 수 있습니다. 모든 코드는 다음 깃허브(GitHub) 저장소에서 찾아볼 수 있습니다.

https://github.com/MarcinMoskala/coroutines_sources

코드 결과는 `println` 함수를 사용해 확인합니다. 결과는 코드의 끝에 주석으로 표시됩니다. 결과로 표시되는 줄 사이에 지연이 있다면, 주석 내 괄호로 표시합니다. 다음은 그 예입니다.

```
suspend fun main(): Unit = coroutineScope  {
    launch {
        delay(1000L)
        println("World!")
    }
    println("Hello,")
}
// Hello,
// (1초 후)
// World!
```

가끔 코드 일부나 결과가 `...`로 생략되어 표시되는 경우도 있습니다. 이때는 '코드가 더 있지만 예제와는 무관하다'고 생각하면 됩니다.

```
launch(CoroutineName("Name1")) { ... }
launch(CoroutineName("Name2") + Job()) {  ... }
```

몇몇 예제에서는 주석을 출력 또는 대기하는 코드 바로 옆에 배치했습니다. 순서가 확실히 정해졌을 때입니다.

```
suspend fun main(): Unit = coroutineScope  {
    println("Hello,") // Hello,
    delay(1000L)      // (1초 후)
    println("World!") // World!
}
```

코드 일부에서는 각 줄의 끝에 숫자를 넣어 코드가 실행되는 걸 쉽게 설명하려고 했습니다. 다음과 같은 예를 들 수 있습니다.

```
suspend fun  main(): Unit = coroutineScope  {
    println("Hello,") // 1
    delay(1000L)      // 2
    println("World!") // 3
}
```

1에서는 "Hello"를 출력하고 delay가 포함된 2에서 1초를 기다린 뒤, 3에서 "World!"를 출력합니다.

감사의 말

이 책은 리뷰어들의 제안과 의견이 없었다면 그리 좋은 책이 될 수 없었을 것입니다. 리뷰어들 모두에게 감사의 말을 전합니다. 리뷰어들을 참여도순으로 소개하면 다음과 같습니다.

니콜라 코티(Nicola Coti)

코틀린 분야의 GDE(Google Developer Expert)입니다. 버전 1.0 이전부터 코틀린을 사용해 왔으며, 모바일 개발자들이 주로 사용하는 Detekt, Chucker, AppIntro와 같은 오픈소스 라이브러리와 도구를 관리하고 있습니다. 지금은 메타(Meta)의 리액트 네이티브(React Native) 코어 팀에서 일하고 있으며, 모바일 분야에서 가장 인기 있는 크로스 플랫폼 프레임워크를 개발하고 있습니다.

개발자 모임에도 활발하게 참여하고 있습니다. 국제 컨퍼런스에서 연사로 강연을 하거나 CFP의 위원으로 활동하기도 하며 유럽의 개발자 모임을 지원하는 등 다양한 활동을 하고 있습니다. 여가 시간에는 빵을 굽거나, 팟캐스트를 하거나, 달리기를 합니다.

가리마 자인(Garima Jain)

인도 출신의 안드로이드 GDE(Google Developer Expert)입니다. 커뮤니티에서는 @ragdroid로 유명합니다. 가리마는 고대디(GoDaddy)의 안드로이드 핵심 기술자입니다. 국제적인 연사이며 기술 블로거로서 활발하게 활동하고 있습니다. 커뮤니티에서 다른 사람들과 소통하고 생각을 공유하는 것을 좋아합니다. 쉴 때는 TV를 보거나, 탁구나 농구하는 걸 좋아합니다. 코딩뿐 아니라 소설도 정말 좋아해 프로그래밍 기술을 접목시킨 소설에 대해 다른 사람들과 이야기하거나 블로그를 통해 공유하고 있습니다.

일미르 우스마노프(Ilmir Usmanov)

젯브레인(JetBrains)의 소프트웨어 개발자로, 2017년부터 코틀린 컴파일러에서 코루틴 지원을 담당하고 있습니다. 코루틴 설계에서 안정화와 구현을 책임졌습니다. 이후 인라인 클래스를 비롯한 다른 기능을 개발했습니다. 현재 코루틴과 관련된 일은 버그 수정과 최적화만 수행하고 있는데, 코루틴은 이미 구현이 완료되어 크게 수정할 일이 많지 않기 때문입니다.

션 맥퀼란(Sean Mcquillan)

구글의 개발자 애드보케이트(Developer Advocate)[2]입니다. 10년 동안 트윌리오(Twilio)와 샌프란시스코의 스타트업에서 일했으며, 애플리케이션을 적정 규모로 빌드할 수

2 (옮긴이) 개발자들을 대상으로 회사가 보유하고 있는 기술과 문화를 전파해 개발자들을 모으고 회사가 보유한 기술 플랫폼을 확산시키는 사람

있도록 좋은 도구를 적용하는 방법에 대해 관심이 많습니다. 션은 높은 품질의 애플리케이션을 빠르게 빌드하는 좋은 방법을 연구하고 있습니다. 안드로이드 관련 일을 하지 않을 때는 피아노를 연주하거나 모자를 짭니다.

이고르 워즈다(Igor Wojda)

10년 이상의 소프트웨어 개발 경력이 있는 열정적인 개발자입니다. 가장 관심 있어 하는 분야는 안드로이드 애플리케이션의 구조와 코틀린 언어이며, 오픈소스 커뮤니티에도 활발하게 참여하고 있습니다. 이고르는 컨퍼런스의 연사이자 《Kotlin in Action》을 기술적으로 검토하였고, 《Android Development with Kotlin》을 집필하기도 했습니다. 이고르는 다른 개발자들과 열정적인 코딩에 대해 이야기하는 걸 좋아합니다.

자나 자롤리모바(Jana Jarolimova)

아바스트(Avast)의 안드로이드 개발자입니다. 프라하 대학교(Prague City University)에서 자바에 대해 가르친 뒤, 모바일 쪽 개발을 시작했으며 그 후 코틀린이란 언어에 대해 애정을 갖게 되었습니다.

리차드 슈엘렉(Richard Schielek)

실력 있는 개발자로 코틀린과 코루틴이 안정화되기 전부터 현업에서 사용해 왔습니다. 유럽의 우주 산업 분야에서도 몇 년 동안 일했습니다.

브제보로드 톨스토파토프(Vsevolod Tolstopyatov)

코틀린 라이브러리 팀을 이끌고 있습니다. 젯브레인에서 일했으며, API 설계, 동시성, JVM 내부 구조, 성능 튜닝과 방법론에 대해 관심이 많습니다.

루카스 레흐너(Lukas Lechner), **이브라힘 일마즈**(Ibrahim Yilmaz), **딘 제르마노비치**(Dean Djermanovic), **단 오닐**(Dan O'Neill)

이 책의 어휘와 문법을 검토하고 교정해 준 마이클 팀버레이크(Michael Timberlake)에게도 감사하다는 말을 전하고 싶습니다.

Kotlin Coroutines

1부

코틀린 코루틴 이해하기

코틀린 코루틴 라이브러리에 대해 살펴보기 전에 몇 가지 기본적인 개념부터 살펴보겠습니다. 코루틴이란 무엇인가? 중단(suspension)은 어떻게 작동하는가? 코틀린은 코루틴을 어떤 식으로 구현하는가? 몇 가지 유용한 도구와 사용 예제를 보면서 이 질문에 대한 답을 찾아봅시다.

1장

K o t l i n C o r o u t i n e s

코틀린 코루틴을 배워야 하는 이유

왜 우리는 코틀린 코루틴을 배워야 할까요? 이미 널리 사용되고 있는 RxJava나 Reactor와 같은 JVM 계열 라이브러리가 있는데도 말이죠. 게다가 자바 또한 언어 자체적으로 멀티스레드를 지원하고 있고, 스레드 대신 낡은 방식인 콜백 함수를 활용하고 있는 개발자도 많습니다. 우리는 이미 비동기적 연산을 수행하기 위한 다양한 방법을 알고 있습니다.

코틀린 코루틴은 기존의 방식보다 훨씬 많은 것을 제공합니다. 코루틴은 1963년에 처음 제시되었지만,[1] 코루틴이란 개념이 실제 현업에서 사용될 수 있도록 구현되기까지 수십 년이 걸렸습니다.[2] 코틀린 코루틴은 반세기 전의 논문에서 소개된 강력한 기능을 실생활에서도 유용하게 사용할 수 있게 설계된 라이브러리로 만들어졌습니다. 게다가 코틀린 코루틴은 멀티플랫폼에서 작동시킬 수 있기 때문에 코틀린을 사용하는 모든 플랫폼(JVM, JS, iOS 또는 다른 모든 모듈들)을 넘나들며 사용할 수 있습니다. 무엇보다 코틀린 코루틴을 도입한다고 해서 기존 코드 구조를 광범위하게 뜯어고칠 필요도 없습니다. 약간의

1 Conway, Melvin E. (July 1963). "Design of a Separable Transition-Diagram Compiler". Communications of the ACM. ACM. 6 (7): 396-408. doi:10.1145/366663.366704. ISSN 0001-0782. S2CID 10559786

2 Go는 2009년에 코루틴을 가장 먼저 상용화하여 도입하였습니다. 코루틴은 Lisp와 같이 오래된 언어에서도 구현되었으나 별다른 인기를 끌지 못했습니다. 그 이유는 코루틴이 구현된 방식이 실제로 사용되기에 적합하게 설계되지 않았기 때문입니다. Lisp(Haskell과 같이)는 현업 개발자들을 위한 언어가 아닌 컴퓨터 과학자들의 놀이터로 여겨진 탓이 큽니다.

수고로도 코틀린 코루틴이 제공하는 대부분의 기능을 사용할 수 있으며, 이는 RxJava나 콜백에서는 기대할 수 없던 것이었습니다. 이는 코틀린 코루틴이 초보 개발자들이 사용하는 데도 무리가 없음을 의미합니다.[3]

코루틴을 적용한 예를 확인해 봅시다. 코루틴을 사용한 예제와 잘 알려진 기존의 접근 방식을 사용한 예제를 비교하면 두 방법이 어떻게 다른지 알 수 있을 것입니다. 두 가지 범용적인 예제인 안드로이드와 백엔드 비즈니스 로직을 구현한 것을 비교해 봅시다. 우선 안드로이드 예제부터 보겠습니다.

안드로이드(그리고 다른 프론트엔드 플랫폼)에서의 코루틴 사용

프론트엔드 단에서 애플리케이션 로직을 구현할 때 가장 흔하게 사용하는 방법은 다음과 같습니다.

1. 하나 또는 다양한 소스(API, 뷰 구성요소, 데이터베이스, 설정, 다른 애플리케이션)로부터 데이터를 얻어온다.
2. 데이터를 처리한다.
3. 가공된 데이터로 무엇인가를 한다(뷰를 통해 보여 주기, 데이터베이스에 저장하기, API로 전송하기 등).

코루틴을 비롯한 비동기 연산을 지원하는 라이브러리가 어떻게 사용되는지 확인하기 위해 안드로이드 앱을 개발하고 있다고 해 봅시다. API로부터 뉴스를 가지고 와서 정렬한 다음, 스크린에 띄우는 로직을 구현하는 경우를 생각해 볼 수 있습니다. 다음은 해당 로직을 간단하게 구현한 예제입니다.

```
fun onCreate() {
    val news = getNewsFromApi()
    val sortedNews = news
        .sortedByDescending { it.publishedAt }
    view.showNews(sortedNews)
}
```

3 물론 코루틴을 잘 사용하려면 코루틴 개념을 잘 이해하고 있어야 한다는 사실에는 변함이 없습니다.

안타깝게도 안드로이드에서는 앞의 예제처럼 간단하게 구현할 수 없습니다. 안드로이드에서는 하나의 앱에서 뷰를 다루는 스레드가 단 하나만 존재합니다. 이 스레드는 앱에서 가장 중요한 스레드라 블로킹되면 안 되기 때문에, 이런 방법으로 구현할 수 없습니다. onCreate 함수가 메인 스레드에서 실행된다면 getNewsFromApi 함수가 스레드를 블로킹할 것이고, 애플리케이션에 앱 크래시(비정상 종료)가 발생할 것입니다. getNewsFromApi 함수를 다른 스레드에서 실행하더라도 showNews를 호출할 때 정보가 없으므로 메인 스레드에서도 마찬가지로 크래시가 발생합니다.

스레드 전환

스레드 전환이 위에서 말한 문제를 푸는 가장 직관적인 방법입니다. 블로킹이 가능한 스레드를 먼저 사용하고, 이후에 메인 스레드로 전환하면 됩니다.

```
fun onCreate() {
    thread {
        val news = getNewsFromApi()
        val sortedNews = news
            .sortedByDescending { it.publishedAt }
        runOnUiThread {
            view.showNews(sortedNews)
        }
    }
}
```

몇몇 애플리케이션에서는 위와 같은 스레드 전환 방식을 아직도 사용하고 있지만, 다음과 같은 문제가 있습니다.

- 스레드가 실행되었을 때 멈출 수 있는 방법이 없어 메모리 누수로 이어질 수 있습니다.
- 스레드를 많이 생성하면 비용이 많이 듭니다.
- 스레드를 자주 전환하면 복잡도를 증가시키며 관리하기도 어렵습니다.
- 코드가 쓸데없이 길어지고 이해하기 어려워집니다.

다음과 같이 생각하면 위의 문제를 이해하는 데 도움이 됩니다. 뷰를 열었다가 재빨리 닫았다고 생각해 봅시다. 뷰가 열려 있는 동안, 데이터를 가져와 처리하는 스레드가 다수 생성됩니다. 생성된 스레드들을 제거하지 않으면, 스레드는 주어진 작업을 계속 수행한 후 더 이상 존재하지 않는 뷰를 수정하려고 시도할 것입니다. 이것은 디바이스에 불필요한 작업이며, 백그라운드에서 예외(exceptions)를 유발하거나 예상하기 어려운 결과가 발생할 수 있습니다.

위에서 말한 문제점들을 떠올리며, 더 나은 방법을 생각해 봅시다.

콜백

콜백(callback)은 앞에서 주어진 문제를 해결하는 또 다른 패턴입니다. 콜백의 기본적인 방법은 함수를 논블로킹(non-blocking)으로 만들고, 함수의 작업이 끝났을 때 호출될 콜백 함수를 넘겨주는 것입니다. 콜백 패턴을 쓰는 함수는 다음과 같습니다.

```
fun onCreate() {
    getNewsFromApi { news ->
        val sortedNews = news
            .sortedByDescending { it.publishedAt }
        view.showNews(sortedNews)
    }
}
```

위와 같이 콜백을 이용해 구현한 방식 또한 중간에 작업을 취소할 수 없습니다. 취소할 수 있는 콜백 함수를 만들 수도 있지만 쉬운 일은 아닙니다. 콜백 함수 각각에 대해 취소할 수 있도록 구현해야 할 뿐 아니라, 취소하기 위해선 모든 객체를 분리해서 모아야 합니다.

```
fun onCreate() {
    startedCallbacks += getNewsFromApi { news ->
        val sortedNews = news
            .sortedByDescending { it.publishedAt }
        view.showNews(sortedNews)
    }
}
```

콜백 구조는 이 문제를 간단하게 풀 수 있지만 단점이 많습니다. 세 군데서 데이터를 얻어오는 다음과 같은 예제를 살펴봅시다.

```
fun showNews() {
    getConfigFromApi { config ->
        getNewsFromApi(config) { news ->
            getUserFromApi { user ->
                view.showNews(user, news)
            }
        }
    }
}
```

위 코드는 다음과 같은 이유 때문에 완벽한 해결책이 될 수 없습니다.

- 뉴스를 얻어오는 작업과 사용자 데이터를 얻어오는 작업은 병렬로 처리할 수 있지만, 현재의 콜백 구조로는 두 작업을 동시에 처리할 수 없습니다(이를 콜백으로 해결하기란 매우 어렵습니다).
- 아까 지적했던 것처럼 취소할 수 있도록 구현하려면 많은 노력이 필요합니다.
- 들여쓰기가 많아질수록 코드는 읽기 어려워집니다(콜백을 많이 사용한 코드가 읽기 어렵다고 생각되는 이유입니다). 이런 상황을 '콜백 지옥(callback hell)'이라 부르며, 오래된 Node.JS 프로젝트에서 쉽게 찾을 수 있습니다.

```
describe('.totalValue', function(){
  it('should calculate the total value of items in a space', function(done){
  var table = new Item('table', 'dining room','07/23/2014', '1','3000');
  var chair = new Item('chair', 'living room','07/23/2014', '3','300');
  var couch = new Item('couch', 'living room','07/23/2014', '2','1100');
  var chair2 = new Item('chair', 'dining room','07/23/2014', '4','500');
  var bed = new Item('bed', 'bed room','07/23/2014', '1','2000');

  table.save(function(){
    chair.save(function(){
      couch.save(function(){
        chair2.save(function(){
          bed.save(function(){
            Item.totalValue({room: 'dining room'}, function(totalValue){
              expect(totalValue).to.equal(5000);
              done();
              });
            });
          });
        });
      });
    });
  });
  });
 });
});
```

• 콜백을 사용하면 작업의 순서를 다루기 힘들어집니다. 다음과 같이 프로그레스 바를 보여 주는 방법은 작동하지 않습니다.

```
fun onCreate() {
    showProgressBar()
    showNews()
    hideProgressBar() // 잘못된 방식입니다.
}
```

프로그레스 바는 뉴스를 보여 주는 작업을 시작하고 곧바로 사라집니다. 프로그레스 바가 제대로 작동하게 하려면 showNews에도 콜백 함수를 만들어야 합니다.

```
fun onCreate() {
    showProgressBar()
    showNews {
        hideProgressBar()
    }
}
```

지금까지 콜백 구조가 적절한 해결책이 아니라는 걸 살펴보았습니다. 이제 또 다른 접근법인 RxJava와 리액티브 스트림(reactive stream)에 대해 알아보겠습니다.

RxJava와 리액티브 스트림

자바 진영(안드로이드와 백엔드 모두)에서 인기 있는 또 다른 해결책은 RxJava나 그 뒤를 이은 Reactor와 같은 리액티브 스트림(또는 리액티브 확장 라이브러리)을 사용하는 것입니다. 이 방법을 사용하면 데이터 스트림 내에서 일어나는 모든 연산을 시작, 처리, 관찰할 수 있습니다. 리액티브 스트림은 스레드 전환과 동시성 처리를 지원하기 때문에 애플리케이션 내의 연산을 병렬 처리하는 데 사용됩니다.

다음은 RxJava를 사용해 문제를 해결한 예제입니다.

```
fun onCreate() {
    disposables += getNewsFromApi()
        .subscribeOn(Schedulers.io())
        .observeOn(AndroidSchedulers.mainThread())
        .map { news ->
            news.sortedByDescending { it.publishedAt }
        }
        .subscribe { sortedNews ->
            view.showNews(sortedNews)
        }
}
```

✓ 위 예제에서 disposables는 사용자가 스크린을 빠져나갈 경우 스트림을 취소하기 위해 필요합니다.

RxJava를 사용한 방법이 콜백을 사용한 것보다 훨씬 더 좋은 방법입니다. 메모리 누수도 없고, 취소가 가능하며, 스레드를 적절하게 사용하고 있습니다. 하지만 RxJava는 구현하기에 아주 복잡하다는 단점이 있습니다. 이 방식을 처음 시작할 때 보여 준 '이상적인' 코드와 비교하면(아래에도 나와 있는), 완전히 다른 형태의 코드라고 볼 수 있습니다.

```
fun onCreate() {
    val news = getNewsFromApi()
    val sortedNews = news
        .sortedByDescending { it.publishedAt }
    view.showNews(sortedNews)
}
```

subscribeOn, observeOn, map, subscribe와 같은 함수들을 RxJava를 사용하기 위해 배워야 합니다. 취소하는 작업 또한 명시적으로 표시해야 합니다. 객체를 반환하는 함수들은 Observable이나 Single 클래스로 래핑(wrapping)해야 합니다. 실제로 RxJava를 도입하려면 수많은 코드를 바꿔야 합니다.

```
fun getNewsFromApi(): Single<List<News>>
```

데이터를 보여 주기 전에 세 개의 엔드포인트(endpoint, 서비스에서 다른 서비스에 요청을 보내는 지점)를 호출해야 한다는 것도 또 다른 문제입니다. 이 또한 RxJava를 사용해 해결할 수 있지만 훨씬 복잡합니다.

```
fun showNews() {
    disposables += Observable.zip(
        getConfigFromApi().flatMap { getNewsFromApi(it) },
        getUserFromApi(),
        Function2 { news: List<News>, config: Config ->
            Pair(news, config)
        })
        .subscribeOn(Schedulers.io())
        .observeOn(AndroidSchedulers.mainThread())
        .subscribe { (news, config) ->
            view.showNews(news, config)
        }
}
```

위 코드는 동시성 처리도 되어 있으며 메모리 누수도 없지만, `zip`, `flatMap`과 같은 RxJava 함수를 사용해야 하고 값을 `Pair`로 묶고 분리도 해야 합니다. 적절한 구현 방법이긴 하지만 너무 복잡하다는 단점이 있습니다. 이제 코루틴이 어떻게 문제를 해결하는지 살펴봅시다.

코틀린 코루틴의 사용

코틀린 코루틴이 도입한 핵심 기능은 코루틴을 특정 지점에서 멈추고 이후에 재개할 수 있다는 것입니다. 코루틴을 사용하면 우리가 짠 코드를 메인 스레드에서 실행하고 API에서 데이터를 얻어올 때 잠깐 중단시킬 수도 있습니다. 코루틴을 중단시켰을 때 스레드는 블로킹되지 않으며 뷰를 바꾸거나 다른 코루틴을 실행하는 등의 또 다른 작업이 가능합니다. 데이터가 준비되면 코루틴은 메인 스레드에서 대기하고 있다가(코루틴이 대기하는 건 스레드를 기다리고 있는 코루틴이 쌓여있는 경우와 같이 극히 드문 상황에서 일어납니다) 메인 스레드가 준비되면 멈춘 지점에서 다시 작업을 수행합니다.

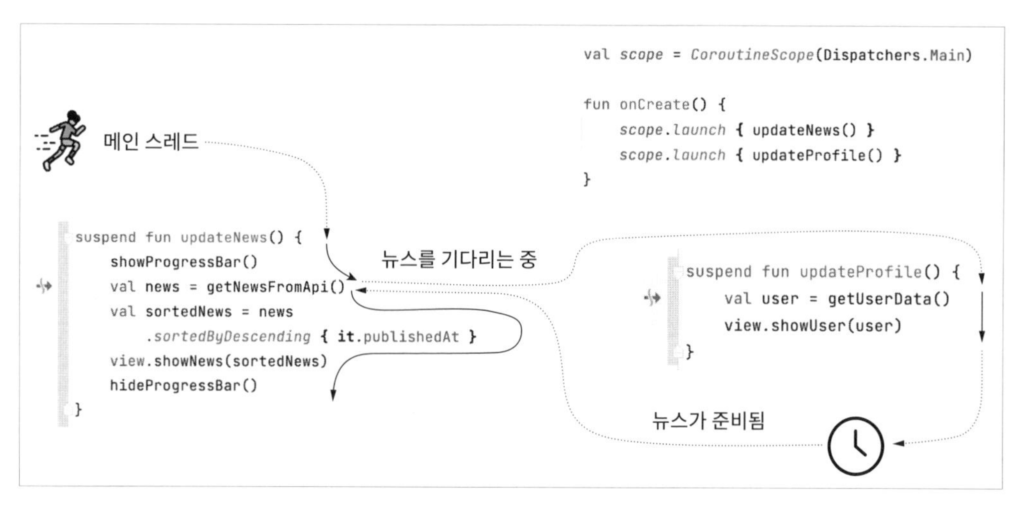

위 그림은 updateNews와 updateProfile 함수가 메인 스레드 내에서 각각의 코루틴으로 실행되는 걸 보여 주고 있습니다. 두 함수가 한 스레드 내에서 넘나들며 실행될 수 있는 이유는 스레드가 블로킹되는 것이 아니라 코루틴이 중단되기 때문입니다. updateNews 함수가 네트워크 응답을 기다리는 동안, 메인 스레드는 updateProfile 함수가 사용합니다. 이때 getUserData 호출은 사용자의 데이터가 캐싱되어 있기 때문에 중단되지 않는다고 가정합니다. 따라서 updateProfile은 메인 스레드 내에서 멈추지 않고 실행될 수 있습니다. 네트워크 응답이 오는 데 걸리는 시간이 프로필을 갱신하는 데 걸리는 시간보다 길기 때문에 메인 스레드가 사용되지 않고 기다리는 시간도 있습니다(위 두 함수 외 다른 함수들을 사용할 수 있긴 합니다). 데이터 전송이 완료되면, 메인 스레드는 updateNews를 처리하는 코루틴에 의해 getNewsFromApi 이후 작업을 수행하게 됩니다.

코루틴을 정의하면, 중단했다가 다시 실행할 수 있는 컴포넌트(component, 프로그래밍에서 재사용 가능한 각각의 독립된 모듈)라고 할 수 있습니다. 자바스크립트(JavaScript), 러스트(Rust), 파이썬(Python)과 같은 언어에서 사용하는 async/await, 제너레이터(generator)와 같은 개념 또한 코루틴을 사용하지만 기능은 아주 제한적입니다.

따라서 코틀린 코루틴을 사용하면 뉴스를 별도로 처리하는 작업을 다음과 같이 구현할 수 있습니다.

```
fun onCreate() {
    viewModelScope.launch {
        val news = getNewsFromApi()
        val sortedNews = news
            .sortedByDescending { it.publishedAt }
        view.showNews(sortedNews)
    }
}
```

앞의 코드에서 viewModelScope가 사용되었는데, 이는 현재 안드로이드에서 가장 흔하게 사용하는 스코프입니다. viewModelScope 대신 사용할 스코프(scope, 코루틴의 실행 범위)를 지정할 수도 있습니다. 코루틴 스코프에 대해선 이후에 살펴보도록 하겠습니다.

앞의 코드는 시작할 때 봤던 코드와 거의 동일합니다! 여기서 코드는 메인 스레드에서 실행되지만, 스레드를 블로킹하지는 않습니다. 코루틴의 중단은 데이터가 오는 걸 기다릴 때 (스레드를 블로킹하는 대신) 코루틴을 잠시 멈추는 방식으로 작동합니다. 코루틴이 멈춰 있는 동안, 메인 스레드는 프로그레스 바를 그리는 등의 다른 작업을 할 수 있습니다. 데이터가 준비되면 코루틴은 다시 메인 스레드를 할당받아 이전에 멈춘 지점부터 다시 시작됩니다.

세 개의 엔드포인트를 호출해야 하는 문제는 어떻게 해야 할까요? 코루틴을 사용하여 비슷한 방식으로 풀 수 있습니다.

```
fun showNews() {
    viewModelScope.launch {
        val config = getConfigFromApi()
        val news = getNewsFromApi(config)
        val user = getUserFromApi()
        view.showNews(user, news)
    }
}
```

위 코드도 좋은 방법처럼 보이지만, 작동하는 방식은 효율적이지 않습니다. 호출은 순차적으로 일어나기 때문에, 각 호출이 1초씩 걸린다면 전체 함수는 3초가 걸립니다. 만약 API를 병렬로 호출했다면 3초 대신 2초만에 작업을 끝낼 수 있습니다. 이럴 때 async와 같이 코틀린이 제공하는 코루틴 라이브러리를 사용할 수 있습니다. async는 요청을 처리하기 위해 만들어진 코루틴을 즉시 시작하는 함수로, await와 같은 함수를 호출하여 결과를 기다립니다.

```
fun showNews() {
    viewModelScope.launch {
        val config = async { getConfigFromApi() }
        val news = async { getNewsFromApi(config.await()) }
        val user = async { getUserFromApi() }
        view.showNews(user.await(), news.await())
```

```
    }
}
```

위 코드도 여전히 간단하고 읽기 쉽습니다. 자바스크립트나 C#과 같은 다른 언어에서 널리 사용되는 async/await 패턴을 사용했습니다. 효율적으로 작동하며 메모리 누수가 일어나지도 않습니다. 코드는 간단하며 요구 사항 또한 잘 구현되어 있습니다.

코틀린 코루틴은 다양한 상황에서 쉽게 적용 가능하며, 코틀린의 다른 기능 또한 활용할 수 있다는 장점이 있습니다. 예를 들면 for-루프나 컬렉션(collection)을 처리하는 함수를 사용할 때 블로킹 없이 구현 가능합니다. 아래 예제에서 각 페이지를 병렬로 다운로드하거나 한 장씩 보여 주는 방법을 확인할 수 있습니다.

```
// 모든 페이지를 동시에 받아옵니다.
fun showAllNews() {
    viewModelScope.launch {
        val allNews = (0 until getNumberOfPages())
            .map { page -> async { getNewsFromApi(page) } }
            .flatMap { it.await() }
        view.showAllNews(allNews)
    }
}

// 페이지별로 순차적으로 받아옵니다.
fun showPagesFromFirst() {
    viewModelScope.launch {
        for (page in 0 until getNumberOfPages()) {
            val news = getNewsFromApi(page)
            view.showNextPage(news)
        }
    }
}
```

백엔드에서의 코루틴 사용

백엔드에서 코루틴을 사용하는 가장 큰 장점은 간결성이라고 생각합니다. RxJava와 달리 코루틴을 도입하면 현재 코드에서 큰 변화가 없습니다. 스레드를 코루틴으로 바꾸는 대부분의 환경에서는 단지 suspend 제어자(modifier)를 추가하는 것으로 충분합니다. 코루틴을 도입하면 동시성을 쉽게 구현할 수 있고, 동시성을 테스트할 수 있으며, 코루틴을 취소할 수도 있고, 이 책에서 앞으로 확인할 수 있는 모든 강력한 기능을 사용할 수 있습니다.

```
suspend fun getArticle(
    articleKey: String,
    lang: Language
): ArticleJson? {
    return articleRepository.getArticle(articleKey, lang)
        ?.let { toArticleJson(it) }
}

suspend fun getAllArticles(
    userUuid: String?,
    lang: Language
): List<ArticleJson> = coroutineScope {
    val user = async { userRepo.findUserByUUID(userUuid) }
    val articles = articleRepo.getArticles(lang)
    articles
        .filter { hasAccess(user.await(), it) }
        .map { toArticleJson(it) }
}
```

위와 같은 특징들을 제외하면 코루틴을 사용하는 가장 중요한 이유는 스레드를 사용하는 비용이 크기 때문입니다. 스레드는 명시적으로 생성해야 하고, 유지되어야 하며, 스레드를 위한 메모리 또한 할당되어야 합니다.[4] 수백만 명의 사용자들이 애플리케이션을 사용하고 있고 데이터베이스나 다른 서비스로부터 응답을 기다릴 때마다 블로킹하고 있다면, (스레드를 만들고, 유지하고, 동기화하는 모든 과정에서) 메모리와 프로세서 사용에 엄청난 비용이 들 것입니다.

스레드의 비용 문제는 10만 명의 사용자가 데이터를 요청하는 백엔드 서비스를 모식화한 다음 코드를 통해 살펴볼 수 있습니다. 첫 번째 코드는 10만 개

4 대부분 스레드 스택의 기본 크기는 1MB입니다. 자바 최적화 덕분에 스레드의 메모리 사용량이 1MB에 반드시 비례하지는 않지만, 스레드를 만들 때마다 여분의 메모리를 더 많이 사용하게 됩니다.

의 스레드를 만들고 1초 동안 잠을 자게 만듭니다(데이터베이스 또는 다른 서비스로부터 응답을 기다리는 상황입니다). 이 프로그램을 각자의 컴퓨터에서 실행시키면 모든 점을 찍는 데 상당한 시간이 걸리거나 `OutOfMemoryError` 예외로 프로그램이 종료되는 걸 볼 수 있습니다. 많은 수의 스레드를 실행하는 데 드는 비용이 크기 때문입니다. 두 번째 코드는 스레드 대신 코루틴을 사용했으며 스레드를 재우는 대신 코루틴을 중단시킵니다. 프로그램을 실행하면 1초 기다린 뒤 모든 점을 출력하게 됩니다. 모든 코루틴을 시작하는 비용은 스레드와 비교가 되지 않을 정도로 저렴하여, 이를 인지할 수 없을 정도입니다.

```
fun main() {
    repeat(100_000) {
        thread {
            Thread.sleep(1000L)
            print(".")
        }
    }
}
```

```
fun main() = runBlocking {
    repeat(100_000) {
        launch {
            delay(1000L)
            print(".")
        }
    }
}
```

요약

이제 코틀린 코루틴을 배울 필요가 있다는 확신을 가졌기를 바랍니다. 코틀린 코루틴은 단순한 라이브러리가 아니며, 최신 도구를 사용하여 동시성 프로그래밍을 최대한 쉽게 구현할 수 있도록 도와줍니다. 준비가 되었다면 본론으로 들어가, 이 부(part)의 나머지 부분을 통해 코루틴의 중단(suspension)이 작동하는 방식에 대해 살펴봅시다. 먼저 코루틴을 중단하는 방법을 살펴본 다음, 그 원리에 대해 알아보겠습니다.

2장

Kotlin Coroutines

시퀀스 빌더

파이썬이나 자바스크립트 같은 언어에서는 제한된 형태의 코루틴을 사용하고 있습니다.

- 비동기 함수(async/await와 같은 호출 방식)
- 제너레이터 함수(값을 순차적으로 반환하는 함수)

코틀린에서 async가 사용되는 건 앞에서 이미 살펴봤으며, 6장 '코루틴 빌더'에서 더 자세하게 다루겠습니다. 코틀린에서는 제너레이터 대신 시퀀스를 생성할 때 사용하는 시퀀스 빌더를 제공하고 있습니다.[1]

코틀린의 시퀀스는 List나 Set과 같은 컬렉션이랑 비슷한 개념이지만, 필요할 때마다 값을 하나씩 계산하는 지연(lazy) 처리를 합니다. 시퀀스의 특징은 다음과 같습니다.

- 요구되는 연산을 최소한으로 수행합니다.
- 무한정이 될 수 있습니다.
- 메모리 사용이 효율적입니다.[2]

1 코틀린은 시퀀스보다 더 좋은 방법인 플로우 빌더도 제공합니다. 플로우(Flow)는 시퀀스와 비슷하지만 더 활용도가 높은 개념으로 책의 후반부에서 설명하겠습니다.
2 《이펙티브 코틀린(Effective Kotlin)》(인사이트, 2022)에서 '아이템 49: 하나 이상의 처리 단계를 가진 경우에는 시퀀스를 사용하라'를 참고하세요.

이러한 특징 때문에 값을 순차적으로 계산하여 필요할 때 반환하는 빌더를 정의하는 것이 좋습니다. 시퀀스는 sequence라는 함수를 이용해 정의합니다. 시퀀스의 람다 표현식 내부에서는 yield 함수를 호출하여 시퀀스의 다음 값을 생성합니다.

```
val seq = sequence {
    yield(1)
    yield(2)
    yield(3)
}

fun main() {
    for (num in seq) {
        print(num)
    } // 123
}
```

위 코드에서 사용한 sequence 함수는 짧은 DSL(Domain-Specific Language, 도메인 전용 언어) 코드입니다. 인자는 수신 객체 지정 람다 함수입니다(suspend SequenceScope<T>.() -> Unit). 람다 내부에서 수신 객체인 this는 SequenceScope<T>를 가리킵니다. 이 객체는 yield 함수를 가지고 있습니다. this가 암시적으로 사용되므로 yield(1)을 호출하면 this.yield(1)을 호출하는 것과 동일합니다. 수신 객체 지정 람다를 처음 접한다면 람다식과 DSL 생성을 먼저 공부하는 걸 추천합니다. 람다식과 DSL은 코틀린 코루틴에서 광범위하게 사용되고 있기 때문입니다.

여기서 반드시 알아야 하는 것은 각 숫자가 미리 생성되는 대신, 필요할 때마다 생성된다는 점입니다. 시퀀스 빌더 내부 그리고 시퀀스를 사용하는 곳에서 메시지를 출력하면 이러한 작동 방식을 쉽게 확인할 수 있습니다.

```
val seq = sequence {
    println("Generating first")
    yield(1)
    println("Generating second")
    yield(2)
    println("Generating third")
    yield(3)
    println("Done")
}
```

```
fun main() {
    for (num in seq) {
        println("The next number is $num")
    }
}
// Generating first
// The next number is 1
// Generating second
// The next number is 2
// Generating third
// The next number is 3
// Done
```

시퀀스의 작동 방식에 대해 알아봅시다. 우선 첫 번째 수를 요청하면 빌더 내부로 진입합니다. "Generating first"를 출력한 뒤, 숫자 1을 반환합니다. 이후 반복문에서 반환된 값을 받은 뒤, "Next number is 1"을 출력합니다. 여기서 반복문과 다른 결정적인 차이가 보입니다. 이전에 다른 숫자를 찾기 위해 멈췄던 지점에서 다시 실행이 됩니다. 중단 체제가 없으면 함수가 중간에 멈췄다가, 나중에 중단된 지점에서 다시 실행되는 건 불가능합니다. 중단이 가능하기 때문에 main 함수와 시퀀스 제너레이터가 번갈아가면서 실행됩니다.

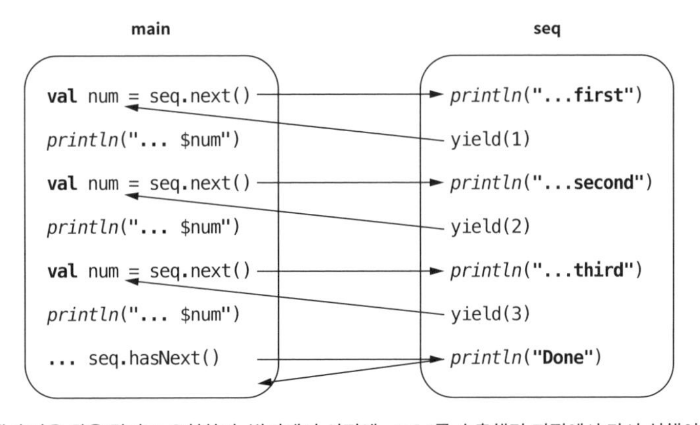

시퀀스에서 다음 값을 달라고 요청하면, 빌더에서 이전에 yield를 호출했던 지점에서 다시 실행이 됩니다.

이를 좀더 자세히 보기 위해 시퀀스에서 일부분의 값만 요청해 보겠습니다.

```
val seq = sequence {
    println("Generating first")
```

```
    yield(1)
    println("Generating second")
    yield(2)
    println("Generating third")
    yield(3)
    println("Done")
}

fun main() {
    val iterator = seq.iterator()
    println("Starting")
    val first = iterator.next()
    println("First: $first")
    val second = iterator.next()
    println("Second: $second")
    // ...
}

// Prints:
// Starting
// Generating first
// First: 1
// Generating second
// Second: 2
```

여기서 이터레이터는 다음 값을 얻기 위해 사용됩니다. 어떤 지점이든 상관없이 이터레이터를 호출하면 빌더 함수의 이전 지점으로 다시 돌아가 다음 값을 생성합니다. 코루틴 없이 이런 게 가능할까요? 스레드가 이 일을 대신할 수도 있습니다. 하지만 중단을 지원하는 스레드로 처리하려면 유지하고 관리하는 데 막대한 비용이 듭니다. 코루틴을 사용하면 더 빠르고 간단하게 중단이 가능합니다. 이터레이터는 자원을 거의 사용하지 않기 때문에 계속 유지하더라도 큰 부담이 되지 않습니다. 나중에 중단이 어떤 방식으로 구현되었는지 살펴볼 것입니다(3장 '중단은 어떻게 작동할까?').

실제 사용 예

시퀀스 빌더가 사용된 몇 가지 예를 보겠습니다. 전형적으로 사용되는 예 중 하나는 피보나치 수열과 같은 수학적 시퀀스를 만드는 것입니다.

```kotlin
val fibonacci: Sequence<BigInteger> = sequence {
    var first = 0.toBigInteger()
    var second = 1.toBigInteger()
    while (true) {
        yield(first)
        val temp = first
        first += second
        second = temp
    }
}

fun main() {
    print(fibonacci.take(10).toList())
}
// [0, 1, 1, 2, 3, 5, 8, 13, 21, 34]
```

빌더는 난수나 임의의 문자열을 만들 때도 사용될 수 있습니다.

```kotlin
fun randomNumbers(
    seed: Long = System.currentTimeMillis()
): Sequence<Int> = sequence {
    val random = Random(seed)
    while (true) {
        yield(random.nextInt())
    }
}

fun randomUniqueStrings(
    length: Int,
    seed: Long = System.currentTimeMillis()
): Sequence<String> = sequence {
    val random = Random(seed)
    val charPool = ('a'..'z') + ('A'..'Z') + ('0'..'9')
    while (true) {
        val randomString = (1..length)
            .map { i -> random.nextInt(charPool.size) }
            .map(charPool::get)
            .joinToString("");
        yield(randomString)
    }
}.distinct()
```

시퀀스 빌더는 반환(yield)이 아닌 중단 함수를 사용하면 안 됩니다.[3] 중단이 필요하다면 데이터를 가져오기 위해 나중에 배울 플로우를 사용하는 것이 낫습니다. 플로우 빌더가 작동하는 방식은 시퀀스 빌더와 비슷하지만, 플로우는 여러 가지 코루틴 기능을 지원합니다.

```
fun allUsersFlow(
    api: UserApi
): Flow<User> = flow {
    var page = 0
    do {
        val users = api.takePage(page++) // 중단 함수입니다.
        emitAll(users)
    } while (!users.isNullOrEmpty())
}
```

이제 시퀀스 빌더와 시퀀스가 작동하기 위해 왜 중단이 필요한지에 대해 알게 되었습니다. 중단이 어떤 것인지 알았으니 중단이 어떻게 작동하는지 자세히 살펴보겠습니다.

3 실제로 시퀀스 빌더 내부에서 중단 연산을 호출할 수 없는데, 그 이유는 SequenceScope에 RestrictsSuspension 어노테이션이 있기 때문입니다. RestrictsSusepnsion 어노테이션은 리시버가 SequenceScope가 아닐 경우에 중단 함수를 호출하는 것을 허용하지 않습니다.

3장

K o t l i n C o r o u t i n e s

중단은 어떻게 작동할까?

중단 함수는 코틀린 코루틴의 핵심입니다. 중단이 가능하다는 건 코틀린 코루틴의 다른 모든 개념의 기초가 되는 필수적인 요소입니다. 이번 장의 목표는 중단이 어떻게 작동하는지 확실하게 이해하는 데 있습니다.

코루틴을 중단한다는 건 실행을 중간에 멈추는 것을 의미합니다. 비디오 게임을 하다가 멈추는 상황이랑 비슷합니다. 체크포인트에서 게임을 저장하고 종료한 뒤, 사용자와 컴퓨터는 각각 다른 일에 집중할 수 있습니다. 나중에 게임을 다시 하고 싶을 때 게임을 재개하고 저장한 체크포인트에서 시작하면 이전에 종료했던 순간부터 게임을 즐길 수 있습니다. 이는 코루틴의 철학과 비슷합니다. 코루틴은 중단되었을 때 `Continuation` 객체를 반환합니다. 이 객체는 게임을 저장하는 것과 비슷합니다. `Continuation`을 이용하면 멈췄던 곳에서 다시 코루틴을 실행할 수 있습니다.

여기서 코루틴은 스레드와 많이 다른 것을 알 수 있는데, 스레드는 저장이 불가능하고 멈추는 것만 가능하기 때문입니다. 이러한 점에서 코루틴이 훨씬 강력한 도구라 할 수 있습니다. 중단했을 때 코루틴은 어떤 자원도 사용하지 않습니다. 코루틴은 다른 스레드에서 시작할 수 있고, 컨티뉴에이션(continuation) 객체는 (이론상) 직렬화와 역직렬화가 가능하며 다시 실행될 수 있습니다.

재개

작업이 재개되는 원리를 사용 예제를 통해 살펴봅시다. 작업을 재개하려면 코루틴이 필요합니다. 코루틴은 이후에 소개될 runBlocking이나 launch와 같은 코루틴 빌더를 통해 만들 수 있습니다. 더 간단한 방법도 있지만, 여기서는 중단 가능한 main 함수를 사용하겠습니다.

중단 함수는 말 그대로 코루틴을 중단할 수 있는 함수입니다. 이는 중단 함수가 반드시 코루틴(또는 다른 중단 함수)에 의해 호출되어야 함을 의미합니다. 중단 함수는 중단할 수 있는 곳이 필요합니다. main 함수는 시작점이기 때문에 코틀린은 코루틴 내부에서 suspend가 붙은 main 함수를 실행합니다.

```
suspend fun main() {
    println("Before")

    println("After")
}
// Before
// After
```

이 예제는 "Before"와 "After"를 출력하는 간단한 프로그램입니다. 만약 두 지점 사이에서 중단하면 어떻게 될까요? 두 지점 사이를 중단 지점으로 코틀린 라이브러리에서 제공하는 suspendCoroutine 함수를 사용합니다.[1]

```
suspend fun main() {
    println("Before")

    suspendCoroutine<Unit> { }

    println("After")
}
// Before
```

위 코드를 실행하면 "After"는 출력되지 않으며, 코드는 실행된 상태로 유지됩니다(main 함수가 끝나지 않았기 때문입니다). 코루틴은 "Before" 이후에 중단

1 suspendCoroutine 함수는 원시 함수인 suspendCoroutineUninterceptedOrReturn을 곧바로 호출합니다. 원시 함수는 라이브러리가 아닌 컴파일러 내부에서 구현된 함수를 의미합니다.

됩니다. 프로그램은 멈춘 뒤 재개되지 않습니다. 그러면 어떻게 다시 실행시킬 수 있을까요? 앞서 언급했던 Continuation은 어디 있을까요?

suspendCoroutine이 호출된 지점을 보면 람다 표현식({ })으로 끝났다는 걸 알 수 있습니다. 인자로 들어간 람다 함수는 중단되기 전에 실행됩니다. 이 함수는 컨티뉴에이션 객체를 인자로 받습니다.

```
suspend fun main() {
    println("Before")

    suspendCoroutine<Unit> { continuation ->
        println("Before too")
    }

    println("After")
}
// Before
// Before too
```

다른 함수를 곧바로 호출하는 함수는 let, apply, useLines처럼 코틀린에서 흔히 볼 수 있습니다. suspendCoroutine 함수는 이 함수들과 같은 방식으로 설계되어 있어 중단되기 전에 컨티뉴에이션 객체를 사용할 수 있습니다. suspendCoroutine이 호출된 뒤에는 이미 중단되어 컨티뉴에이션 객체를 사용할 수 없기 때문에, 람다 표현식이 suspendCoroutine 함수의 인자로 들어가 중단되기 전에 실행되는 것입니다. 람다 함수는 컨티뉴에이션 객체를 저장한 뒤 코루틴을 다시 실행할 시점을 결정하기 위해 사용됩니다.

컨티뉴에이션 객체를 이용해 코루틴을 중단한 후 곧바로 실행할 수 있습니다.

```
suspend fun main() {
    println("Before")

    suspendCoroutine<Unit> { continuation ->
        continuation.resume(Unit)
    }

    println("After")
}
// Before
// After
```

앞 예제에서 "After"가 출력되는 건 suspendCoroutine에서 resume을 호출했기 때문입니다.[2]

코틀린 1.3 이후로 Continuation 클래스의 형태가 달라졌습니다. 원래는 resume과 resumeWithException을 사용했지만, 지금은 Result를 반환하는 resumeWith 함수 하나만 남아 있습니다. resume과 resumeWithException 함수는 resumeWith를 사용하는 표준 라이브러리의 확장 함수가 되었습니다.

```
inline fun <T> Continuation<T>.resume(value: T): Unit =
    resumeWith(Result.success(value))

inline fun <T> Continuation<T>.resumeWithException(
    exception: Throwable
): Unit = resumeWith(Result.failure(exception))
```

suspendCoroutine에서 잠깐 동안 정지(sleep)된 뒤 재개되는 다른 스레드를 실행할 수도 있습니다.

```
suspend fun main() {
    println("Before")

    suspendCoroutine<Unit> { continuation ->
        thread {
            println("Suspended")
            Thread.sleep(1000)
            continuation.resume(Unit)
            println("Resumed")
        }
    }

    println("After")
}
// Before
// Suspended
// (1초 후)
// After
// Resumed
```

2 이 말은 사실이지만 좀더 명확하게 살펴볼 필요가 있습니다. 코드만 보면 중단 후 곧바로 실행이 되었다고 생각되지만 실상은 다릅니다. 실제로는 최적화로 인해 곧바로 재개될 경우 아예 중단되지 않기 때문입니다.

다른 스레드가 재개하는 방식은 코루틴을 이해하는 데 중요합니다. 정해진 시간 뒤에 코루틴을 다시 재개하는 함수를 만들 수 있으며, 이때 컨티뉴에이션 객체는 다음 코드와 같이 람다 표현식이 통제합니다.

```
fun continueAfterSecond(continuation: Continuation<Unit>) {
    thread {
        Thread.sleep(1000)
        continuation.resume(Unit)
    }
}

suspend fun main() {
    println("Before")

    suspendCoroutine<Unit> { continuation ->
        continueAfterSecond(continuation)
    }

    println("After")
}
// Before
// (1초 후)
// After
```

물론 위와 같은 방식으로 실행을 멈출 수 있지만, 만들어진 다음 1초 뒤에 사라지는 스레드는 불필요해 보입니다. 스레드를 생성하는 비용이 상당히 많이 드는데 굳이 만들 필요가 있을까요? 더 좋은 방법은 '알람 시계'를 설정하는 것입니다. 이를 위해 JVM이 제공하는 `ScheduledExecutorService`를 사용할 수 있습니다. 정해진 시간이 지나면 `continuation.resume(Unit)`을 호출하도록 알람을 설정할 수 있습니다.

```
private val executor =
    Executors.newSingleThreadScheduledExecutor {
        Thread(it, "scheduler").apply { isDaemon = true }
    }

suspend fun main() {
    println("Before")

    suspendCoroutine<Unit> { continuation ->
        executor.schedule({
            continuation.resume(Unit)
```

```
        }, 1000, TimeUnit.MILLISECONDS)
    }

    println("After")
}
// Before
// (1초 후)
// After
```

잠깐 동안 중단할 수 있는 건 유용한 기능이니 이를 delay 함수로 추출해 보겠습니다.

```
private val executor =
    Executors.newSingleThreadScheduledExecutor {
        Thread(it, "scheduler").apply { isDaemon = true }
    }

suspend fun delay(timeMillis: Long): Unit =
    suspendCoroutine { cont ->
        executor.schedule({
            cont.resume(Unit)
        }, timeMillis, TimeUnit.MILLISECONDS)
    }

suspend fun main() {
    println("Before")

    delay(1000)

    println("After")
}
// Before
// (1초 후)
// After
```

여기서 이그제큐터는 스레드를 사용하긴 하지만 delay 함수를 사용하는 모든 코루틴의 전용 스레드입니다. 앞에서 설명한 대기할 때마다 하나의 스레드를 블로킹하는 방법보다 훨씬 낫습니다.

위 코드는 코틀린 코루틴 라이브러리에서 delay가 구현된 방식이랑 정확히 일치합니다. 현재 delay의 구현은 테스트를 지원하기 위한 목적 때문에 좀더 복잡해졌지만, 핵심적인 코드는 거의 똑같다고 보면 됩니다.

값으로 재개하기

resume 함수에 왜 Unit을 인자로 넣는지 궁금할 것입니다. suspendCoroutine의 타입 인자로 Unit을 사용하는 이유도 궁금할 것입니다. 이 두 가지가 Unit으로 똑같다는 사실은 우연의 일치가 아닙니다. Unit은 함수의 리턴 타입이며, Continuation의 제네릭 타입 인자이기도 합니다.

```
val ret: Unit =
    suspendCoroutine<Unit> { cont: Continuation<Unit> ->
        cont.resume(Unit)
    }
```

suspendCoroutine을 호출할 때 컨티뉴에이션 객체로 반환될 값의 타입을 지정할 수 있습니다. resume을 통해 반환되는 값은 반드시 지정된 타입과 같은 타입이어야 합니다.

```
suspend fun main() {
    val i: Int = suspendCoroutine<Int> { cont ->
        cont.resume(42)
    }
    println(i) // 42

    val str: String = suspendCoroutine<String> { cont ->
        cont.resume("Some text")
    }
    println(str) // Some text

    val b: Boolean = suspendCoroutine<Boolean> { cont ->
        cont.resume(true)
    }
    println(b) // true
}
```

값으로 재개하는 상황을 게임에 비유하는 것이 완벽하게 들어맞지는 않습니다. 필자가 알기로 저장한 곳에서 재개할 때 (속임수를 쓰거나 다음 과제를 해결할 수 있는 방법을 구글로 검색하지 않는 한) 기존과 다른 무엇인가를 추가할 수 있는 게임은 없습니다.[3] 하지만 코루틴에서는 값으로 재개하는 것이 자연스럽습니다. API를 호출해 네트워크 응답을 기다리는 것처럼 특정 데이터를 기다리려고 중단하는 상황은 자주 발생합니다. 스레드는 특정 데이터가 필요한 지점까지 비즈니스 로직을 수행합니다. 이후 네트워크 라이브러리를 통해 데이터를 요청합니다. 코루틴이 없다면 스레드는 응답을 기다리고 있을 수밖에 없습니다. 스레드를 생성하는 비용이 많이 들기도 하며, 특히 안드로이드의 메인 스레드처럼 중요하다면 스레드가 가만히 대기하고 있는 건 엄청난 낭비입니다. 코루틴이 있으면 중단함과 동시에 "데이터를 받고 나면, 받은 데이터를 resume 함수를 통해 보내줘."라고 컨티뉴에이션 객체를 통해 라이브러리에 전달합니다. 그러면 스레드는 다른 일을 할 수 있습니다. 그리고 데이터가 도착하면 스레드는 코루틴이 중단된 지점에서 재개하게 됩니다.

이러한 과정을 실제로 보기 위해 특정 데이터를 얻을 때까지 중단되는 상황을 봅시다. 아래 예제에서는 외부에 구현된 requestUser 콜백 함수를 사용하겠습니다.

```
suspend fun main() {
    println("Before")
    val user = suspendCoroutine<User> { cont ->
        requestUser { user ->
            cont.resume(user)
        }
    }
    println(user)
    println("After")
}
// Before
// (1초 후)
// User(name=Test)
// After
```

suspendCoroutine을 직접 호출하는 건 불편합니다. 대신 중단 함수를 호출하는 것이 낫습니다. 추출한 형태는 다음과 같습니다.

3 워크숍 도중에 누군가 이와 비슷한 게임이 있다고 지적했습니다. '돈 스타브 투게더(Don't Starve Together)'라는 게임에서는 재개할 때 플레이어를 선택할 수 있습니다. 필자가 이 게임을 해 본 적은 없지만, 코루틴에서 값으로 재개하는 상황을 비유하는 데 아주 적절해 보입니다.

```
suspend fun requestUser(): User {
    return suspendCoroutine<User> { cont ->
        requestUser { user ->
            cont.resume(user)
        }
    }
}

suspend fun main() {
    println("Before")
    val user = requestUser()
    println(user)
    println("After")
}
```

중단 함수는 Retrofit과 Room 같은 널리 사용되는 라이브러리에 의해 이미 지원되고 있습니다. 그렇기 때문에 중단 함수 내에서 콜백 함수를 사용하는 일은 거의 없습니다. 만약 필요하다면 suspendCoroutine 대신에 이후 9장 '취소'에서 설명할 suspendCancellableCoroutine을 사용하는 것이 좋습니다.

```
suspend fun requestUser(): User {
    return suspendCancellableCoroutine<User> { cont ->
        requestUser { user ->
            cont.resume(user)
        }
    }
}
```

API가 데이터를 넘겨주는 대신 문제가 발생하면 어떻게 될까요? 서비스가 종료되거나 에러로 응답이 오면 어떨까요? 이런 경우 데이터를 반환할 수 없으므로 코루틴이 중단된 곳에서 예외를 발생시켜야 합니다. 예외로 재개하는 방법이 필요할 때가 바로 이런 경우입니다.

예외로 재개하기

우리가 사용하는 모든 함수는 값을 반환하거나 예외를 던집니다. suspendCoroutine 또한 마찬가지입니다. resume이 호출될 때 suspendCoroutine은 인자로 들어온 데이터를 반환합니다. resumeWithException이 호출되면 중단된 지점에서 인자로 넣어준 예외를 던집니다.

```
class MyException : Throwable("Just an exception")

suspend fun main() {
    try {
        suspendCoroutine<Unit> { cont ->
            cont.resumeWithException(MyException())
        }
    } catch (e: MyException) {
        println("Caught!")
    }
}
// Caught!
```

이러한 방법은 문제가 발생했을 때 사용됩니다. 예를 들어 네트워크 관련 예외를 알릴 때 사용할 수 있습니다.

```
suspend fun requestUser(): User {
    return suspendCancellableCoroutine<User> { cont ->
        requestUser { resp ->
            if (resp.isSuccessful) {
                cont.resume(resp.data)
            } else {
                val e = ApiException(
                    resp.code,
                    resp.message
                )
                cont.resumeWithException(e)
            }
        }
    }
}

suspend fun requestNews(): News {
    return suspendCancellableCoroutine<News> { cont ->
        requestNews(
            onSuccess = { news -> cont.resume(news) },
            onError = { e -> cont.resumeWithException(e) }
        )
    }
}
```

함수가 아닌 코루틴을 중단시킨다

여기서 강조하고 싶은 것은 함수가 아닌 코루틴을 중단시킨다는 것입니다. 중단 함수는 코루틴이 아니고, 단지 코루틴을 중단할 수 있는 함수라 할 수 있습니다.[4] 변수에 컨티뉴에이션 객체를 저장하고, 함수를 호출한 다음에 재개하는 상황을 봅시다.

```
// 이렇게 구현하면 안 됩니다.
var continuation: Continuation<Unit>? = null

suspend fun suspendAndSetContinuation() {
    suspendCoroutine<Unit> { cont ->
        continuation = cont
    }
}

suspend fun main() {
    println("Before")

    suspendAndSetContinuation()
    continuation?.resume(Unit)

    println("After")
}
// Before
```

위 코드는 의도와 달리 종료되지 않습니다. 마치 게임을 정지시켰다가 이후에 다시 시작할 수 있는 상황과 똑같습니다. 여기서 resume은 호출되지 않습니다. 위 코드를 실행하면 "Before"가 호출되는 것만 볼 수 있으며, 다른 스레드나 다른 코루틴으로 재개하지 않으면 프로그램은 실행된 상태로 유지됩니다. 1초 뒤에 다른 코루틴이 재개하는 상황을 봅시다.

```
// 메모리 누수가 발생할 수 있기 때문에 이렇게 구현하면 안 됩니다.
var continuation: Continuation<Unit>? = null

suspend fun suspendAndSetContinuation() {
    suspendCoroutine<Unit> { cont ->
```

4 중단 가능한 main 함수는 특별한 경우입니다. 이런 경우 코틀린 컴파일러는 main 함수를 코루틴으로 실행시킵니다.

```
        continuation = cont
    }
}

suspend fun main() = coroutineScope {
    println("Before")

    launch {
        delay(1000)
        continuation?.resume(Unit)
    }

    suspendAndSetContinuation()
    println("After")
}
// Before
// (1초 후)
// After
```

요약

이제 사용자 관점에서 코루틴이 어떻게 작동하는지에 대해 명확하게 이해했을 것입니다. 코루틴의 작동 과정은 중요하며, 앞으로 이 책을 통해 계속 보게 될 것입니다. 콜백 함수를 중단 함수로 바꿔 코루틴의 동작을 확인할 수도 있습니다. 필자와 비슷한 부류의 개발자이고 코루틴의 정확한 동작 과정에 대해 알고 싶다면, 코루틴이 어떻게 구현되었는지 또한 궁금할 것입니다. 다음 장에서 다룰 주제가 바로 코루틴의 내부 구현입니다. 내부 구현까지 알 필요가 없다고 생각하면 다음 장은 읽지 않아도 상관없습니다. 다음 장에서는 코루틴을 사용하는 방법 대신 코틀린 코루틴의 내부 구현을 확인해 보도록 하겠습니다.

4장

K o t l i n C o r o u t i n e s

코루틴의 실제 구현

몇몇 사람들은 자동차를 운전할 수 있다는 것에 만족하지 않고 자동차가 어떻게 작동하는지 이해하려고 내부 구조까지 자세히 들여다 봅니다. 필자 또한 이런 부류의 사람이며, 코루틴이 어떻게 작동하는지 알아야만 했습니다. 필자와 비슷한 사람이라면 이 장을 흥미롭게 읽을 수 있을 것입니다. 코루틴을 활용하는 데만 관심이 있다면 이 장은 건너뛰어도 됩니다.

이 장에서는 우리가 사용하게 될 새로운 기술을 소개하지 않습니다. 순수하게 코루틴의 내부 구현에 집중하며, 코루틴의 동작 과정에 대해 만족할 만한 수준으로 설명하고자 합니다. 중요한 점은 다음과 같습니다.

- 중단 함수는 함수가 시작할 때와 중단 함수가 호출되었을 때 상태를 가진다는 점에서 상태 머신(state machine)과 비슷합니다.
- 컨티뉴에이션(continuation) 객체는 상태를 나타내는 숫자와 로컬 데이터를 가지고 있습니다.
- 함수의 컨티뉴에이션 객체가 이 함수를 부르는 다른 함수의 컨티뉴에이션 객체를 장식(decorate)합니다. 그 결과, 모든 컨티뉴에이션 객체는 실행을 재개하거나 재개된 함수를 완료할 때 사용되는 콜 스택으로 사용됩니다.

코루틴의 간략화된 내부 구현에 대해 관심이 있다면 이 장을 읽어보세요.

컨티뉴에이션 전달 방식

중단 함수가 구현될 수 있는 수많은 방법 중에서 코틀린 팀은 컨티뉴에이션 전달 방식(continuation-passing style)[1]을 택했습니다. 이전에 설명했던 것처럼 컨티뉴에이션은 함수에서 함수로 인자를 통해 전달됩니다. 관례상 컨티뉴에이션은 마지막 파라미터로 전달됩니다.

```
suspend fun getUser(): User?
suspend fun setUser(user: User)
suspend fun checkAvailability(flight: Flight): Boolean

// 자세히 들여다 보면
fun getUser(continuation: Continuation<*>): Any?
fun setUser(user: User, continuation: Continuation<*>): Any
fun checkAvailability(
    flight: Flight,
    continuation: Continuation<*>
): Any
```

중단 함수 내부를 들여다 보면 원래 선언했던 형태와 반환 타입이 달라졌다는 걸 알 수 있습니다. Any 또는 Any?로 바뀌었는데, 왜 그럴까요? 이는 중단 함수를 실행하는 도중에 중단되면 선언된 타입의 값을 반환하지 않을 수 있기 때문입니다. 이때 중단 함수는 나중에 살펴볼 특별한 마커(marker)인 COROUTINE_SUSPENDED를 반환합니다. 지금은 getUser 함수가 User? 또는 COROUTINE_SUSPENDED를 반환할 수 있기 때문에 결과 타입이 User?와 Any의 가장 가까운 슈퍼타입(supertype)인 Any?로 지정되었다는 것만 확인하면 됩니다. 아마도 언젠가는 코틀린이 User? | COROUTINE_SUSPENDED와 같은 유니언 타입을 도입할 것입니다.

아주 간단한 함수

좀더 자세히 살펴보기 위해 지연이 일어나기 전후에 출력하는 함수로 시작해 보겠습니다.

1 *https://en.wikipedia.org/wiki/Continuation-passing_style*

```
suspend fun myFunction() {
    println("Before")
    delay(1000) // 중단 함수
    println("After")
}
```

myFunction 함수의 시그니처(signature)를 다음과 같이 추론할 수 있습니다.

```
fun myFunction(continuation: Continuation<*>): Any
```

다음으로 살펴볼 것은 이 함수는 상태를 저장하기 위해 자신만의 컨티뉴에이션 객체가 필요하다는 것입니다. 이를 MyFunctionContinuation이라 하겠습니다(실제로 컨티뉴에이션은 이름이 없는 객체의 표현식이지만 이름을 붙이면 설명하기가 더 쉬워집니다). 본체가 시작될 때 MyFunction은 파라미터인 continuation을 자신만의 컨티뉴에이션인 MyFunctionContinuation으로 포장합니다.

```
val continuation = MyFunctionContinuation(continuation)
```

클래스에 포장이 없는 경우에만 클래스를 포장해야 합니다. 만약 코루틴이 재실행되고 있으면 컨티뉴에이션 객체는 이미 래핑되어 있을 것이므로 컨티뉴에이션 객체를 그대로 둬야 합니다.[2] (지금은 이해하기 어려울 수 있지만, 나중에 왜 그런지 자세히 보겠습니다.)

```
val continuation =
    if (continuation is MyFunctionContinuation) continuation
    else MyFunctionContinuation(continuation)
```

다음과 같이 간단하게 만들 수도 있습니다.

```
val continuation = continuation as? MyFunctionContinuation
    ?: MyFunctionContinuation(continuation)
```

이제 함수의 본체를 다시 봅시다.

2 실제 작동하는 방식은 label의 첫 번째 비트가 바뀌고 중단 함수가 바뀐 값을 확인하는 과정이 있어 약간 더 복잡합니다. 이 과정은 중단 함수가 재귀를 지원하기 위해 필요합니다. 좀더 간단한 설명을 위해 이 과정은 생략되었습니다.

```
suspend fun myFunction() {
    println("Before")
    delay(1000) // 중단 함수
    println("After")
}
```

함수가 시작되는 지점은 함수의 시작점(함수가 처음 호출될 때)과 중단 이후 재개 시점(컨티뉴에이션이 resume을 호출할 때) 두 곳입니다. 현재 상태를 저장하려면 label이라는 필드를 사용합니다. 함수가 처음 시작될 때 이 값은 0으로 설정됩니다. 이후에는 중단되기 전에 다음 상태로 설정되어 코루틴이 재개될 시점을 알 수 있게 도와줍니다.

```
// myFunction의 세부 구현을 간단하게 표현하면 다음과 같습니다.
fun myFunction(continuation: Continuation<Unit>): Any {
    val continuation = continuation as? MyFunctionContinuation
        ?: MyFunctionContinuation(continuation)

    if (continuation.label == 0) {
        println("Before")
        continuation.label = 1
        if (delay(1000, continuation) == COROUTINE_SUSPENDED){
            return COROUTINE_SUSPENDED
        }
    }
    if (continuation.label == 1) {
        println("After")
        return Unit
    }
    error("Impossible")
}
```

마지막으로 중요한 부분이 위 코드에 나옵니다. delay에 의해 중단된 경우 COROUTINE_SUSPENDED가 반환되며, myFunction은 COROUTINE_SUSPENDED를 반환합니다. myFunction을 호출한 함수부터 시작해 콜 스택에 있는 모든 함수도 똑같습니다.[3] 따라서 중단이 일어나면 콜 스택에 있는 모든 함수가 종료되며, 중

3 좀더 구체적으로 설명하면, COROUTINE_SUSPENDED는 빌더 함수나 '재개(resume)' 함수에 도달할 때까지 전달이 됩니다.

단된 코루틴을 실행하던 스레드를 (다른 종류의 코루틴을 포함해) 실행 가능한 코드가 사용할 수 있게 됩니다.

좀더 나아가기 전에 앞의 코드를 분석해 봅시다. `delay` 호출이 `COROUTINE_SUSPENDED`를 반환하지 않았다면 어떻게 될까요? 그렇지는 않겠지만 대신에 `Unit`을 반환하면 어떨까요? `delay`의 반환값이 `Unit`일 경우 다음 상태로 바뀌고 다른 함수와 다름없는 동작을 할 것입니다.

이제 익명 클래스(anonymous class)로 구현된 컨티뉴에이션 객체에 대해 알아봅시다. 간단하게 나타내면 다음과 같습니다.

```
cont = object : ContinuationImpl(continuation) {
    var result: Any? = null
    var label = 0

    override fun invokeSuspend(`$result`: Any?): Any? {
        this.result = `$result`;
        return myFunction(this);
    }
};
```

가독성을 위해 컨티뉴에이션 객체를 `MyFunctionContinuation`이라는 클래스로 나타내겠습니다. `ContinuationImpl`의 본체를 내부로 옮겨 상속 관계는 숨기도록 하겠습니다. 새롭게 표현된 클래스는 최적화를 위한 코드와 몇몇 기능은 제외시키고 핵심 부분만 남겨 간단해졌습니다.

JVM에서는 컴파일한 후에 타입 인자가 지워지기 때문에 `Continuation<Unit>`이나 `Continuation<String>`은 `Continuation`이 됩니다. 여기서 보여 주는 코드는 JVM 바이트 코드를 코틀린으로 나타낸 거라 타입 인자는 신경 쓰지 않아도 됩니다.

다음 코드는 지금까지 설계한 함수를 간략화한 최종 모습입니다.

```
fun myFunction(continuation: Continuation<Unit>): Any {
    val continuation = continuation as? MyFunctionContinuation
        ?: MyFunctionContinuation(continuation)

    if (continuation.label == 0) {
        println("Before")
```

```
        continuation.label = 1
        if (delay(1000, continuation) == COROUTINE_SUSPENDED){
            return COROUTINE_SUSPENDED
        }
    }
    if (continuation.label == 1) {
        println("After")
        return Unit
    }
    error("Impossible")
}

class MyFunctionContinuation(
    val completion: Continuation<Unit>
) : Continuation<Unit> {
    override val context: CoroutineContext
        get() = completion.context


    var label = 0
    var result: Result<Any>? = null

     override fun resumeWith(result: Result<Unit>) {
        this.result = result
        val res = try {
            val r = myFunction(this)
            if (r == COROUTINE_SUSPENDED) return
            Result.success(r as Unit)
        } catch (e: Throwable) {
            Result.failure(e)
        }
        completion.resumeWith(res)
    }
}
```

중단 함수가 무엇인지 자세히 알아보고 싶으면 인텔리제이(IntelliJ) IDEA에서 함수를 연 뒤 'Tools 〉 Kotlin 〉 Show Kotlin Bytecode'를 선택한 후 'Decompile' 버튼을 누르면 됩니다. 자바로 디컴파일된 코드를 볼 수 있으며, 위의 코드를 자바로 작성했다면 다음 그림과 거의 비슷한 형태였을 것입니다.

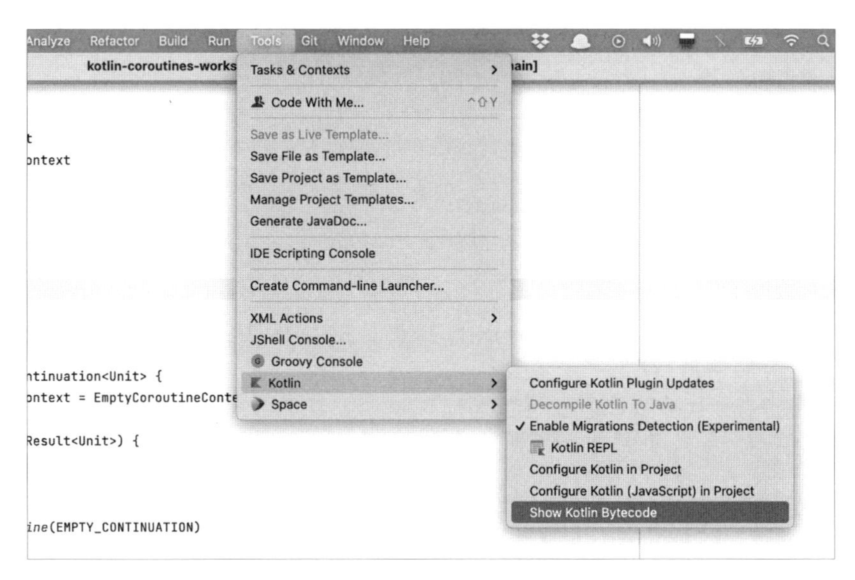

파일에서 생성된 바이트 코드를 보는 방법

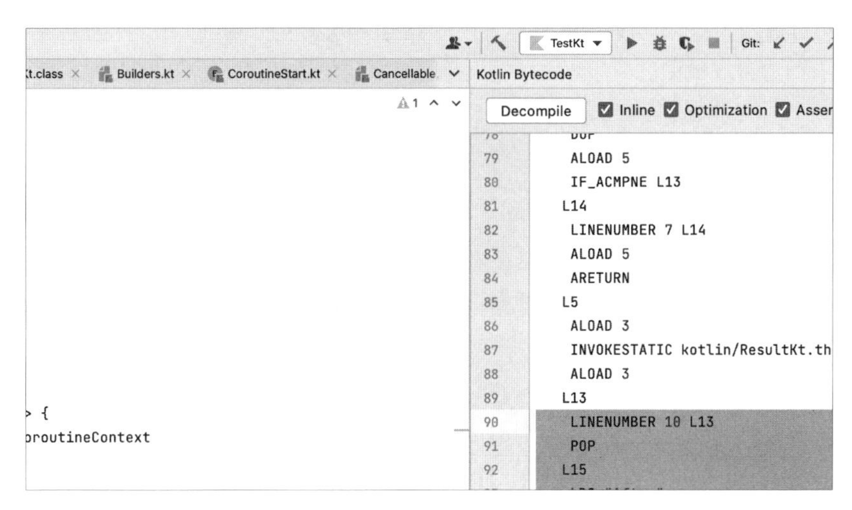

파일에서 생성된 바이트 코드. ‘Decompile’ 버튼을 누르면 바이트 코드가 자바로 디컴파일된다.

```
Object $result = ((<undefinedtype>)$continuation).result;
Object var5 = IntrinsicsKt.getCOROUTINE_SUSPENDED();
String var1;
boolean var2;
switch(((<undefinedtype>)$continuation).label) {
case 0:
    ResultKt.throwOnFailure($result);
    var1 = "Before";
    var2 = false;
    System.out.println(var1);
    ((<undefinedtype>)$continuation).label = 1;
    if (DelayKt.delay( timeMillis: 1000L, (Continuation)$continuation) == var5) {
        return var5;
    }
```

코틀린 중단 함수의 바이트 코드를 자바로 디컴파일한 코드

상태를 가진 함수

함수가 중단된 후에 다시 사용할 지역 변수나 파라미터와 같은 상태를 가지고 있다면, 함수의 컨티뉴에이션 객체에 상태를 저장해야 합니다. 다음과 같은 함수를 생각해 봅시다.

```
suspend fun myFunction() {
    println("Before")
    var counter = 0
    delay(1000) // 중단 함수
    counter++
    println("Counter: $counter")
    println("After")
}
```

여기서 counter는 0과 1로 표시된 두 상태에서 사용되므로 컨티뉴에이션 객체를 통해 이를 저장해야 합니다. 지역 변수나 파라미터 같이 함수 내에서 사용되던 값들은 중단되기 직전에 저장되고, 이후 함수가 재개될 때 복구됩니다. (간략화된) 중단 함수의 모습은 다음과 같습니다.

```
fun myFunction(continuation: Continuation<Unit>): Any {
    val continuation = continuation as? MyFunctionContinuation
        ?: MyFunctionContinuation(continuation)

    var counter = continuation.counter
```

```
    if (continuation.label == 0) {
        println("Before")
        counter = 0
        continuation.counter = counter
        continuation.label = 1
        if (delay(1000, continuation) == COROUTINE_SUSPENDED){
            return COROUTINE_SUSPENDED
        }
    }
    if (continuation.label == 1) {
        counter = (counter as Int) + 1
        println("Counter: $counter")
        println("After")
        return Unit
    }
    error("Impossible")
}

class MyFunctionContinuation(
    val completion: Continuation<Unit>
) : Continuation<Unit> {
    override val context: CoroutineContext
        get() = completion.context

    var result: Result<Unit>? = null
    var label = 0
    var counter = 0

    override fun resumeWith(result: Result<Unit>) {
        this.result = result
        val res = try {
            val r = myFunction(this)
            if (r == COROUTINE_SUSPENDED) return
            Result.success(r as Unit)
        } catch (e: Throwable) {
            Result.failure(e)
        }
        completion.resumeWith(res)
    }
}
```

값을 받아 재개되는 함수

중단 함수로부터 값을 받아야 하는 경우는 좀더 복잡합니다. 다음 함수를 분석해 봅시다.

```
suspend fun printUser(token: String) {
    println("Before")
    val userId = getUserId(token) // 중단 함수
    println("Got userId: $userId")
    val userName = getUserName(userId, token) // 중단 함수
    println(User(userId, userName))
    println("After")
}
```

getUserId와 getUserName이라는 두 가지 중단 함수가 있습니다. token이라는 파라미터를 받으면 중단 함수는 특정 값을 반환합니다. 파라미터와 반환값 모두 컨티뉴에이션 객체에 저장되어야 하는 이유는 다음과 같습니다.

- token은 상태 0과 1에서 사용됩니다.
- userId는 상태 1과 2에서 사용됩니다.
- Result 타입인 result는 함수가 어떻게 재개되었는지 나타냅니다.

함수가 값으로 재개되었다면 결과는 Result.Success(value)가 되며, 이 값을 얻어 사용할 수 있습니다. 함수가 예외로 재개되었다면 결과는 Result.Failure(exception)이 되며, 이때는 예외를 던집니다.

```
fun printUser(
    token: String,
    continuation: Continuation<*>
): Any {
    val continuation = continuation as? PrintUserContinuation
        ?: PrintUserContinuation(
            continuation as Continuation<Unit>,
            token
        )

    var result: Result<Any>? = continuation.result
    var userId: String? = continuation.userId
    val userName: String

    if (continuation.label == 0) {
        println("Before")
        continuation.label = 1
        val res = getUserId(token, continuation)
        if (res == COROUTINE_SUSPENDED) {
            return COROUTINE_SUSPENDED
```

```
        }
        result = Result.success(res)
    }
    if (continuation.label == 1) {
        userId = result!!.getOrThrow() as String
        println("Got userId: $userId")
        continuation.label = 2
        continuation.userId = userId
        val res = getUserName(userId, token, continuation)
        if (res == COROUTINE_SUSPENDED) {
            return COROUTINE_SUSPENDED
        }
        result = Result.success(res)
    }
    if (continuation.label == 2) {
        userName = result!!.getOrThrow() as String
        println(User(userId as String, userName))
        println("After")
        return Unit
    }
    error("Impossible")
}

class PrintUserContinuation(
    val completion: Continuation<Unit>,
    val token: String
) : Continuation<String> {
    override val context: CoroutineContext
        get() = completion.context

    var label = 0
    var result: Result<Any>? = null
    var userId: String? = null

    override fun resumeWith(result: Result<String>) {
        this.result = result
        val res = try {
            val r = printUser(token, this)
            if (r == COROUTINE_SUSPENDED) return
            Result.success(r as Unit)
        } catch (e: Throwable) {
            Result.failure(e)
        }
        completion.resumeWith(res)
    }
}
```

콜 스택

함수 a가 함수 b를 호출하면 가상 머신은 a의 상태와 b가 끝나면 실행이 될 지점을 어딘가에 저장해야 합니다. 이런 정보들은 모두 콜 스택(call stack)[4]이라는 자료 구조에 저장됩니다. 코루틴을 중단하면 스레드를 반환해 콜 스택에 있는 정보가 사라질 것입니다. 따라서 코루틴을 재개할 때 콜 스택을 사용할 수는 없습니다. 대신 컨티뉴에이션 객체가 콜 스택의 역할을 대신합니다. 컨티뉴에이션 객체는 중단이 되었을 때의 상태(label)와 함수의 지역 변수와 파라미터(필드), 그리고 중단 함수를 호출한 함수가 재개될 위치 정보를 가지고 있습니다. 하나의 컨티뉴에이션 객체가 다른 하나를 참조하고, 참조된 객체가 또 다른 컨티뉴에이션 객체를 참조합니다. 이 때문에 컨티뉴에이션 객체는 거대한 양파와 같으며, 일반적으로 콜 스택에 저장되는 정보를 모두 가지고 있습니다. 다음 예제를 살펴봅시다.

```
suspend fun a() {
    val user = readUser()
    b()
    b()
    b()
    println(user)
}

suspend fun b() {
    for (i in 1..10) {
        c(i)
    }
}

suspend fun c(i: Int) {
    delay(i * 100L)
    println("Tick")
}
```

위의 코드가 사용하는 컨티뉴에이션 객체를 다음과 같이 나타낼 수 있습니다.

4 콜 스택은 저장 공간이 제한되어 있습니다. 모든 공간을 다 사용하면 StackOverflowError가 발생합니다. 기술적인 질문을 하거나 이에 대한 답변을 찾을 때 이용하는 유명한 웹사이트가 떠오르지 않나요?

```
CContinuation(
    i = 4,
    label = 1,
    completion = BContinuation(
        i = 4,
        label = 1,
        completion = AContinuation(
           label = 2,
           user = User@1234,
           completion = ...
        )
    )
)
```

✅ 위에 나와 있는 의사코드(pseudo-code)를 보고 이미 출력된 "Tick"이 몇 개인지 추측할 수 있나요(readUser는 중단 함수가 아니라고 가정합니다)?[5]

컨티뉴에이션 객체가 재개될 때 각 컨티뉴에이션 객체는 자신이 담당하는 함수를 먼저 호출합니다. 함수의 실행이 끝나면 자신을 호출한 함수의 컨티뉴에이션을 재개합니다. 재개된 컨티뉴에이션 객체 또한 담당하는 함수를 호출하며, 이 과정은 스택의 끝에 다다를 때까지 반복됩니다.

```
override fun resumeWith(result: Result<String>) {
    this.result = result
    val res = try {
        val r = printUser(token, this)
        if (r == COROUTINE_SUSPENDED) return
        Result.success(r as Unit)
    } catch (e: Throwable) {
        Result.failure(e)
    }
    completion.resumeWith(res)
}
```

함수 a가 함수 b를 호출하고, 함수 b는 함수 c를 호출하며, 함수 c에서 중단된 상황을 예로 들어 봅시다. 실행이 재개되면 c의 컨티뉴에이션 객체는 c 함수를

5 정답은 13입니다. AContinuation의 label이 2이므로 b 함수가 한 번 완료된 상황이며, 이는 "Tick"이 10번 출력되었다는 걸 뜻합니다. i는 4이므로 b 함수에서 "Tick"이 세 번 출력되었습니다.

먼저 재개합니다. 함수가 완료되면 c 컨티뉴에이션 객체는 b 함수를 호출하는 b 컨티뉴에이션 객체를 재개합니다. b 함수가 완료되면 b 컨티뉴에이션은 a 컨티뉴에이션을 재개하고 a 함수가 호출되게 됩니다.

이 모든 과정은 다음과 같이 그릴 수 있습니다.

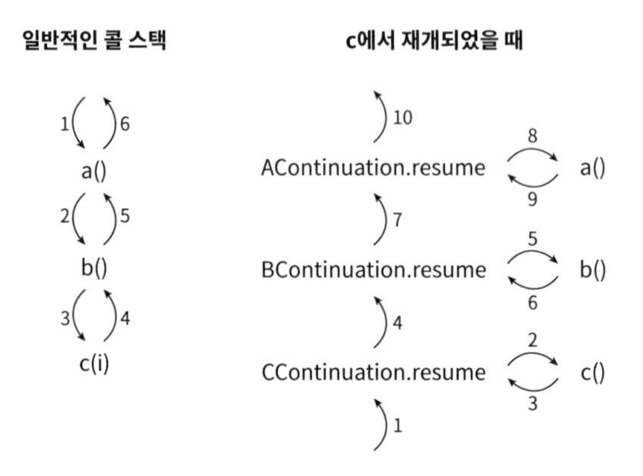

예외를 던질 때도 이와 비슷합니다. 처리되지 못한 예외가 `resumeWith`에서 잡히면 `Result.failure(e)`로 래핑되며, 예외를 던진 함수를 호출한 함수는 포장된 결과를 받게 됩니다.

이제 코루틴이 중단되었을 때 무슨 일이 벌어지는지 이해가 되었을 것입니다. 상태는 컨티뉴에이션 객체에 상태가 저장되며, 중단을 처리하기 위한 과정이 있어야 합니다. 중단된 함수가 재개했을 때 컨티뉴에이션 객체로부터 상태를 복원하고, 얻은 결과를 사용하거나 예외를 던져야 합니다.

```
    println("Got userId: $userId")
    continuation.label = 2                                  } 다음 label을 설정
    continuation.userId = userId                            } 컨티뉴에이션 객체에 상태를 저장
    val res = getUserName(userId, continuation)             } 중단 함수를 호출
    if (res == COROUTINE_SUSPENDED) {
        return COROUTINE_SUSPENDED                          } 중단 상태일 때
    }
    result = Result.success(res)                            } 중단되지 않았으면 결괏값을 설정
}
if (continuation.label == 2) {
    result!!.throwOnFailure()                               } 실패할 경우 예외를 던짐
    userName = result.getOrNull() as String                 } 결괏값을 읽음
    println(User(userId as String, userName))
```

실제 코드

컨티뉴에이션 객체와 중단 함수를 컴파일한 실제 코드는 최적화되어 있으며, 몇 가지 처리 과정이 더 포함되어 있어 더 복잡합니다.

- 예외가 발생했을 때 더 나은 스택 트레이스 생성
- 코루틴 중단 인터셉션(이후에 이 기능에 대해 살펴볼 것입니다.)
- 사용하지 않는 변수를 제거하거나 테일콜 최적화(tail-call optimization)[6]하는 등의 다양한 단계에서의 최적화

다음은 코틀린 버전 1.5.30에서 BaseContinuationImpl을 구현한 코드 일부분입니다. 여기서 resumeWith가 어떻게 구현되었는지 확인할 수 있습니다. 다른 메서드와 주석 일부분은 생략되었습니다.

```
internal abstract class BaseContinuationImpl(
    val completion: Continuation<Any?>?
) : Continuation<Any?>, CoroutineStackFrame, Serializable {
    // 아래 함수는 resumeWith가 재귀 함수라,
    // 이를 전개하기 위해 final로 구현되어 있습니다.
    final override fun resumeWith(result: Result<Any?>) {
        // 아래 반복문은 current.resumeWith(param)에서
        // 재귀를 전개하여 재개되었을 때
        // 스택 트레이스를 적절하게 작은 크기로 만듭니다.
        var current = this
        var param = result
        while (true) {
            // 컨티뉴에이션 객체를 재개할 때마다
            // "resume" 디버그 조사를 실행함으로써
            // 디버깅 라이브러리가
            // 중단된 콜 스택 중 어떤 부분이 이미 재개되었는지
            // 추적할 수 있게 합니다.
            probeCoroutineResumed(current)
            with(current) {
                val completion = completion!! // 완료되지 않은 상태에서
                                              // 컨티뉴에이션 객체를 재개하면
                                              // 곧바로 실패합니다.
                val outcome: Result<Any?> =
```

6 (옮긴이) 테일콜이란 함수를 호출하여 값을 반환받은 뒤 어떠한 후처리 없이 그대로 반환하는 방식을 말하며, 테일콜 최적화란 테일콜로 짜여진 코드에서 테일콜로 호출하는 함수에 대한 스택을 만들지 않고 함수가 반환한 값을 대신 사용하여 스택을 최소한으로 만드는 최적화 방식을 말합니다.

```
                try {
                    val outcome = invokeSuspend(param)
                    if (outcome === COROUTINE_SUSPENDED)
                        return
                    Result.success(outcome)
                } catch (exception: Throwable) {
                    Result.failure(exception)
                }
            releaseIntercepted()
            // 상태 머신이 종료되는 중일 때 실행됩니다.
            if (completion is BaseContinuationImpl) {
                // 반복문을 통해 재귀 호출을 풉니다.
                current = completion
                param = outcome
            } else {
                // 최상위 컨티뉴에이션 객체인 completion에 도달했습니다 --
                // 실행 후 반환합니다.
                completion.resumeWith(outcome)
                return
            }
        }
    }
}

// ...
}
```

재귀 대신에 반복문이 사용된 걸 확인할 수 있습니다. 실제 코드는 반복문을 사용해 최적화시켰고 코드를 간단히 만들었습니다.

중단 함수의 성능

일반적인 함수 대신 중단 함수를 사용하면 비용은 어떻게 될까요? 코루틴 내부 구현을 본 뒤, 대부분의 사람들은 비용이 클 거라 생각하지만 실제로는 그렇지 않습니다. 함수를 상태로 나누는 것은 숫자를 비교하는 것만큼 쉬운 일이며 실행점이 변하는 비용 또한 거의 들지 않습니다. 컨티뉴에이션 객체에 상태를 저장하는 것 또한 간단합니다. 지역 변수를 복사하지 않고 새로운 변수가 메모리 내 특정 값을 가리키게 합니다. 컨티뉴에이션 객체를 생성할 때 비용이 어느 정도 들지만, 마찬가지로 큰 문제는 아닙니다. RxJava나 콜백 함수의 성능에 대해 신경 쓰지 않는다면 중단 함수의 성능에 대해서도 걱정하지 않아도 됩니다.

요약

코루틴의 실제 구현은 우리가 살펴본 것보다 훨씬 복잡하지만, 이번 장을 통해 코루틴 내부는 어떻게 구현되어 있는지 대략 이해할 수 있었길 바랍니다. 중요한 점은 다음과 같습니다.

- 중단 함수는 상태 머신과 비슷해 함수가 시작될 때와 중단 함수를 호출한 뒤의 상태를 가집니다.
- 상태를 나타내는 값과 로컬 데이터는 컨티뉴에이션 객체에 저장됩니다.
- 호출된 함수의 컨티뉴에이션 객체는 호출한 함수의 컨티뉴에이션을 장식합니다. 그 결과, 모든 컨티뉴에이션 객체는 함수가 재개될 때 또는 재개된 함수가 완료될 때 사용되는 콜 스택의 역할을 합니다.

5장

K o t l i n C o r o u t i n e s

코루틴: 언어 차원에서의 지원 vs 라이브러리

코루틴에 대해 떠올릴 때 대부분의 사람들은 단 하나의 개념으로 생각합니다. 하지만 코루틴은 두 가지, 즉 코틀린 언어에서 자체적으로 지원하는 부분(컴파일러의 지원과 코틀린 기본 라이브러리의 요소)과 코틀린 코루틴 라이브러리(kotlinx.coroutines)로 구성되어 있습니다. 둘은 같은 것으로 취급되곤 하지만, 실상을 들여다 보면 전혀 다릅니다.

코틀린 언어 차원에서는 자유도를 보장하기 위해 코루틴을 최소한으로 지원하고 있습니다. 다른 프로그래밍 언어에서 동시성을 구현한 스타일을 이식하기 위해 사용할 수 있지만, 직접 다루기 쉽지는 않습니다. 그 예로 `suspendCoroutine`이나 `Continuation` 등을 들 수 있으며, 애플리케이션 개발자들보다는 라이브러리 개발자들에게 적합합니다.

언어 차원에서 지원하는 것과는 별개로 kotlinx.coroutines 라이브러리가 있습니다. 이 라이브러리를 사용하려면 프로젝트에 별도로 의존성을 추가해야 합니다. 라이브러리는 코틀린 언어 차원에서 코루틴을 지원하기 위해 만들어졌습니다. 사용하기 훨씬 쉬우며 동시성을 명확하게 구현할 수 있게 해 줍니다.

언어 차원에서의 지원	kotlinx.coroutines 라이브러리
컴파일러가 지원하며 코틀린 기본 라이브러리에 포함되어 있다.	의존성을 별도로 추가해야 한다.
kotlin.coroutines 패키지에 포함되어 있다.	kotlinx.coroutines 패키지에 포함되어 있다.
`Continuation` 또는 `suspendCoroutines`과 같은 몇몇 기본적인 것들과 suspend 키워드를 최소한으로 제공한다.	`launch`, `async`, `Deferred`처럼 다양한 기능을 제공한다.
직접 사용하기 아주 어렵다.	직접 사용하기 편리하게 설계되어 있다.
거의 모든 동시성 스타일이 허용된다.	단 하나의 명확한 동시성 스타일을 위해 설계되어 있다.

코루틴을 사용하면 언어 차원에서의 지원과 kotlinx.coroutines 라이브러리 둘 모두를 함께 사용하는 것이 대부분이지만, 반드시 그럴 필요는 없습니다. 많은 컴퓨터 과학 논문은 중단 개념의 보편성에 대해 설명하고 있습니다.[1] 코틀린 코루틴 라이브러리를 개발하는 팀 또한 이에 관한 논문을 썼습니다. 동시성을 가장 잘 구현하는 방법을 찾기 위해 그들은 다른 언어에서 사용되고 있는 동시성 방식(예를 들면 Go 언어)을 재현하기 위해 코틀린 언어가 지원하는 코루틴 기능을 사용했습니다. 현재 kotlinx.coroutines 라이브러리가 지원하는 동시성 방식은 우아하고 편리하며 프로그래밍 생태계의 다른 패턴과도 잘 들어맞습니다. 하지만 패턴과 프로그래밍 방식은 시간이 지나면서 변합니다. 언젠가 우리가 더 나은 동시성 방식을 찾아낼 수도 있습니다. 누군가가 코틀린 언어 자체에서 지원하는 코루틴을 사용하여 새로운 방식으로 또 다른 라이브러리를 구현할 수도 있습니다. 심지어 kotlinx.coroutines 라이브러리를 대체할 수도 있을 겁니다. 미래에 어떤 일이 벌어질지 아무도 모릅니다.

지금까지 우리는 코틀린 언어 차원에서 지원하는 코루틴 개념에 대해서만 살펴봤습니다. 이제부터는 kotlinx.coroutines 라이브러리에 집중해서 코루틴에 대해 배워보도록 합시다.

1 예를 들면, 안나 루시아 데 모우라(Ana Lúcia De Moura)와 호베르투 이에루잘림스시(Roberto Ierusalimschy)가 쓴 〈Revisiting Coroutines〉(2009)와 크리스토퍼 T. 헤이네스(Christopher T. Haynes), 다니엘 P. 프리드먼(Daniel P. Friedman), 미첼 완드(Mitchell Wand)가 쓴 〈Continuations and coroutines〉(1984)가 있습니다.

2부

코틀린 코루틴 라이브러리

코루틴 언어 자체적으로 지원하는 기능이 어떻게 작동하는지 배웠으니 이제 kotlinx.coroutines 라이브러리를 살펴볼 차례입니다. 2부에서는 해당 라이브러리를 사용하기 위해 필요한 원리를 배워보겠습니다. 코루틴 빌더, 코루틴 컨텍스트, 그리고 코루틴 취소의 작동 방식을 살펴볼 것입니다. 이후 코루틴을 시작하는 방법, 테스트하는 방법, 공유 상태를 안전하게 접근하는 방법에 대해서 알아보겠습니다.

6장

K o t l i n C o r o u t i n e s

코루틴 빌더

중단 함수는 컨티뉴에이션 객체를 다른 중단 함수로 전달해야 합니다. 따라서 중단 함수가 일반 함수를 호출하는 것은 가능하지만, 일반 함수가 중단 함수를 호출하는 것은 불가능합니다.

```
suspend fun suspendingFun() {
    // ...
    normalFun()
}

fun normalFun() {
    //...
    suspendingFun()
}
```

Suspend function 'suspendingFun' should be called only from a coroutine or another suspend function

Make normalFun suspend ⌥⇧↩ More actions... ⌥↩

Main.kt
public suspend fun suspendingFun(): Unit
kotlin-coroutines-workshop.main

모든 중단 함수는 또 다른 중단 함수에 의해 호출되어야 하며, 이는 앞서 호출한 중단 함수 또한 마찬가지입니다. 중단 함수를 연속으로 호출하면 시작되는 지점이 반드시 있습니다. 코루틴 빌더(coroutine builder)가 그 역할을 하며, 일

반 함수와 중단 가능한 세계를 연결시키는 다리가 됩니다.[1]

kotlinx.coroutines 라이브러리가 제공하는 세 가지 필수적인 코루틴 빌더를 탐색해 봅시다.

- launch
- runBlocking
- async

각 코루틴 빌더는 서로 다른 쓰임새가 있습니다. 하나씩 탐색해 보도록 합시다.

launch 빌더

launch가 작동하는 방식은 thread 함수를 호출하여 새로운 스레드를 시작하는 것과 비슷합니다. 코루틴을 시작하면 불꽃놀이를 할 때 불꽃이 하늘 위로 각자 퍼지는 것처럼 별개로 실행됩니다. 다음은 새로운 프로세스를 시작하기 위해 launch-를 사용한 예제입니다.

```
fun main() {
    GlobalScope.launch {
        delay(1000L)
        println("World!")
    }
    GlobalScope.launch {
        delay(1000L)
        println("World!")
    }
    GlobalScope.launch {
        delay(1000L)
        println("World!")
    }
    println("Hello,")
    Thread.sleep(2000L)
```

1 우리가 수많은 예제에서 본 것처럼 중단 함수는 main 중단 함수로부터 시작될 수 있지만, 안드로이드나 백엔드 애플리케이션을 만들 때는 그다지 도움이 되지 않는 방식입니다. main 중단 함수 또한 코루틴 빌더에 의해 시작되며, 코틀린 언어가 우리를 대신해 빌더를 만들어 준다는 것을 알아야 합니다.

```
}
// Hello,
// (1초 후)
// World!
// World!
// World!
```

launch 함수는 CoroutineScope 인터페이스의 확장 함수입니다. CoroutineScope 인터페이스는 부모 코루틴과 자식 코루틴 사이의 관계를 정립하기 위한 목적으로 사용되는 **구조화된 동시성**(structued concurrency)의 핵심입니다. 구조화된 동시성에 대해서는 나중에 배우기로 하고, 지금은 GlobalScope 객체에서 launch(이후엔 async)를 호출하는 방식을 사용하겠습니다. 실제로는 이런 방식이 좋다고 보기 힘들며, 실제 현업에서는 GlobalScope의 사용을 지양해야 합니다.

또한 main 함수의 끝에 Thread.sleep을 호출해야 한다는 것을 알아챘을 것입니다. 스레드를 잠들게 하지 않으면 메인 함수는 코루틴을 실행하자마자 끝나 버리게 되며, 코루틴이 일을 할 기회조차 주지 않습니다. delay가 스레드를 블록시키지 않고 코루틴을 중단시키기 때문입니다. 3장 '중단은 어떻게 작동할까?'에서 delay가 정해진 시간 뒤에 재개하기 위한 타이머만 설정한 뒤 그 시간 동안 코루틴의 실행을 멈춘다는 걸 기억할 겁니다. 스레드가 블로킹되지 않으면 할 일이 없어져 그대로 종료되고 맙니다(나중에 구조화된 동시성을 사용하면 Thread.sleep이 필요 없다는 걸 보게 될 것입니다).

launch가 작동하는 방식은 데몬 스레드와 어느 정도 비슷하지만 훨씬 가볍습니다.[2] 이런 비교 방식은 처음엔 유용할 수 있지만 나중엔 문제가 될 수 있습니다. 4장 '코루틴의 실제 구현'에서 본 것처럼 블로킹된 스레드를 유지하는 건 비용이 드는 일이지만 중단된 코루틴을 유지하는 건 공짜나 다름이 없습니다. 둘 다 별개의 작업을 시작하며 작업을 하는 동안 프로그램이 끝나는 걸 막는 무언가가 필요하다는 점에서는 비슷합니다(다음 예에서는 Thread.sleep(2000L)이 그 역할을 합니다).

2 데몬 스레드는 백그라운드에서 돌아가며, 우선순위가 낮은 스레드입니다. launch와 데몬 스레드를 비교한 건 둘 다 프로그램이 끝나는 걸 막을 수 없기 때문입니다.

```
fun main() {
    thread(isDaemon = true) {
        Thread.sleep(1000L)
        println("World!")
    }
    thread(isDaemon = true) {
        Thread.sleep(1000L)
        println("World!")
    }
    thread(isDaemon = true) {
        Thread.sleep(1000L)
        println("World!")
    }
    println("Hello,")
    Thread.sleep(2000L)
}
```

runBlocking 빌더

코루틴이 스레드를 블로킹하지 않고 작업을 중단시키기만 하는 것이 일반적인 법칙입니다. 하지만 블로킹이 필요한 경우도 있습니다. 메인 함수의 경우 프로그램을 너무 빨리 끝내지 않기 위해 스레드를 블로킹해야 합니다. 이럴 때 runBlocking을 사용하면 됩니다.

runBlocking은 아주 특이한 코루틴 빌더입니다. 코루틴이 중단되었을 경우 runBlocking 빌더는 중단 메인 함수와 마찬가지로 시작한 스레드를 중단시킵니다.[3] 따라서 runBlocking 내부에서 delay(1000L)을 호출하면 Thread.sleep(1000L)과 비슷하게 작동합니다.[4]

```
fun main() {
    runBlocking {
        delay(1000L)
        println("World!")
    }
    runBlocking {
```

3 정확하게 말하면, 새로운 코루틴을 실행한 뒤 완료될 때까지 현재 스레드를 중단 가능한 상태로 블로킹합니다.

4 디스패처를 사용해 runBlocking이 다른 스레드에서 실행되게 할 수 있습니다. 하지만 이 경우에도 코루틴이 완료될 때까지 해당 빌더가 시작된 스레드가 블로킹됩니다.

```
        delay(1000L)
        println("World!")
    }
    runBlocking {
        delay(1000L)
        println("World!")
    }
    println("Hello,")
}
// (1초 후)
// World!
// (1초 후)
// World!
// (1초 후)
// World!
// Hello,
fun main() {
    Thread.sleep(1000L)
    println("World!")
    Thread.sleep(1000L)
    println("World!")
    Thread.sleep(1000L)
    println("World!")
    println("Hello,")
}
// (1초 후)
// World!
// (1초 후)
// World!
// (1초 후)
// World!
// Hello,
```

runBlocking이 사용되는 특수한 경우는 실제로 두 가지가 있습니다. 첫 번째 경우는 프로그램이 끝나는 걸 방지하기 위해 스레드를 블로킹할 필요가 있는 메인 함수입니다. 또 다른 경우는 같은 이유로 스레드를 블로킹할 필요가 있는 유닛 테스트입니다.

```
fun main() = runBlocking {
    // ...
}
```

```
class MyTests {

    @Test
    fun `a test`() = runBlocking {

    }
}
```

Thread.sleep(2000)을 runBlocking 안에서 delay(2000)을 사용하는 방식으로 대체할 수도 있습니다. 나중에 구조화된 동시성에 대해 공부하면 이 방식이 좀 더 유용하다는 걸 알 수 있습니다.

```
fun main() = runBlocking {
    GlobalScope.launch {
        delay(1000L)
        println("World!")
    }
    GlobalScope.launch {
        delay(1000L)
        println("World!")
    }
    GlobalScope.launch {
        delay(1000L)
        println("World!")
    }
    println("Hello,")
    delay(2000L) // 여전히 필요합니다.
}
// Hello,
// (1초 후)
// World!
// World!
// World!
```

runBlocking은 코루틴 빌더로 중요하게 사용되었지만 현재는 거의 사용되지 않습니다. 유닛 테스트에서는 코루틴을 가상 시간으로 실행시키는 runTest가 주로 사용되고 있습니다(나중에 살펴볼 15장 '코틀린 코루틴 테스트하기'의 테스트에서 이 기능이 아주 유용하다는 걸 확인할 수 있습니다). 메인 함수는 runBlocking 대신에 suspend를 붙여 중단 함수로 만드는 방법을 주로 사용합니다.

```
suspend fun main() {
    GlobalScope.launch {
        delay(1000L)
        println("World!")
    }
    GlobalScope.launch {
        delay(1000L)
        println("World!")
    }
    GlobalScope.launch {
        delay(1000L)
        println("World!")
    }
    println("Hello,")
    delay(2000L)
}
// Hello,
// (1초 후)
// World!
// World!
// World!
```

main 중단 함수는 편리한 기능이지만, 지금은 runBlocking을 사용하도록 하겠습니다.[5]

async 빌더

async 코루틴 빌더는 launch와 비슷하지만 값을 생성하도록 설계되어 있습니다. 이 값은 람다 표현식에 의해 반환되어야 합니다.[6] async 함수는 Deferred<T> 타입의 객체를 리턴하며, 여기서 T는 생성되는 값의 타입입니다. Deferred에는 작업이 끝나면 값을 반환하는 중단 메서드인 await가 있습니다. 다음 예제에서 보면 Deferred<Int>가 반환되고 await가 Int 타입인 42를 반환하기 때문에 생성되는 값은 타입이 Int인 42가 되는 걸 확인할 수 있습니다.

```
fun main() = runBlocking {
```

5 runBlocking은 스코프를 만들지만, 메인 중단 함수는 이후에 소개할 coroutineScope 함수를 사용하지 않는 한 스코프를 만들지 않기 때문입니다.
6 좀더 정확하게 말하면, 마지막에 위치한 함수형의 인자에 의해 반환됩니다.

```
    val resultDeferred: Deferred<Int> = GlobalScope.async {
        delay(1000L)
        42
    }
    // 다른 작업을 합니다...
    val result: Int = resultDeferred.await() // (1초 후)
    println(result)                          // 42
    // 다음과 같이 간단하게 작성할 수도 있습니다.
    println(resultDeferred.await()) // 42
}
```

launch 빌더와 비슷하게 async 빌더는 호출되자마자 코루틴을 즉시 시작합니다. 따라서 몇 개의 작업을 한번에 시작하고 모든 결과를 한꺼번에 기다릴 때 사용합니다. 반환된 Deferred는 값이 생성되면 해당 값을 내부에 저장하기 때문에 await에서 값이 반환되는 즉시 값을 사용할 수 있습니다. 하지만 값이 생성되기 전에 await를 호출하면 값이 나올 때까지 기다리게 됩니다.

```
fun main() = runBlocking {
    val res1 = GlobalScope.async {
        delay(1000L)
        "Text 1"
    }
    val res2 = GlobalScope.async {
        delay(3000L)
        "Text 2"
    }
    val res3 = GlobalScope.async {
        delay(2000L)
        "Text 3"
    }
    println(res1.await())
    println(res2.await())
    println(res3.await())
}
// (1초 후)
// Text 1
// (2초 후)
// Text 2
// Text 3
```

async 빌더가 작동하는 방식은 launch와 비슷하지만, 값을 반환한다는 추가적인 특징이 있습니다. launch 함수를 async로 대체해도 코드는 여전히 똑같은 방식으로 작동합니다. 하지만 그렇게 하면 안 됩니다! async는 값을 생성할 때 사용되며, 값이 필요하지 않을 때는 launch를 써야 합니다.

```
fun main() = runBlocking {
    // 이렇게 작성하지 마세요!
    // async를 launch로 잘못 사용한 경우입니다.
    GlobalScope.async {
        delay(1000L)
        println("World!")
    }
    println("Hello,")
    delay(2000L)
}
// Hello,
// (1초 후)
// World!
```

async 빌더는 두 가지 다른 곳에서 데이터를 얻어와 합치는 경우처럼, 두 작업을 병렬로 실행할 때 주로 사용됩니다.

```
scope.launch {
    val news = async {
        newsRepo.getNews()
            .sortedByDescending { it.date }
    }
    val newsSummary = newsRepo.getNewsSummary()
    // async로 래핑할 수도 있지만,
    // 불필요한 작업입니다.
    view.showNews(
        newsSummary,
        news.await()
    )
}
```

구조화된 동시성

코루틴이 GlobalScope에서 시작되었다면 프로그램은 해당 코루틴을 기다리지 않습니다. 아까도 말했듯이, 코루틴은 어떤 스레드도 블록하지 않기 때문에 프로그램이 끝나는 걸 막을 방법이 없습니다. 다음 예제에서 “World!”가 출력되는 걸 보려면 runBlocking의 마지막에 delay를 추가적으로 호출해야 합니다.

```
fun main() = runBlocking {
    GlobalScope.launch {
        delay(1000L)
        println("World!")
    }
    GlobalScope.launch {
        delay(2000L)
        println("World!")
    }
    println("Hello,")
    // delay(3000L)
}
// Hello,
```

처음에 GlobalScope가 필요한 이유는 뭘까요? 그 이유는 launch와 async가 CoroutineScope의 확장 함수이기 때문입니다. 그런데 이 두 빌더 함수와 runBlocking의 정의를 살펴보면 block 파라미터가 리시버 타입이 CoroutineScope인 함수형 타입이라는 것을 알 수 있습니다.

```
fun <T> runBlocking(
    context: CoroutineContext = EmptyCoroutineContext,
    block: suspend CoroutineScope.() -> T
): T

fun CoroutineScope.launch(
    context: CoroutineContext = EmptyCoroutineContext,
    start: CoroutineStart = CoroutineStart.DEFAULT,
    block: suspend CoroutineScope.() -> Unit
): Job

fun <T> CoroutineScope.async(
    context: CoroutineContext = EmptyCoroutineContext,
    start: CoroutineStart = CoroutineStart.DEFAULT,
    block: suspend CoroutineScope.() -> T
): Deferred<T>
```

즉, GlobalScope를 굳이 사용하지 않고 runBlocking이 제공하는 리시버를 통해 this.launch 또는 launch와 같이 launch를 호출해도 됩니다. 이렇게 하면 launch는 runBlocking의 자식이 됩니다. 부모가 자식들 모두를 기다리는 건 당연한 일이므로, runBlocking은 모든 자식이 작업을 끝마칠 때까지 중단됩니다.

```
fun main() = runBlocking {
    this.launch { // launch로 호출한 것과 같습니다.
        delay(1000L)
        println("World!")
    }
    launch { // this.launch로 호출한 것과 같습니다.
        delay(2000L)
        println("World!")
    }
    println("Hello,")
}
// Hello,
// (1초 후)
// World!
// (1초 후)
// World!
```

부모는 자식들을 위한 스코프를 제공하고 자식들을 해당 스코프 내에서 호출합니다. 이를 통해 **구조화된 동시성**이라는 관계가 성립합니다. 부모-자식 관계의 가장 중요한 특징은 다음과 같습니다.

- 자식은 부모로부터 컨텍스트를 상속받습니다(하지만 자식이 이를 재정의할 수도 있는데, 이후 7장 '코루틴 컨텍스트'에서 확인하도록 하겠습니다).
- 부모는 모든 자식이 작업을 마칠 때까지 기다립니다(8장 '잡과 자식 코루틴 기다리기'에서 설명하겠습니다).
- 부모 코루틴이 취소되면 자식 코루틴도 취소됩니다(9장 '취소'에서 설명하겠습니다).
- 자식 코루틴에서 에러가 발생하면, 부모 코루틴 또한 에러로 소멸합니다(10장 '예외 처리'에서 설명하겠습니다).

다른 코루틴 빌더와 달리, `runBlocking`은 `CoroutineScope`의 확장 함수가 아닙니다. `runBlocking`은 자식이 될 수 없으며 루트 코루틴으로만 사용될 수 있다는 것을 의미합니다(계층상 모든 자식의 부모가 됩니다). 따라서 `runBlocking`은 다른 코루틴과 쓰임새가 다릅니다. 이전에도 말했듯이, `runBlocking`은 다른 빌더들과 정말 많이 다릅니다.

현업에서의 코루틴 사용

중단 함수는 다른 중단 함수들로부터 호출되어야 하며, 모든 중단 함수는 코루틴 빌더로 시작되어야 합니다. 그리고 runBlocking을 제외한 모든 코루틴 빌더는 CoroutineScope에서 시작되어야 합니다. 앞서 본 간단한 예제에서 스코프는 runBlocking이 제공하고 있으며, 좀더 큰 애플리케이션에서는 스코프를 직접 만들거나(13장 '코루틴 스코프 만들기'에서 어떻게 만드는지 살펴보겠습니다) 프레임워크에서 제공하는 스코프를 사용합니다(예를 들면 백엔드에서는 Ktor, 안드로이드에서는 Android KTX를 들 수 있습니다). 첫 번째 빌더가 스코프에서 시작되면 다른 빌더가 첫 번째 빌더의 스코프에서 시작될 수 있습니다. 이것이 애플리케이션이 구조화되는 과정의 본질입니다.

코루틴이 실제 프로젝트에서 사용되는 예를 몇 가지 들어 보겠습니다. 처음 두 클래스는 백엔드와 안드로이드 모두에서 흔한 예입니다. MainPresenter는 안드로이드의 전형적인 예이며, UserController는 백엔드 애플리케이션에서 주로 사용하는 예입니다.

```
class NetworkUserRepository(
    private val api: UserApi,
) : UserRepository {
    suspend fun getUser(): User = api.getUser().toDomainUser()
}

class NetworkNewsRepository(
    private val api: NewsApi,
    private val settings: SettingsRepository,
) : NewsRepository {

    suspend fun getNews(): List<News> = api.getNews()
        .map { it.toDomainNews() }

    suspend fun getNewsSummary(): List<News> {
        val type = settings.getNewsSummaryType()
        return api.getNewsSummary(type)
    }
}

class MainPresenter(
    private val view: MainView,
```

```
    private val userRepo: UserRepository,
    private val newsRepo: NewsRepository
) : BasePresenter {

    fun onCreate() {
        scope.launch {
            val user = userRepo.getUser()
            view.showUserData(user)
        }
        scope.launch {
            val news = async {
                newsRepo.getNews()
                    .sortedByDescending { it.date }
            }
            val newsSummary = async {
                newsRepo.getNewsSummary()
            }
            view.showNews(newsSummary.await(), news.await())
        }
    }
}

@Controller
class UserController(
    private val tokenService: TokenService,
    private val userService: UserService,
) {
    @GetMapping("/me")
    suspend fun findUser(
        @PathVariable userId: String,
        @RequestHeader("Authorization") authorization: String
    ): UserJson {
        val userId = tokenService.readUserId(authorization)
        val user = userService.findUserById(userId)
        return user.toJson()
    }
}
```

한 가지 문제가 남아 있습니다. 중단 함수에선 스코프를 어떻게 처리할까요? 중단 함수 내부에서 중단될 수 있지만 함수 내에는 스코프가 없습니다. 스코프를 인자로 넘기는 건 좋은 방법이라 할 수 없습니다(11장 '코루틴 스코프 함수'에서 이에 대해 살펴보겠습니다). 대신 코루틴 빌더가 사용할 스코프를 만들어 주는 중단 함수인 coroutineScope 함수를 사용하는 것이 바람직합니다.

coroutineScope 사용하기

리포지토리 함수에서 비동기적으로 두 개의 자원, 예를 들면 사용자 데이터와 글 목록을 가지고 오는 상황을 떠올려 봅시다. 이런 경우에 사용자가 볼 수 있는 글만 반환하고 싶다고 가정해 봅시다. async를 호출하려면 스코프가 필요하지만 함수에 스코프를 넘기고 싶지는 않습니다.[7] 중단 함수 밖에서 스코프를 만들려면, coroutineScope 함수를 사용합니다.

```
suspend fun getArticlesForUser(
    userToken: String?,
): List<ArticleJson> = coroutineScope {
    val articles = async { articleRepository.getArticles() }
    val user = userService.getUser(userToken)
    articles.await()
        .filter { canSeeOnList(user, it) }
        .map { toArticleJson(it) }
}
```

coroutineScope는 람다 표현식이 필요로 하는 스코프를 만들어 주는 중단 함수입니다. 이 함수는 let, run, use 또는 runBlocking처럼 람다식이 반환하는 것이면 무엇이든 반환합니다. 위 예제에서는 List<ArticleJson>을 반환하는데, 람다식에서 리턴한 것이 바로 List<ArticleJson>이기 때문입니다.

coroutineScope는 중단 함수 내에서 스코프가 필요할 때 일반적으로 사용하는 함수입니다. coroutineScope의 이러한 특징은 정말 중요합니다. 위에서 볼 수 있듯이 coroutineScope는 간단하게 사용할 수 있도록 설계되었지만, 원리를 이해하려면 컨텍스트, 취소, 예외 처리 같은 약간 복잡한 것들을 먼저 공부해야 합니다. 스코프 함수는 코루틴을 구성하는 다른 요소에 대해 배운 뒤 11장 '코루틴 스코프 함수'에서 자세히 설명하겠습니다.

중단 함수를 coroutineScope와 함께 시작하는 것도 가능하며, 이는 메인 함수와 runBlocking을 함께 사용하는 것보다 세련된 방법입니다.

```
suspend fun main(): Unit = coroutineScope {
   launch {
```

7 11장 '코루틴 스코프 함수'에서 왜 그런지 자세하게 설명하겠습니다.

```
        delay(1000L)
        println("World!")
    }
    println("Hello,")
}
// Hello,
// (1초 후)
// World!
```

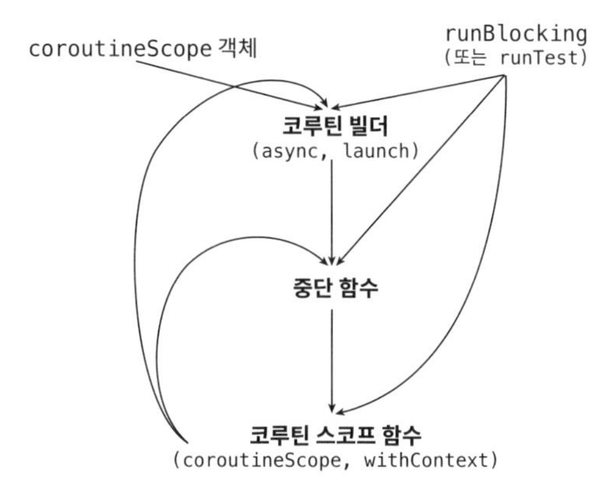

kotlinx.coroutines 라이브러리의 다양한 요소들이 어떻게 사용되는지 보여 주는 그림. 코루틴은 스코프 또는 runBlocking에서 시작됩니다. 이후에 다른 코루틴 빌더나 중단 함수를 호출할 수 있습니다. 중단 함수에서 빌더를 실행할 수는 없으므로 coroutineScope와 같은 코루틴 스코프 함수를 사용합니다.

요약

지금까지 배운 것만으로도 코틀린 코루틴을 사용할 수 있습니다. 대부분의 경우 다른 중단 함수나 일반 함수를 호출하는 중단 함수만을 사용합니다. 동시성 처리를 하기 위해서는 함수를 coroutineScope로 래핑한 다음, 스코프 내에서 빌더를 사용해야 합니다. 모든 것은 스코프 내에서 빌더를 호출함으로써 시작되어야 합니다. 스코프를 어떻게 만들 수 있는지는 나중에 배우겠지만, 대부분의 프로젝트에서는 스코프가 한 번 정의되면 건드릴 일은 별로 없습니다.

코루틴의 필수적인 원리를 배웠지만 아직도 살펴봐야 할 것들이 많습니다. 다음 장에서는 코루틴을 좀더 심도 있게 알아보겠습니다. 다른 컨텍스트를 사용하기도 하고, 취소와 예외 처리에 익숙해지며, 코루틴을 테스트하는 법에 대해 배울 것입니다. 코루틴의 놀라운 기능은 아직도 많이 남아 있습니다.

7장

Kotlin Coroutines

코루틴 컨텍스트

코루틴 빌더의 정의를 보면 첫 번째 파라미터가 CoroutineContext라는 사실을 알 수 있습니다.

```
public fun CoroutineScope.launch(
    context: CoroutineContext = EmptyCoroutineContext,
    start: CoroutineStart = CoroutineStart.DEFAULT,
    block: suspend CoroutineScope.() -> Unit
): Job {
    ...
}
```

리시버뿐만 아니라 마지막 인자의 리시버도 CoroutineScope 타입입니다.[1] CoroutineScope는 중요한 개념처럼 보이니 정의를 확인해 봅시다.

```
public interface CoroutineScope {
    public val coroutineContext: CoroutineContext
}
```

CoroutineContext를 감싸는 래퍼(wrapper)처럼 보입니다. Continuation이 어떻게 정의되었는지도 떠올려 봅시다.

1 launch는 CoroutineContext의 확장 함수이므로 CoroutineContext는 launch의 리시버 타입입니다. 확장 함수의 리시버는 this로 참조하는 객체입니다.

```
public interface Continuation<in T> {
    public val context: CoroutineContext
    public fun resumeWith(result: Result<T>)
}
```

Continuation 또한 CoroutineContext를 포함하고 있습니다. 코틀린 코루틴에서 가장 중요한 요소들이 CoroutineContext를 사용하고 있는 걸 알 수 있습니다. 확실히 중요한 개념처럼 보이긴 하는데, 도대체 뭘까요?

CoroutineContext 인터페이스

CoroutineContext는 원소나 원소들의 집합을 나타내는 인터페이스입니다. Job, CoroutineName, CoroutineDispatcher와 같은 Element 객체들이 인덱싱된 집합이라는 점에서 맵이나 셋과 같은 컬렉션이랑 개념이 비슷합니다. 특이한 점은 각 Element 또한 CoroutineContext라는 점입니다. 따라서 컬렉션 내 모든 원소는 그 자체만으로 컬렉션이라 할 수 있습니다.

원소가 원소의 컬렉션이 되는 건 확실히 직관적인 개념입니다. 머그잔을 떠올려 봅시다. 머그잔은 하나의 원소지만 단 하나의 원소를 포함하는 컬렉션이기도 합니다. 머그잔 하나를 더하면 두 개의 원소를 가진 컬렉션이 됩니다.

아래 예제처럼 컨텍스트의 지정과 변경을 편리하게 하기 위해 CoroutineContext의 모든 원소가 CoroutineContext로 되어 있습니다(컨텍스트를 더하는 방법과 코루틴 빌더의 컨텍스트를 설정하는 방법은 나중에 설명하겠습니다). 컨텍스트를 지정하고 더하는 건 명시적인 집합을 만드는 것보다 훨씬 쉽습니다.

```
launch(CoroutineName("Name1")) { ... }
launch(CoroutineName("Name2") + Job()) { ... }
```

컨텍스트에서 모든 원소는 식별할 수 있는 유일한 Key를 가지고 있습니다. 각 키는 주소로 비교가 됩니다.

예를 들어 CoroutineName이나 Job은 CoroutineContext 인터페이스를 구현한 CoroutineContext.Element를 구현합니다.

```
fun main() {
    val name: CoroutineName = CoroutineName("A name")
    val element: CoroutineContext.Element = name
    val context: CoroutineContext = element

    val job: Job = Job()
    val jobElement: CoroutineContext.Element = job
    val jobContext: CoroutineContext = jobElement
}
```

SupervisorJob, CoroutineExceptionHandler와 Dispatchers 객체의 디스패처도 마찬가지입니다. 모두 중요하게 사용되는 코루틴 컨텍스트입니다. 이들의 개념에 관해선 다음 장들에서 설명하겠습니다.

CoroutineContext에서 원소 찾기

CoroutineContext는 컬렉션과 비슷하기 때문에 get을 이용해 유일한 키를 가진 원소를 찾을 수 있습니다. 대괄호를 사용하는 방법도 가능한데, 코틀린에서 get 메서드가 연산자이기 때문에 명시적인 함수 호출 대신 대괄호를 사용해 실행하는 것이 가능하기 때문입니다. 원소가 컨텍스트에 있으면 반환된다는 점에서 Map과 비슷합니다. 원소가 없으면 null이 대신 반환됩니다.

```
fun main() {
    val ctx: CoroutineContext = CoroutineName("A name")

    val coroutineName: CoroutineName? = ctx[CoroutineName]
    // 또는 ctx.get(CoroutineName)
    println(coroutineName?.name) // A name
    val job: Job? = ctx[Job]     // 또는 ctx.get(Job)
    println(job)                 // null
}
```

CoroutineContext는 코틀린 코루틴이 언어적으로 지원하고 있기 때문에 kotlin.coroutines에서 임포트됩니다. 반면 Job이나 CoroutineName과 같은 컨텍스트는 kotlinx.coroutines 라이브러리에 포함되어 있기 때문에 kotlinx.coroutines에서 임포트되어야 합니다.

CoroutineName을 찾기 위해서는 CoroutineName을 사용하기만 하면 됩니다. CoroutineName은 타입이나 클래스가 아닌 컴패니언 객체입니다. 클래스의 이름이 컴패니언 객체에 대한 참조로 사용되는 코틀린 언어의 특징 때문에, ctx[CoroutineName]은 ctx[CoroutineName.key]가 됩니다.

```
data class CoroutineName(
    val name: String
) : AbstractCoroutineContextElement(CoroutineName) {

    override fun toString(): String = "CoroutineName($name)"

    companion object Key : CoroutineContext.Key<CoroutineName>
}
```

kotlinx.coroutines 라이브러리에서 컴패니언 객체를 키로 사용해 같은 이름을 가진 원소를 찾는 건 흔한 일입니다. 이런 방식은 기억하기 아주 편리합니다.[2] 키는 (CoroutineName과 같은) 클래스나 Job과 SupervisorJob처럼 같은 키를 사용하는 클래스가 구현한 (Job과 같은) 인터페이스를 가리킵니다.

```
interface Job : CoroutineContext.Element {
    companion object Key : CoroutineContext.Key<Job>

    // ...
}
```

컨텍스트 더하기

CoroutineContext의 정말 유용한 기능은 두 개의 CoroutineContext를 합쳐 하나의 CoroutineContext로 만들 수 있는 것입니다.

다른 키를 가진 두 원소를 더하면 만들어진 컨텍스트는 두 가지 키를 모두 가집니다.

2 아래에 나오는 컴패니언 객체에는 Key라는 이름이 붙어 있습니다. 컴패니언 객체에 새로운 이름을 붙이는 것도 가능하지만 객체들이 사용되는 방식에서 변화가 생깁니다. 컴패니언 객체의 기본적인 이름은 Companion이며, 리플렉션을 사용해 객체를 참조하거나 확장 함수를 정의할 때 Companion을 사용합니다. 여기서는 Companion 대신 Key를 사용합니다.

```
fun main() {
    val ctx1: CoroutineContext = CoroutineName("Name1")
    println(ctx1[CoroutineName]?.name) // Name1
    println(ctx1[Job]?.isActive)       // null

    val ctx2: CoroutineContext = Job()
    println(ctx2[CoroutineName]?.name) // null
    println(ctx2[Job]?.isActive)       // 'Active' 상태이므로 true입니다.
    // 빌더를 통해 생성되는 잡의 기본 상태가 'Actice' 상태이므로 true가 됩니다.

    val ctx3 = ctx1 + ctx2
    println(ctx3[CoroutineName]?.name) // Name1
    println(ctx3[Job]?.isActive)       // true
}
```

CoroutineContext에 같은 키를 가진 또 다른 원소가 더해지면 맵처럼 새로운 원소가 기존 원소를 대체합니다.

```
fun main() {
    val ctx1: CoroutineContext = CoroutineName("Name1")
    println(ctx1[CoroutineName]?.name) // Name1

    val ctx2: CoroutineContext = CoroutineName("Name2")
    println(ctx2[CoroutineName]?.name) // Name2

    val ctx3 = ctx1 + ctx2
    println(ctx3[CoroutineName]?.name) // Name2
}
```

비어 있는 코루틴 컨텍스트

CoroutineContext는 컬렉션이므로 빈 컨텍스트 또한 만들 수 있습니다. 빈 컨텍스트는 원소가 없으므로, 다른 컨텍스트에 더해도 아무런 변화가 없습니다.

```
fun main() {
    val empty: CoroutineContext = EmptyCoroutineContext
    println(empty[CoroutineName]) // null
    println(empty[Job])           // null

    val ctxName = empty + CoroutineName("Name1") + empty
    println(ctxName[CoroutineName]) // CoroutineName(Name1)
}
```

원소 제거

minusKey 함수에 키를 넣는 방식으로 원소를 컨텍스트에서 제거할 수 있습니다.

CoroutineContext는 minus 연산자를 오버로딩하지 않았습니다. 《이펙티브 코틀린》의 '아이템 12: 연산자 오버로드를 할 때는 의미에 맞게 사용하라'에 설명되어 있듯이, minus라는 이름이 주는 의미가 명확하지 않기 때문이라고 추측합니다.

```
fun main() {
    val ctx = CoroutineName("Name1") + Job()
    println(ctx[CoroutineName]?.name) // Name1
    println(ctx[Job]?.isActive)       // true

    val ctx2 = ctx.minusKey(CoroutineName)
    println(ctx2[CoroutineName]?.name) // null
    println(ctx2[Job]?.isActive)       // true

    val ctx3 = (ctx + CoroutineName("Name2"))
        .minusKey(CoroutineName)
    println(ctx3[CoroutineName]?.name) // null
    println(ctx3[Job]?.isActive)       // true
}
```

컨텍스트 폴딩

컨텍스트의 각 원소를 조작해야 하는 경우 다른 컬렉션의 fold와 유사한 fold 메서드를 사용할 수 있습니다.

fold는 다음을 필요로 합니다.

- 누산기의 첫 번째 값
- 누산기의 현재 상태와 현재 실행되고 있는 원소로 누산기의 다음 상태를 계산할 연산

```
fun main() {
    val ctx = CoroutineName("Name1") + Job()

    ctx.fold("") { acc, element -> "$acc$element " }
```

```
        .also(::println)
    // CoroutineName(Name1) JobImpl{Active}@dbab622e

    val empty = emptyList<CoroutineContext>()
    ctx.fold(empty) { acc, element -> acc + element }
        .joinToString()
        .also(::println)
    // CoroutineName(Name1), JobImpl{Active}@dbab622e
}
```

코루틴 컨텍스트와 빌더

CoroutineContext는 코루틴의 데이터를 저장하고 전달하는 방법입니다. 부모-자식 관계의 영향 중 하나로 부모는 기본적으로 컨텍스트를 자식에게 전달합니다. 자식은 부모로부터 컨텍스트를 상속받는다고 할 수 있습니다.

```
fun CoroutineScope.log(msg: String) {
    val name = coroutineContext[CoroutineName]?.name
    println("[$name] $msg")
}

fun main() = runBlocking(CoroutineName("main")) {
    log("Started")            // [main] Started
    val v1 = async {
        delay(500)
        log("Running async") // [main] Running async
        42
    }
    launch {
        delay(1000)
        log("Running launch") // [main] Running launch
    }
    log("The answer is ${v1.await()}")
    // [main] The answer is 42
}
```

모든 자식은 빌더의 인자에서 정의된 특정 컨텍스트를 가질 수 있습니다. 인자로 전달된 컨텍스트는 부모로부터 상속받은 컨텍스트를 대체합니다.

```
fun main() = runBlocking(CoroutineName("main")) {
   log("Started")            // [main] Started
```

```
    val v1 = async(CoroutineName("c1")) {
        delay(500)
        log("Running async") // [c1] Running async
        42
    }
    launch(CoroutineName("c2")) {
        delay(1000)
        log("Running launch") // [c2] Running launch
    }
    log("The answer is ${v1.await()}")
    // [main] The answer is 42
}
```

코루틴 컨텍스트를 계산하는 간단한 공식은 다음과 같습니다.

```
defaultContext + parentContext + childContext
```

새로운 원소가 같은 키를 가진 이전 원소를 대체하므로, 자식의 컨텍스트는 부모로부터 상속받은 컨텍스트 중 같은 키를 가진 원소를 대체합니다. 디폴트 원소는 어디서도 키가 지정되지 않았을 때만 사용됩니다. 현재 디폴트로 설정되는 원소는 ContinuationInterceptor가 설정되지 않았을 때 사용되는 Dispatchers.Default이며, 애플리케이션이 디버그 모드일 때는 CoroutineId도 디폴트로 설정됩니다.

Job은 변경이 가능하며, 코루틴의 자식과 부모가 소통하기 위해 사용되는 특별한 컨텍스트입니다. 다음 장에서 둘 간의 소통이 어떤 효과를 가져오는지 설명하겠습니다.

중단 함수에서 컨텍스트에 접근하기

CoroutineScope는 컨텍스트를 접근할 때 사용하는 coroutineContext 프로퍼티를 가지고 있습니다. 일반적인 중단 함수에서는 어떻게 컨텍스트에 접근할 수 있을까요? 4장 '코루틴의 실제 구현'에서 보았듯이, 컨텍스트는 중단 함수 사이에 전달되는 컨티뉴에이션 객체가 참조하고 있습니다. 따라서 중단 함수에서 부모의 컨텍스트에 접근하는 것이 가능합니다. coroutineContext 프로퍼티는 모든 중단 스코프에서 사용 가능하며, 이를 통해 컨텍스트에 접근할 수 있습니다.

```
suspend fun printName() {
    println(coroutineContext[CoroutineName]?.name)
}

suspend fun main() = withContext(CoroutineName("Outer")) {
    printName()     // Outer
    launch(CoroutineName("Inner")) {
        printName() // Inner
    }
    delay(10)
    printName()     // Outer
}
```

컨텍스트를 개별적으로 생성하기

코루틴 컨텍스트를 커스텀하게 만드는 경우는 흔치 않지만 방법은 간단합니다. 가장 쉬운 방법은 CoroutineContext.Element 인터페이스를 구현하는 클래스를 만드는 것입니다. 이러한 클래스는 CoroutineContext.Key<*> 타입의 key 프로퍼티를 필요로 합니다. 키는 컨텍스트를 식별하는 키로 사용됩니다. 가장 전형적인 사용법은 클래스의 컴패니언 객체를 키로 사용하는 것입니다. 다음은 아주 간단한 코루틴 컨텍스트를 구현하는 방법입니다.

```
class MyCustomContext : CoroutineContext.Element {

    override val key: CoroutineContext.Key<*> = Key

    companion object Key :
        CoroutineContext.Key<MyCustomContext>
}
```

이렇게 만들어진 컨텍스트는 부모에서 자식으로 전달되고 자식은 같은 키를 가진 또 다른 컨텍스트로 이를 대체할 수 있다는 점에서 CoroutineName과 아주 비슷합니다. 실제로 그런지 보기 위해 연속된 숫자를 출력하도록 설계된 컨텍스트를 보겠습니다.

```
class CounterContext(
    private val name: String
) : CoroutineContext.Element {
```

```
    override val key: CoroutineContext.Key<*> = Key
    private var nextNumber = 0

    fun printNext() {
        println("$name: $nextNumber")
        nextNumber++
    }
    companion object Key:CoroutineContext.Key<CounterContext>
}

suspend fun printNext() {
    coroutineContext[CounterContext]?.printNext()
}

suspend fun main(): Unit =
    withContext(CounterContext("Outer")) {
        printNext()         // Outer: 0
        launch {
            printNext()     // Outer: 1
            launch {
                printNext() // Outer: 2
            }
            launch(CounterContext("Inner")) {
                printNext()     // Inner: 0
                printNext()     // Inner: 1
                launch {
                    printNext() // Inner: 2
                }
            }
        }
        printNext() // Outer: 3
    }
```

테스트 환경과 프로덕션 환경에서 서로 다른 값을 쉽게 주입하기 위해 커스텀 컨텍스트가 사용되는 경우를 몇 번 보긴 했습니다. 하지만 일반적으로 사용하는 방법이 될 것 같지는 않습니다.

```
data class User(val id: String, val name: String)

abstract class UuidProviderContext :
    CoroutineContext.Element {

    abstract fun nextUuid(): String
```

```
    override val key: CoroutineContext.Key<*> = Key

    companion object Key :
        CoroutineContext.Key<UuidProviderContext>
}

class RealUuidProviderContext : UuidProviderContext() {
    override fun nextUuid(): String =
        UUID.randomUUID().toString()
}

class FakeUuidProviderContext(
    private val fakeUuid: String
) : UuidProviderContext() {
    override fun nextUuid(): String = fakeUuid
}

suspend fun nextUuid(): String =
    checkNotNull(coroutineContext[UuidProviderContext]) {
        "UuidProviderContext not present"
    }
        .nextUuid()

// 테스트하려는 함수입니다.
suspend fun makeUser(name: String) = User(
    id = nextUuid(),
    name = name
)

suspend fun main(): Unit {
    // 프로덕션 환경일 때
    withContext(RealUuidProviderContext()) {
        println(makeUser("Michał"))
        // 예를 들어 User(id=d260482a-..., name=Michał)
    }

    // 테스트 환경일 때
    withContext(FakeUuidProviderContext("FAKE_UUID")) {
        val user = makeUser("Michał")
        println(user) // User(id=FAKE_UUID, name=Michał)
        assertEquals(User("FAKE_UUID", "Michał"), user)
    }
}
```

요약

CoroutineContext는 맵이나 집합과 같은 컬렉션이랑 개념적으로 비슷합니다. CoroutineContext는 Element 인터페이스의 인덱싱된 집합이며, Element 또한 CoroutineContext입니다. CoroutineContext 안의 모든 원소는 식별할 때 사용되는 유일한 Key를 가지고 있습니다. CoroutineContext는 코루틴에 관련된 정보를 객체로 그룹화하고 전달하는 보편적인 방법입니다. CoroutineContext는 코루틴에 저장되며, CoroutineContext를 사용해 코루틴의 상태가 어떤지 확인하고, 어떤 스레드를 선택할지 등 코루틴의 작동 방식을 정할 수 있습니다. 다음 장부터는 코틀린 코루틴 라이브러리에서 코루틴 컨텍스트 중 가장 필수적인 것에 대해 알아보겠습니다.

8장

Kotlin Coroutines

잡과 자식 코루틴 기다리기

6장의 '구조화된 동시성' 절에서 부모-자식 관계의 다음 특성에 대해 배웠습니다.

- 자식은 부모로부터 컨텍스트를 상속받습니다.
- 부모는 모든 자식이 작업을 마칠 때까지 기다립니다.
- 부모 코루틴이 취소되면 자식 코루틴도 취소됩니다.
- 자식 코루틴에서 에러가 발생하면, 부모 코루틴 또한 에러로 소멸합니다.

자식이 부모로부터 컨텍스트를 물려받는 건 코루틴 빌더의 가장 기본적인 특징입니다.

```
fun main(): Unit = runBlocking(CoroutineName("main")) {
    val name = coroutineContext[CoroutineName]?.name
    println(name) // main
    launch {
        delay(1000)
        val name = coroutineContext[CoroutineName]?.name
        println(name) // main
    }
}
```

이외에 구조화된 동시성의 중요한 특성 중 세 가지는 Job 컨텍스트와 관련이 있습니다. Job은 코루틴을 취소하고, 상태를 파악하는 등 다양하게 사용될 수 있습니다. Job은 정말 중요하고 유용한 컨텍스트이므로 이 장과 다음 두 장에서는 Job 컨텍스트 및 Job과 연관된 코틀린 코루틴의 필수적인 작동 방식에 대해 설명할 것입니다.

Job이란 무엇인가?

잡(job)은 수명을 가지고 있으며 취소 가능합니다. Job은 인터페이스이긴 하지만 구체적인 사용법과 상태를 가지고 있다는 점에서 추상 클래스처럼 다룰 수도 있습니다.

잡의 수명은 상태로 나타냅니다. 다음은 잡의 상태와 상태 변화를 나타낸 도식도입니다.

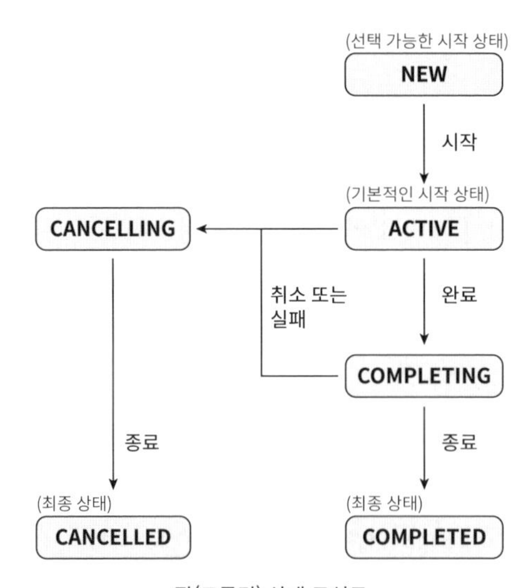

잡(코루틴) 상태 도식도

'Active' 상태에서는 잡이 실행되고 코루틴은 잡을 수행합니다. 잡이 코루틴 빌더에 의해 생성되었을 때 코루틴의 본체가 실행되는 상태입니다. 이 상태에서 자식 코루틴을 시작할 수 있습니다. 대부분의 코루틴은 'Active' 상태로 시작됩니다. 지연 시작되는 코루틴만 'New' 상태에서 시작됩니다. 'New' 상태인 코루틴이 'Active' 상태가 되려면 작업이 실행되어야 합니다. 코루틴이 본체를 실행하면 'Active' 상태로 가게 됩니다. 실행이 완료되면 상태는 'Completing'으로 바뀌고 자식들을 기다립니다. 자식들의 실행도 모두 끝났다면 잡은 마지막 상태인 'Completed'로 바뀝니다. 만약 잡이 실행 도중에('Active' 또는 'Completing' 상태) 취소되거나 실패하게 되면 'Cancelling' 상태로 가게 됩니다. 여기서 연결을 끊거나 자원을 반납하는 등의 후처리 작업을 할 수 있습니다(다음 장에서 어떻게 후처리 작업을 하는지 살펴보겠습니다). 후처리 작업이 완료되면 잡은 'Cancelled' 상태가 됩니다.

잡의 상태는 toString 메서드로 볼 수 있습니다.[1] 아래 예제에서 상태가 바뀔 때 잡 또한 다르다는 걸 확인할 수 있습니다. 마지막 잡은 지연 시작되기 때문에 저절로 시작되지 않습니다. 다른 모든 잡은 생성되는 즉시 'Active' 상태가 됩니다.

다음 코드는 Job의 여러 가지 상태를 보여 주고 있습니다. join은 코루틴이 완료되는 걸 기다리기 위해 사용되었으며, 이에 대해선 나중에 설명하도록 하겠습니다.

```
suspend fun main() = coroutineScope {
    // 빌더로 생성된 잡은
    val job = Job()
    println(job) // JobImpl{Active}@ADD
    // 메서드로 완료시킬 때까지 Active 상태입니다.
    job.complete()
    println(job) // JobImpl{Completed}@ADD

    // launch는 기본적으로 활성화되어 있습니다.
    val activeJob = launch {
        delay(1000)
    }
    println(activeJob) // StandaloneCoroutine{Active}@ADD
    // 여기서 잡이 완료될 때까지 기다립니다.
    activeJob.join()   // (1초 후)
    println(activeJob) // StandaloneCoroutine{Completed}@ADD

    // launch는 New 상태로 지연 시작됩니다.
    val lazyJob = launch(start = CoroutineStart.LAZY) {
        delay(1000)
    }
```

1 《이펙티브 코틀린》에서 설명했듯이, toString은 디버깅과 로깅 목적으로만 사용되어야 하며, 함수의 규약을 깨버릴 수 있기 때문에 코드에서 파싱해서 의미를 부여하면 안 됩니다.

```
    println(lazyJob) // LazyStandaloneCoroutine{New}@ADD
    // Active 상태가 되려면 시작하는 함수를 호출해야 합니다.
    lazyJob.start()
    println(lazyJob) // LazyStandaloneCoroutine{Active}@ADD
    lazyJob.join()   // (1초 후)
    println(lazyJob) // LazyStandaloneCoroutine{Completed}@ADD
}
```

코드에서 잡의 상태를 확인하기 위해서는 `isActive`, `isCompleted`, `isCancelled` 프로퍼티를 사용하면 됩니다.

상태	isActive	isCompleted	isCancelled
New (지연 시작될 때 시작 상태)	false	false	false
Active (시작 상태 기본값)	true	false	false
Completing (일시적인 상태)	true	false	false
Cancelling (일시적인 상태)	false	false	true
Cancelled (최종 상태)	false	true	true
Completed (최종 상태)	false	true	false

앞에서 말했듯이 코루틴은 각자의 잡을 가지고 있습니다. 이제 잡을 참조하고 사용하는 방법을 살펴봅시다.

코루틴 빌더는 부모의 잡을 기초로 자신들의 잡을 생성한다

코틀린 코루틴 라이브러리의 모든 코루틴 빌더는 자신만의 잡을 생성합니다. 대부분의 코루틴 빌더는 잡을 반환하므로 어느 곳에서든 사용할 수 있습니다. `launch`의 명시적 반환 타입이 `Job`이라는 사실을 통해 확인할 수 있습니다.

```
fun main(): Unit = runBlocking {
    val job: Job = launch {
        delay(1000)
        println("Test")
    }
}
```

`async` 함수에 의해 반환되는 타입은 `Deferred<T>`이며, `Deferred<T>` 또한 `Job` 인터페이스를 구현하고 있기 때문에 똑같은 방법으로 사용할 수 있습니다.

```
fun main(): Unit = runBlocking {
    val deferred: Deferred<String> = async {
        delay(1000)
        "Test"
    }
    val job: Job = deferred
}
```

Job은 코루틴 컨텍스트이므로 coroutineContext[Job]을 사용해 접근하는 것도 가능합니다. 하지만 잡을 좀더 접근하기 편하게 만들어 주는 확장 프로퍼티 job도 있습니다.

```
// 확장 프로퍼티
val CoroutineContext.job: Job
    get() = get(Job) ?: error("Current context doesn't...")

// 사용 예
fun main(): Unit = runBlocking {
    print(coroutineContext.job.isActive) // true
}
```

Job은 코루틴이 상속하지 않는 유일한 코루틴 컨텍스트이며, 이는 코루틴에서 아주 중요한 법칙입니다. 모든 코루틴은 자신만의 Job을 생성하며 인자 또는 부모 코루틴으로부터 온 잡은 새로운 잡의 부모로 사용됩니다.

```
fun main(): Unit = runBlocking {
    val name = CoroutineName("Some name")
    val job = Job()

    launch(name + job) {
        val childName = coroutineContext[CoroutineName]
        println(childName == name)                  // true
        val childJob = coroutineContext[Job]
        println(childJob == job)                    // false
        println(childJob == job.children.first())  // true
    }
}
```

부모 잡은 자식 잡 모두를 참조할 수 있으며, 자식 또한 부모를 참조할 수 있습니다. 잡을 참조할 수 있는 부모-자식 관계가 있기 때문에 코루틴 스코프 내에서 취소와 예외 처리 구현이 가능합니다.

```
fun main(): Unit = runBlocking {
    val job: Job = launch {
        delay(1000)
    }

    val parentJob: Job = coroutineContext.job
    // 또는 coroutineContext[Job]!!
    println(job == parentJob)              // false
    val parentChildren: Sequence<Job> = parentJob.children
    println(parentChildren.first() == job) // true
}
```

새로운 Job 컨텍스트가 부모의 잡을 대체하면 구조화된 동시성의 작동 방식은 유효하지 않습니다. 이후에 설명할 Job() 함수로 Job 컨텍스트를 만들어 확인해 보겠습니다.

```
fun main(): Unit = runBlocking {
    launch(Job()) { // 새로운 잡이 부모로부터 상속받은 잡을 대체합니다.
        delay(1000)
        println("Will not be printed")
    }
}
// (아무것도 출력하지 않고, 즉시 종료합니다.)
```

위 예제에서는 부모와 자식 사이에 아무런 관계가 없기 때문에 부모가 자식 코루틴을 기다리지 않습니다. 자식은 인자로 들어온 잡을 부모로 사용하기 때문에 runBlocking과는 아무런 관련이 없게 됩니다.

코루틴이 자신만의 독자적인 잡을 가지고 있으면 부모와 아무런 관계가 없다고 할 수 있습니다. 자식은 다른 컨텍스트들을 상속받게 되지만, 부모-자식 관계가 정립되지 못합니다. 부모-자식 관계가 없으면 구조화된 동시성을 잃게 되어 코루틴을 다룰 때 골치 아픈 상황이 발생합니다.

자식들 기다리기

잡의 첫 번째 중요한 이점은 코루틴이 완료될 때까지 기다리는 데 사용될 수 있다는 점입니다. 이를 위해 join 메서드를 사용합니다. join은 지정한 잡이 Completed나 Cancelled와 같은 마지막 상태에 도달할 때까지 기다리는 중단 함수입니다.

```
fun main(): Unit = runBlocking {
    val job1 = launch {
        delay(1000)
        println("Test1")
    }
    val job2 = launch {
        delay(2000)
        println("Test2")
    }

    job1.join()
    job2.join()
    println("All tests are done")
}
// (1초 후)
// Test1
// (1초 후)
// Test2
// All tests are done
```

Job 인터페이스는 모든 자식을 참조할 수 있는 children 프로퍼티도 노출시킵니다. 모든 자식이 마지막 상태가 될 때까지 기다리는 데 활용할 수 있습니다.

```
fun main(): Unit = runBlocking {
    launch {
        delay(1000)
        println("Test1")
    }
    launch {
        delay(2000)
        println("Test2")
    }

    val children = coroutineContext[Job]
        ?.children

    val childrenNum = children?.count()
    println("Number of children: $childrenNum")
    children?.forEach { it.join() }
    println("All tests are done")
}
// Number of children: 2
```

```
// (1초 후)
// Test1
// (1초 후)
// Test2
// All tests are done
```

잡 팩토리 함수

Job은 Job() 팩토리 함수를 사용하면 코루틴 없이도 Job을 만들 수 있습니다. 팩토리 함수로 생성하는 잡은 어떤 코루틴과도 연관되지 않으며, 컨텍스트로 사용될 수 있습니다. 즉, 한 개 이상의 자식 코루틴을 가진 부모 잡으로 사용할 수도 있습니다.

흔한 실수 중 하나는 Job() 팩토리 함수를 사용해 잡을 생성하고, 다른 코루틴의 부모로 지정한 뒤에 join을 호출하는 것입니다. 이렇게 되면 자식 코루틴이 모두 작업을 끝마쳐도 Job이 여전히 액티브 상태에 있기 때문에 프로그램이 종료되지 않습니다. 팩토리 함수로 만들어진 잡은 다른 코루틴에 의해 여전히 사용될 수 있기 때문입니다.

```
suspend fun main(): Unit = coroutineScope {
    val job = Job()
    launch(job) { // 새로운 잡이 부모로부터 상속받은 잡을 대체합니다.
        delay(1000)
        println("Text 1")
    }
    launch(job) { // 새로운 잡이 부모로부터 상속받은 잡을 대체합니다.
        delay(2000)
        println("Text 2")
    }
    job.join() // 여기서 영원히 대기하게 됩니다.
    println("Will not be printed")
}
// (1초 후)
// Text 1
// (1초 후)
// Text 2
// (영원히 실행됩니다.)
```

따라서 잡의 모든 자식 코루틴에서 join을 호출하는 것이 바람직한 방법입니다.

```
suspend fun main(): Unit = coroutineScope {
    val job = Job()
    launch(job) { // 새로운 잡이 부모로부터 상속받은 잡을 대체합니다.
        delay(1000)
        println("Text 1")
    }
    launch(job) { // 새로운 잡이 부모로부터 상속받은 잡을 대체합니다.
        delay(2000)
        println("Text 2")
    }
    job.children.forEach { it.join() }
}
// (1초 후)
// Text 1
// (1초 후)
// Text 2
```

Job()은 팩토리 함수의 좋은 예입니다. 처음 보면 Job의 생성자를 호출한다고 생각할 수 있지만, Job은 인터페이스이며 인터페이스는 생성자를 갖지 못합니다. Job()은 생성자처럼 보이는 간단한 함수로, 가짜 생성자입니다.[2] 그리고 팩토리 함수가 반환하는 실제 타입은 Job이 아니라 하위 인터페이스인 CompletableJob입니다.

```
public fun Job(parent: Job? = null): CompletableJob
```

CompletableJob 인터페이스는 다음 두 가지 메서드를 추가하여 Job 인터페이스의 기능성을 확장했습니다.

- complete(): Boolean — 잡을 완료하는 데 사용됩니다. complete 메서드를 사용하면 모든 자식 코루틴은 작업이 완료될 때까지 실행된 상태를 유지하지만, complete를 호출한 잡에서 새로운 코루틴이 시작될 수는 없습니다. 잡이 완료되면 실행 결과는 true가 되고, 그렇지 않을 경우 false가 됩니다(예를 들면 잡이 이미 완료된 경우가 있습니다).

2 이러한 패턴은 《이펙티브 코틀린》의 '아이템 33: 생성자 대신 팩토리 함수를 사용하라'에 잘 설명되어 있습니다.

```
fun main() = runBlocking {
    val job = Job()

    launch(job) {
        repeat(5) { num ->
            delay(200)
            println("Rep$num")
        }
    }

    launch {
        delay(500)
        job.complete()
    }

    job.join()

    launch(job) {
        println("Will not be printed")
    }

    println("Done")
}
// Rep0
// Rep1
// Rep2
// Rep3
// Rep4
// Done
```

- `completeExceptionally(exception: Throwable): Boolean` — 인자로 받은 예외로 잡을 완료시킵니다. 모든 자식 코루틴은 주어진 예외를 래핑한 CancellationException으로 즉시 취소됩니다. complete 메서드처럼 반환값은 "잡이 메서드의 실행으로 종료되었습니까?"라는 질문에 대한 응답이 됩니다.

```
fun main() = runBlocking {
    val job = Job()

    launch(job) {
        repeat(5) { num ->
            delay(200)
            println("Rep$num")
```

```
            }
        }

        launch {
            delay(500)
            job.completeExceptionally(Error("Some error"))
        }

        job.join()

        launch(job) {
            println("Will not be printed")
        }

        println("Done")
    }
    // Rep0
    // Rep1
    // Done
```

complete 함수는 잡의 마지막 코루틴을 시작한 후 자주 사용됩니다. 이후에는 join 함수를 사용해 잡이 완료되는 걸 기다리기만 하면 됩니다.

```
suspend fun main(): Unit = coroutineScope {
    val job = Job()
    launch(job) { // 새로운 잡이 부모로부터 상속받은 잡을 대체합니다.
        delay(1000)
        println("Text 1")
    }
    launch(job) { // 새로운 잡이 부모로부터 상속받은 잡을 대체합니다.
        delay(2000)
        println("Text 2")
    }
    job.complete()
    job.join()
}
// (1초 후)
// Text 1
// (1초 후)
// Text 2
```

Job 함수의 인자로 부모 잡의 참조값을 전달할 수 있습니다. 이때 부모 잡이 취소되면 해당 잡 또한 취소됩니다.

```
suspend fun main(): Unit = coroutineScope {
    val parentJob = Job()
    val job = Job(parentJob)
    launch(job) {
        delay(1000)
        println("Text 1")
    }
    launch(job) {
        delay(2000)
        println("Text 2")
    }
    delay(1100)
    parentJob.cancel()
    job.children.forEach { it.join() }
}
// Text 1
```

다음 두 장에서는 코틀린 코루틴에서의 취소와 예외 처리를 다룹니다. 이 두 가지 중요한 작동 원리는 Job을 사용해 만들어진 부모-자식 관계를 바탕으로 하고 있습니다.

9장

Kotlin Coroutines

취소

코틀린 코루틴에서 아주 중요한 기능 중 하나는 바로 **취소**(cancellation)입니다. 취소는 아주 중요한 기능이기 때문에 중단 함수를 사용하는 몇몇 클래스와 라이브러리는 취소를 반드시 지원하고 있습니다.[1] 취소 방식이 점점 개선되는 건 금의 무게가 증가하는 것만큼 가치가 있다고 할 수 있습니다.[2] 단순히 스레드를 죽이면 연결을 닫고 자원을 해제하는 기회가 없기 때문에 최악의 취소 방식이라 볼 수 있습니다. 개발자들이 상태가 여전히 액티브한지 자주 확인하는 방법 또한 불편합니다. 코루틴을 취소하는 문제에 대한 좋은 해결책은 아주 오랫동안 연구가 되었으며, 그중 코틀린 코루틴이 제시한 방식은 아주 간단하고 편리하며 안전합니다. 필자의 경력 동안 보았던 모든 취소 방식 중 단연 최고라 할 수 있습니다. 코루틴을 어떻게 취소할 수 있는지 살펴봅시다.

1 안드로이드의 `CoroutineWorker`가 좋은 예입니다. 구글의 안드로이드 팀에서 일했던 션 맥퀄란(Sean McQuillan)과 이기트 보야르(Yigit Boyar)의 'Understand Kotlin Coroutines on Android on Google I/O'19' 발표에 따르면, 코루틴의 취소 기능을 주로 사용하기 위해 안드로이드에서도 코틀린을 지원하게 되었다고 합니다.

2 코드는 금과 달리 전혀 무겁지 않기 때문에 더욱 가치가 있습니다(예전에 천공 카드에 저장했을 때는 무거웠습니다.)

기본적인 취소

Job 인터페이스는 취소하게 하는 cancel 메서드를 가지고 있습니다. cancel 메서드를 호출하면 다음과 같은 효과를 가져올 수 있습니다.

- 호출한 코루틴은 첫 번째 중단점(아래 예제에서는 delay)에서 잡을 끝냅니다.
- 잡이 자식을 가지고 있다면, 그들 또한 취소됩니다. 하지만 부모는 영향을 받지 않습니다.
- 잡이 취소되면, 취소된 잡은 새로운 코루틴의 부모로 사용될 수 없습니다. 취소된 잡은 'Cancelling' 상태가 되었다가 'Cancelled' 상태로 바뀝니다.

```
suspend fun main(): Unit = coroutineScope {
    val job = launch {
        repeat(1_000) { i ->
            delay(200)
            println("Printing $i")
        }
    }

    delay(1100)
    job.cancel()
    job.join()
    println("Cancelled successfully")
}
// Printing 0
// Printing 1
// Printing 2
// Printing 3
// Printing 4
// Cancelled successfully
```

cancel 함수에 각기 다른 예외를 인자로 넣는 방법을 사용하면 취소된 원인을 명확하게 할 수 있습니다. 코루틴을 취소하기 위해서 사용되는 예외는 CancellationException이어야 하기 때문에 인자로 사용되는 예외는 반드시 CancellationException의 서브타입이어야 합니다.

cancel이 호출된 뒤 다음 작업을 진행하기 전에 취소 과정이 완료되는 걸 기다리기 위해 join을 사용하는 것이 일반적입니다. join을 호출하지 않으면 경쟁 상태(race condition)가 될 수도 있습니다. 다음 코드에서 join 호출이 없기 때문에 'Cancelled successfully' 뒤에 'Printing 4'가 출력되는 걸 확인할 수 있습니다.

```
suspend fun main() = coroutineScope {
    val job = launch {
        repeat(1_000) { i ->
            delay(100)
            Thread.sleep(100) // 오래 걸리는 연산이라 가정합니다.
            println("Printing $i")
        }
    }

    delay(1000)
    job.cancel()
    println("Cancelled successfully")
}
// Printing 0
// Printing 1
// Printing 2
// Printing 3
// Cancelled successfully
// Printing 4
```

job.join()을 뒤에 추가하면 코루틴이 취소를 마칠 때까지 중단되므로 경쟁 상태가 발생하지 않습니다.

```
suspend fun main() = coroutineScope {
    val job = launch {
        repeat(1_000) { i ->
            delay(100)
            Thread.sleep(100) // 오래 걸리는 연산이라 가정합니다.
            println("Printing $i")
        }
    }

    delay(1000)
    job.cancel()
    job.join()
    println("Cancelled successfully")
}
// Printing 0
// Printing 1
// Printing 2
```

```
// Printing 3
// Printing 4
// Cancelled successfully
```

kotlinx.coroutines 라이브러리는 call과 join을 함께 호출할 수 있는 간단한 방법으로, 이름에서 기능을 유추할 수 있는 cancelAndJoin이라는 편리한 확장 함수를 제공합니다.

```
// 지금까지 본 것 중 가장 명확한 함수 이름입니다.
public suspend fun Job.cancelAndJoin() {
    cancel()
    return join()
}
```

Job() 팩토리 함수로 생성된 잡은 같은 방법으로 취소될 수 있습니다. 이 방법은 잡에 딸린 수많은 코루틴을 한번에 취소할 때 자주 사용됩니다.

```
suspend fun main(): Unit = coroutineScope {
    val job = Job()
    launch(job) {
        repeat(1_000) { i ->
            delay(200)
            println("Printing $i")
        }
    }
    delay(1100)
    job.cancelAndJoin()
    println("Cancelled successfully")
}
// Printing 0
// Printing 1
// Printing 2
// Printing 3
// Printing 4
// Cancelled successfully
```

한꺼번에 취소하는 기능은 아주 유용합니다. 플랫폼의 종류를 불문하고 동시에 수행되는 작업 그룹 전체를 취소시켜야 할 때가 있습니다. 안드로이드를 예로 들면 사용자가 뷰 창을 나갔을 때 뷰에서 시작된 모든 코루틴을 취소하는 경우입니다.

```
class ProfileViewModel : ViewModel() {
    private val scope =
        CoroutineScope(Dispatchers.Main + SupervisorJob())

    fun onCreate() {
        scope.launch { loadUserData() }
    }

    override fun onCleared() {
        scope.coroutineContext.cancelChildren()
    }

    // ...
}
```

취소는 어떻게 작동하는가?

잡이 취소되면 'Cancelling' 상태로 바뀝니다. 상태가 바뀐 뒤 첫 번째 중단점에서 `CancellationException` 예외를 던집니다. 예외는 try-catch 구문을 사용하여 잡을 수도 있지만, 다시 던지는 것이 좋습니다.

```
suspend fun main(): Unit = coroutineScope {
    val job = Job()
    launch(job) {
        try {
            repeat(1_000) { i ->
                delay(200)
                println("Printing $i")
            }
        } catch (e: CancellationException) {
            println(e)
            throw e
        }
    }
    delay(1100)
    job.cancelAndJoin()
    println("Cancelled successfully")
    delay(1000)
}
// Printing 0
// Printing 1
// Printing 2
// Printing 3
```

```
// Printing 4
// JobCancellationException...
// Cancelled successfully
```

취소된 코루틴이 단지 멈추는 것이 아니라 내부적으로 예외를 사용해 취소되는 걸 명심해야 합니다. 따라서 finally 블록 안에서 모든 것을 정리할 수 있습니다. 예를 들면 finally 블록에서 파일이나 데이터베이스 연결을 닫을 수 있습니다. 대부분의 자원 정리 과정은 finally 블록에서 실행되므로(예를 들면 useLines를 이용해 파일을 읽는 경우) 코루틴에서도 finally 블록을 마음껏 사용해도 됩니다.

```
suspend fun main(): Unit = coroutineScope {
    val job = Job()
    launch(job) {
        try {
            delay(Random.nextLong(2000))
            println("Done")
        } finally {
            print("Will always be printed")
        }
    }
    delay(1000)
    job.cancelAndJoin()
}
// Will always be printed
// (또는)
// Done
// Will always be printed
```

취소 중 코루틴을 한 번 더 호출하기

코루틴이 실제로 종료되기 전에 CancellationException을 잡고 좀더 많은 연산을 수행할 수 있으므로, 후처리 과정에 제한이 있을지 궁금할 것입니다. 코루틴은 모든 자원을 정리할 필요가 있는 한 계속해서 실행될 수 있습니다. 하지만 정리 과정 중에 중단을 허용하지는 않습니다. Job은 이미 'Cancelling' 상태가 되었기 때문에 중단되거나 다른 코루틴을 시작하는 건 절대 불가능합니다. 다른 코루틴을 시작하려고 하면 그냥 무시해 버립니다. 중단하려고 하면

CancellationException을 던집니다.

```
suspend fun main(): Unit = coroutineScope {
    val job = Job()
    launch(job) {
        try {
            delay(2000)
            println("Job is done")
        } finally {
            println("Finally")
            launch { // 무시됩니다.
                println("Will not be printed")
            }
            delay(1000) // 여기서 예외가 발생합니다.
            println("Will not be printed")
        }
    }
    delay(1000)
    job.cancelAndJoin()
    println("Cancel done")
}
// (1초 후)
// Finally
// Cancel done
```

가끔씩 코루틴이 이미 취소되었을 때 중단 함수를 반드시 호출해야 하는 경우도 있습니다. 예를 들면 데이터베이스의 변경 사항을 롤백하는 경우입니다. 이런 경우 함수 콜을 withContext(NonCancellable)로 포장하는 방법이 많이 사용되고 있습니다. withContext가 어떻게 작동하는지는 추후 살펴볼 예정입니다. 여기서 중요한 것은 코드 블록의 컨텍스트를 바꾼다는 겁니다. withContext 내부에서는 취소될 수 없는 Job인 NonCancellable 객체를 사용합니다. 따라서 블록 내부에서 잡은 액티브 상태를 유지하며, 중단 함수를 원하는 만큼 호출할 수 있습니다.

```
suspend fun main(): Unit = coroutineScope {
    val job = Job()
    launch(job) {
        try {
            delay(200)
            println("Coroutine finished")
        } finally {
```

```
            println("Finally")
            withContext(NonCancellable) {
                delay(1000L)
                println("Cleanup done")
            }
        }
    }
    delay(100)
    job.cancelAndJoin()
    println("Done")
}
// Finally
// Cleanup done
// Done
```

invokeOnCompletion

자원을 해제하는 데 자주 사용되는 또 다른 방법은 Job의 invokeOnCompletion 메서드를 호출하는 것입니다. invokeOnCompletion 메서드는 잡이 'Completed'나 'Cancelled'와 같은 마지막 상태에 도달했을 때 호출될 핸들러를 지정하는 역할을 합니다.

```
suspend fun main(): Unit = coroutineScope {
    val job = launch {
        delay(1000)
    }
    job.invokeOnCompletion { exception: Throwable? ->
        println("Finished")
    }
    delay(400)
    job.cancelAndJoin()
}
// Finished
```

핸들러의 파라미터 중 하나인 예외의 종류는 다음과 같습니다.

- 잡이 예외 없이 끝나면 null이 됩니다.
- 코루틴이 취소되었으면 CancellationException이 됩니다.
- 코루틴을 종료시킨 예외일 수 있습니다(이에 대해선 다음 장에서 자세히 알아보겠습니다).

잡이 invokeOnCompletion이 호출되기 전에 완료되었으면 핸들러는 즉시 호출됩니다. onCancelling[3]과 invokeImmediately[4] 파라미터를 사용하면 핸들러의 동작 방식을 변경할 수도 있습니다.

```
suspend fun main(): Unit = coroutineScope {
    val job = launch {
        delay(Random.nextLong(2400))
        println("Finished")
    }
    delay(800)
    job.invokeOnCompletion { exception: Throwable? ->
        println("Will always be printed")
        println("The exception was: $exception")
    }
    delay(800)
    job.cancelAndJoin()
}
// Will always be printed
// The exception was:
// kotlinx.coroutines.JobCancellationException
// (또는)
// Finished
// Will always be printed
// The exception was null
```

invokeOnCompletion은 취소하는 중에 동기적으로 호출되며, 어떤 스레드에서 실행할지 결정할 수는 없습니다.

중단될 수 없는 걸 중단하기

취소는 중단점에서 일어나기 때문에 중단점이 없으면 취소를 할 수 없습니다. 이런 상황을 만들어 보기 위해, delay 대신에 Thread.sleep을 사용할 수 있습니다. Thread.sleep을 사용한 구현은 정말 나쁜 방식이므로 현업에선 절대 사용하면 안 됩니다. 여기서는 코루틴을 확장해서 사용하고 중단시키지 않는 상황

3 이 값이 true면 함수는 'Cancelled' 상태 전인 'Cancelling' 상태에서 호출됩니다. 디폴트 값은 false입니다.

4 코루틴이 이미 원하는 상태일 때 핸들러가 지정되었다면 핸들러를 즉시 호출할지 여부를 결정하는 파라미터입니다. 디폴트 값은 true입니다.

을 만들기 위한 예제로 사용했다고 이해하면 됩니다. 신경망 러닝(병렬 처리를 간단히 하기 위해 이런 분야에서도 코루틴을 활용합니다)이나 블록되는 호출(파일들을 읽을 때를 예로 들 수 있습니다)이 필요할 때와 같이 복잡한 상황에서 이런 상황이 일어날 수 있습니다.

코루틴 내부에 중단점이 없기 때문에 취소할 수 없는 상황을 아래 예제에서 확인할 수 있습니다(delay 대신 Thread.sleep을 사용했습니다). 1초 뒤에 실행이 취소되어야 함에도 실제론 3분이 넘게 걸립니다.

```
suspend fun main(): Unit = coroutineScope {
    val job = Job()
    launch(job) {
        repeat(1_000) { i ->
            Thread.sleep(200) // 여기서 복잡한 연산이나
            // 파일을 읽는 등의 작업이 있다고 가정합니다.
            println("Printing $i")
        }
    }
    delay(1000)
    job.cancelAndJoin()
    println("Cancelled successfully")
    delay(1000)
}
// Printing 0
// Printing 1
// Printing 2
// ... (1000까지)
```

이런 상황에 대처하는 몇 가지 방법이 있습니다. 첫 번째는 yield()를 주기적으로 호출하는 것입니다. yield는 코루틴을 중단하고 즉시 재실행합니다. 중단점이 생겼기 때문에 취소(또는 디스패처를 사용해 스레드를 바꾸는 일)를 포함해 중단(또는 재실행) 중에 필요한 모든 작업을 할 수 있는 기회가 주어집니다.

```
suspend fun main(): Unit = coroutineScope {
    val job = Job()
    launch(job) {
        repeat(1_000) { i ->
            Thread.sleep(200)
            yield()
            println("Printing $i")
```

```
        }
    }
    delay(1100)
    job.cancelAndJoin()
    println("Cancelled successfully")
    delay(1000)
}
// Printing 0
// Printing 1
// Printing 2
// Printing 3
// Printing 4
// Cancelled successfully
```

중단 가능하지 않으면서 CPU 집약적이거나 시간 집약적인 연산들이 중단 함수에 있다면, 각 연산들 사이에 `yield`를 사용하는 것이 좋습니다.

```
suspend fun cpuIntensiveOperations() =
    withContext(Dispatchers.Default) {
        cpuIntensiveOperation1()
        yield()
        cpuIntensiveOperation2()
        yield()
        cpuIntensiveOperation3()
    }
```

또 다른 방법은 잡의 상태를 추적하는 것입니다. 코루틴 빌더 내부에서 `this`(리시버)는 빌더의 스코프를 참조하고 있습니다. `CoroutineScope`는 `coroutineContext` 프로퍼티를 사용해 참조할 수 있는 컨텍스트를 가지고 있습니다. 따라서 코루틴 잡(`coroutineContext[Job]` 또는 `coroutineContext.job`)에 접근해 현재 상태가 무엇인지 확인할 수 있습니다. 잡은 코루틴이 액티브한지 확인하는 데 사용되기 때문에 코틀린 코루틴 라이브러리는 액티브 상태를 확인하는 간단한 함수를 제공합니다.

```
public val CoroutineScope.isActive: Boolean
    get() = coroutineContext[Job]?.isActive ?: true
```

`isActive` 프로퍼티를 사용해 잡이 액티브한지 확인할 수 있고 액티브하지 않을 때는 연산을 중단할 수 있습니다.

```
suspend fun main(): Unit = coroutineScope {
    val job = Job()
    launch(job) {
        do {
            Thread.sleep(200)
            println("Printing")
        } while (isActive)
    }
    delay(1100)
    job.cancelAndJoin()
    println("Cancelled successfully")
}
// Printing
// Printing
// Printing
// Printing
// Printing
// Printing
// Cancelled successfully
```

또 다른 방법으로 Job이 액티브 상태가 아니면 CancellationException을 던지는 ensureActive() 함수를 사용할 수 있습니다.

```
suspend fun main(): Unit = coroutineScope {
    val job = Job()
    launch(job) {
        repeat(1000) { num ->
            Thread.sleep(200)
            ensureActive()
            println("Printing $num")
        }
    }
    delay(1100)
    job.cancelAndJoin()
    println("Cancelled successfully")
}
// Printing 0
// Printing 1
// Printing 2
// Printing 3
// Printing 4
// Cancelled successfully
```

두 함수 모두 다른 코루틴이 실행할 수 있는 기회를 준다는 점에서 결과는 비슷하지만, 둘은 매우 다릅니다. ensureActive() 함수는 CoroutineScope(또는 CoroutineContext나 Job)에서 호출되어야 합니다. 함수가 하는 일은 잡이 더 이상 액티브 상태가 아니면 예외를 던지는 것입니다. 일반적으로 ensureActive()가 좀더 가벼워 더 선호되고 있습니다. yield 함수는 전형적인 최상위 중단 함수입니다. 스코프가 필요하지 않기 때문에 일반적인 중단 함수에서도 사용될 수 있습니다. 중단하고 재개하는 일을 하기 때문에 스레드 풀을 가진 디스패처를 사용하면 스레드가 바뀌는 문제가 생길 수 있습니다(이에 대해선 12장 '디스패처'[5]에서 자세히 다루겠습니다). yield는 CPU 사용량이 크거나 스레드를 블로킹하는 중단 함수에서 자주 사용됩니다.

suspendCancellableCoroutine

3장 '중단은 어떻게 작동할까?'[6]에서 소개한 suspendCancellableCoroutine 함수를 떠올려 봅시다. 이 함수는 suspendCoroutine과 비슷하지만, 컨티뉴에이션 객체를 몇 가지 메서드가 추가된 CancellableContinuation<T>로 래핑합니다. 가장 중요한 메서드는 코루틴이 취소되었을 때 행동을 정의하는 데 사용하는 invokeOnCancellation 메서드입니다. 이 메서드는 라이브러리의 실행을 취소하거나 자원을 해제할 때 주로 사용됩니다.

```
suspend fun someTask() = suspendCancellableCoroutine { cont ->
    cont.invokeOnCancellation {
        // 정리 작업을 수행합니다.
    }
    // 나머지 구현 부분입니다.
}
```

다음 예제에서 Retrofit[7] Call을 중단 함수로 래핑한 것을 확인할 수 있습니다.

```
suspend fun getOrganizationRepos(
    organization: String
): List<Repo> =
```

5 *https://kt.academy/article/cc-dispatchers*
6 *https://kt.academy/article/cc-suspension*
7 *https://square.github.io/retrofit/*

```
    suspendCancellableCoroutine { continuation ->
        val orgReposCall = apiService
            .getOrganizationRepos(organization)
        orgReposCall.enqueue(object : Callback<List<Repo>> {
            override fun onResponse(
                call: Call<List<Repo>>,
                response: Response<List<Repo>>
            ) {
                if (response.isSuccessful) {
                    val body = response.body()
                    if (body != null) {
                        continuation.resume(body)
                    } else {
                        continuation.resumeWithException(
                            ResponseWithEmptyBody
                        )
                    }
                } else {
                    continuation.resumeWithException(
                        ApiException(
                            response.code(),
                            response.message()
                        )
                    )
                }
            }

            override fun onFailure(
                call: Call<List<Repo>>,
                t: Throwable
            ) {
                continuation.resumeWithException(t)
            }
        })
        continuation.invokeOnCancellation {
            orgReposCall.cancel()
        }
    }
```

Retrofit도 이제 중단 함수를 지원하고 있습니다!

```
class GithubApi {
    @GET("orgs/{organization}/repos?per_page=100")
    suspend fun getOrganizationRepos(
```

```
        @Path("organization") organization: String
    ): List<Repo>
}
```

CancellableContinuation<T>에서도 (isActive, isCompleted, isCancelled 프로퍼티를 사용해) 잡의 상태를 확인할 수 있으며, 컨티뉴에이션을 취소할 때 취소가 되는 원인을 추가적으로 제공할 수 있습니다.

요약

취소는 코루틴의 아주 강력한 기능입니다. 일반적으로 사용하는 데 어려움은 없지만 가끔씩 까다로운 경우도 있습니다. 그래서 취소가 어떻게 작동하는지 이해하는 것이 중요합니다.

취소를 적절하게 사용하면 자원 낭비와 메모리 누수를 줄일 수 있습니다. 애플리케이션의 성능은 아주 중요하므로 이제부터 취소를 통해 얻을 수 있는 이점을 잘 사용하길 바랍니다.

10장

K o t l i n C o r o u t i n e s

예외 처리

예외 처리는 코루틴의 작동 원리 중 아주 중요한 기능입니다. 잡히지 않은 예외가 발생하면 프로그램이 종료되는 것처럼 코루틴도 잡히지 않은 예외가 발생했을 때 종료됩니다. 이런 방식은 전혀 새로운 것이 아닙니다. 예를 들면 스레드 또한 같은 경우에 종료되게 됩니다. 차이가 있다면 코루틴 빌더는 부모도 종료시키며, 취소된 부모는 자식들 모두를 취소시킨다는 점입니다. 아래 예를 봅시다. 코루틴이 예외를 받았을 때 자기 자신을 취소하고 예외를 부모로 전파합니다(launch). 부모는 자기 자신과 자식들 모두를 취소하고 예외를 부모에게 전파합니다(runBlocking). runBlocking은 부모가 없는 루트 코루틴이기 때문에 프로그램을 종료시킵니다(runBlocking은 예외를 다시 던집니다).

```
fun main(): Unit = runBlocking {
    launch {
        launch {
            delay(1000)
            throw Error("Some error")
        }

        launch {
            delay(2000)
            println("Will not be printed")
        }

        launch {
            delay(500) // 예외 발생보다 빠릅니다.
```

```
            println("Will be printed")
        }
    }

    launch {
        delay(2000)
        println("Will not be printed")
    }
}
// Will be printed
// Exception in thread "main" java.lang.Error: Some error...
```

launch 코루틴을 더하는 건 아무것도 바꾸지 못합니다. 예외는 자식에서 부모로 전파되며, 부모가 취소되면 자식도 취소되기 때문에 쌍방으로 전파됩니다. 예외 전파가 정지되지 않으면 계통 구조상 모든 코루틴이 취소되게 됩니다.

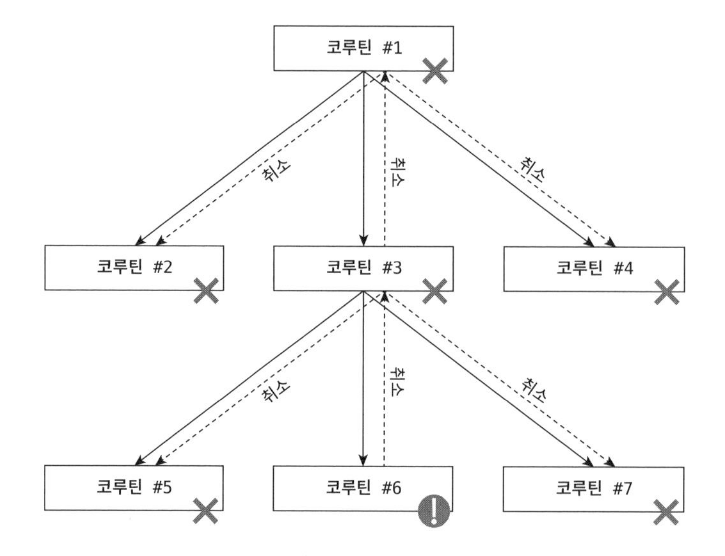

코루틴 종료 멈추기

코루틴이 종료되기 전에 예외를 잡는 건 도움이 되지만, 조금이라도 늦으면 이미 손쓸 수 없는 상황이 되어 버립니다. 코루틴 간의 상호작용은 잡을 통해서 일어나기 때문에, 코루틴 빌더 내부에서 새로운 코루틴 빌더를 try-catch 문을 통해 래핑하는 건 전혀 도움이 되지 못합니다.

```
fun main(): Unit = runBlocking {
    // try-catch 구문으로 래핑하지 마세요. 무시됩니다.
    try {
        launch {
            delay(1000)
            throw Error("Some error")
        }
    } catch (e: Throwable) { // 여기선 아무 도움이 되지 않습니다.
        println("Will not be printed")
    }
    launch {
        delay(2000)
        println("Will not be printed")
    }
}
// Exception in thread "main" java.lang.Error: Some error...
```

SupervisorJob

코루틴 종료를 멈추는 가장 중요한 방법은 SupervisorJob을 사용하는 것입니다. SupervisorJob을 사용하면 자식에서 발생한 모든 예외를 무시할 수 있습니다.

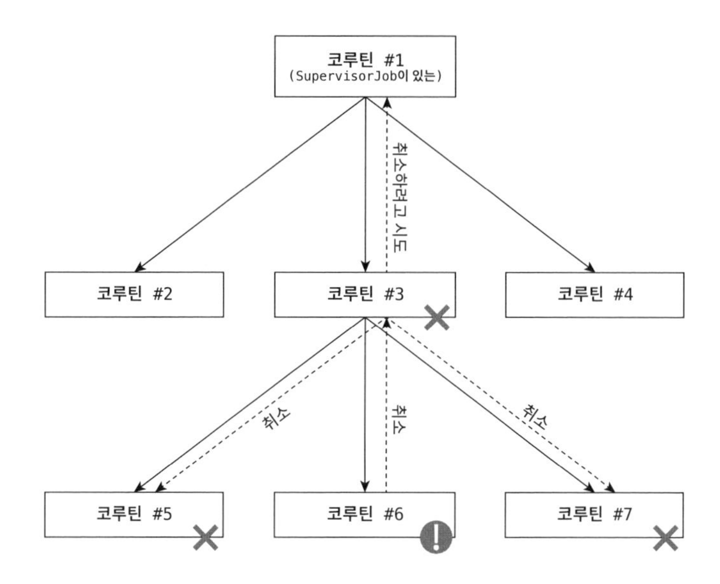

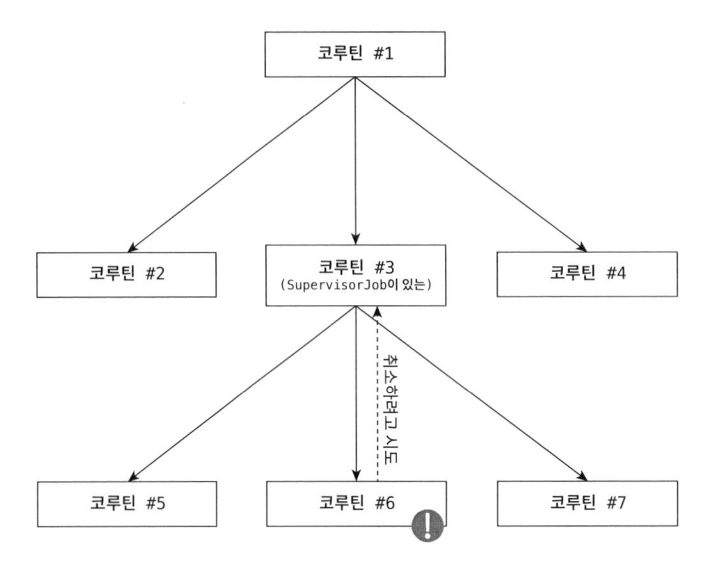

일반적으로 SupervisorJob은 다수의 코루틴을 시작하는 스코프로 사용됩니다(13장 '코루틴 스코프 만들기'에서 더 자세히 다룹니다).

```
fun main(): Unit = runBlocking {
    val scope = CoroutineScope(SupervisorJob())
    scope.launch {
        delay(1000)
        throw Error("Some error")
    }

    scope.launch {
        delay(2000)
        println("Will be printed")
    }

    delay(3000)
}
// Exception...
// Will be printed
```

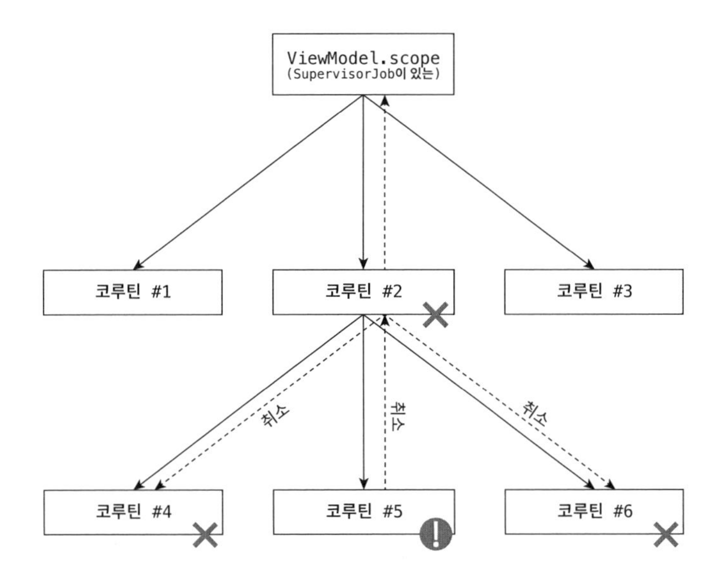

흔한 실수 중 하나는 SupervisorJob을 다음 코드처럼 부모 코루틴의 인자로 사용하는 것입니다. 1에서 정의된 launch가 SupervisorJob을 인자로 받는데, 이럴 경우 SupervisorJob은 단 하나의 자식만 가지기 때문에 예외를 처리하는 데 아무런 도움이 되지 않습니다. 따라서 SupervisorJob을 Job 대신 사용하더라도 아무 도움이 되지 않습니다(두 경우 모두 runBlocking의 잡을 사용하지 않기 때문에 예외는 runBlocking으로 전파되지 않습니다).

```
fun main(): Unit = runBlocking {
    // 이렇게 하지 마세요. 자식 코루틴 하나가 있고
    // 부모 코루틴이 없는 잡은 일반 잡과 동일하게 작동합니다.
    launch(SupervisorJob()) { // 1
        launch {
            delay(1000)
            throw Error("Some error")
        }

        launch {
            delay(2000)
            println("Will not be printed")
        }
    }

    delay(3000)
}
// Exception...
```

하나의 코루틴이 취소되어도 다른 코루틴이 취소되지 않는다는 점에서, 같은 잡을 다수의 코루틴에서 컨텍스트로 사용하는 것이 좀더 나은 방법입니다.

```
fun main(): Unit = runBlocking {
    val job = SupervisorJob()
    launch(job) {
        delay(1000)
        throw Error("Some error")
    }
    launch(job) {
        delay(2000)
        println("Will be printed")
    }
    job.join()
}
// (1초 후)
// Exception...
// (1초 후)
// Will be printed
```

supervisorScope

예외 전파를 막는 또 다른 방법은 코루틴 빌더를 supervisorScope로 래핑하는 것입니다. 다른 코루틴에서 발생한 예외를 무시하고 부모와의 연결을 유지한다는 점에서 아주 편리합니다.

```
fun main(): Unit = runBlocking {
    supervisorScope {
        launch {
            delay(1000)
            throw Error("Some error")
        }

        launch {
            delay(2000)
            println("Will be printed")
        }
    }
    delay(1000)
    println("Done")
}
// Exception...
```

```
// Will be printed
// (1초 후)
// Done
```

supervisorScope는 단지 중단 함수일 뿐이며, 중단 함수 본체를 래핑하는 데 사용됩니다. supervisorScope의 다른 기능은 다음 장에 더 잘 설명되어 있습니다. supervisorScope를 사용하는 일반적인 방법은 서로 무관한 다수의 작업을 스코프 내에서 실행하는 것입니다.

```
suspend fun notifyAnalytics(actions: List<UserAction>) =
    supervisorScope {
        actions.forEach { action ->
            launch {
                notifyAnalytics(action)
            }
        }
    }
```

예외 전파를 멈추는 또 다른 방법은 coroutineScope를 사용하는 것입니다. 이 함수는 코루틴 빌더와 달리 부모에 영향을 미치는 대신 try-catch를 이용해 잡을 수 있는 예외를 던집니다. 두 스코프 모두 다음 장에서 설명하도록 하겠습니다.

supervisorScope는 withContext(SupervisorJob())으로 대체될 수 없다는 것을 명심하세요! 다음 코드를 보겠습니다.

```
// 이렇게 하면 안 됩니다!
suspend fun sendNotifications(
    notifications: List<Notification>
) = withContext(SupervisorJob()) {
    for (notification in notifications) {
        launch {
            client.send(notification)
        }
    }
}
```

위 코드는 Job이 상속되지 않는 유일한 컨텍스트이기 때문에 문제가 됩니다. 코루틴은 각각 자신만의 잡을 가지고 있고, 잡을 다른 코루틴에 전달하여 부모 관계를 맺습니다. 여기서는 SupervisorJob이 withContext의 부모가 됩니다. 자식 코루틴에서 예외가 발생하면 withContext 코루틴으로 전달이 되며, Job이 취소되고, 자식 코루틴 또한 전부 취소되며, 마지막으로 예외가 던져집니다. SupervisorJob이 부모가 되어도 바뀌는 건 아무것도 없습니다.

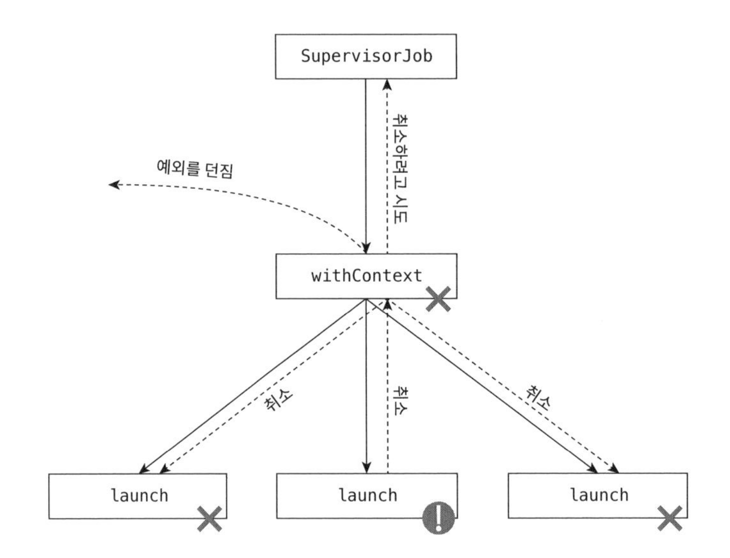

await

예외 전파를 멈출 수 있는 방법에 대해 알게 되었지만 이것만으로는 부족할 때가 있습니다. 예외가 발생했을 때 async 코루틴 빌더는 launch처럼 부모 코루틴을 종료하고 부모와 관련있는 다른 코루틴 빌더도 종료시킵니다. SupervisorJob이나 supervisorScope를 사용하면 이런 과정이 일어나지 않는데, await를 호출하면 어떻게 될까요? 다음 예제를 통해 봅시다.

```
class MyException : Throwable()

suspend fun main() = supervisorScope {
    val str1 = async<String> {
        delay(1000)
        throw MyException()
    }

    val str2 = async {
```

```
        delay(2000)
        "Text2"
    }

    try {
        println(str1.await())
    } catch (e: MyException) {
        println(e)
    }

    println(str2.await())
}
// MyException
// Text2
```

코루틴이 예외로 종료되었기 때문에 반환할 값이 없지만, await가 MyException을 던지게 되어 MyException이 출력됩니다. supervisorScope가 사용되었기 때문에 또 다른 async는 중단되지 않고 끝까지 실행됩니다.

CancellationException은 부모까지 전파되지 않는다

예외가 CancellationException의 서브클래스라면 부모로 전파되지 않습니다. 현재 코루틴을 취소시킬 뿐입니다. CancellationException은 열린 클래스이기 때문에 다른 클레스나 객체로 확장될 수 있습니다.

```
object MyNonPropagatingException : CancellationException()

suspend fun main(): Unit = coroutineScope {
    launch {      // 1
        launch { // 2
            delay(2000)
            println("Will not be printed")
        }
        throw MyNonPropagatingException // 3
    }
    launch { // 4
        delay(2000)
        println("Will be printed")
    }
}
// (2초 후)
// Will be printed
```

앞 코드에서 두 개의 코루틴이 1과 4의 빌더로 시작됩니다. 3에서 Cancellation Exception의 서브타입인 MyNonPropagatingException 예외를 던집니다. 예외는 1에서 시작된 launch에서 잡히게 됩니다. 1에서 시작된 코루틴은 자기 자신을 취소하고 2에서 정의된 빌더로 만들어진 자식 코루틴 또한 취소시킵니다. 4에서 시작된 두 번째 launch는 영향을 받지 않고 2초 후에 Will be printed를 출력합니다.

코루틴 예외 핸들러

예외를 다룰 때 예외를 처리하는 기본 행동을 정의하는 것이 유용할 때가 있습니다. 이런 경우 CoroutineExceptionHandler 컨텍스트를 사용하면 편리합니다. 예외 전파를 중단시키지는 않지만 예외가 발생했을 때 해야 할 것들(기본적으로 예외 스택 트레이스를 출력합니다)을 정의하는 데 사용할 수 있습니다.

```
fun main(): Unit = runBlocking {
    val handler =
        CoroutineExceptionHandler { ctx, exception ->
            println("Caught $exception")
        }
    val scope = CoroutineScope(SupervisorJob() + handler)
    scope.launch {
        delay(1000)
        throw Error("Some error")
    }

    scope.launch {
        delay(2000)
        println("Will be printed")
    }

    delay(3000)
}
// Caught java.lang.Error: Some error
// Will be printed
```

다양한 플랫폼에서 예외를 처리하는 기본적으로 방법을 추가할 때 Coroutine ExceptionHandler 컨텍스트를 활용할 수 있습니다. 안드로이드에서는 사용자에게 대화창이나 에러 메시지를 보여 줌으로써 어떤 문제가 발생했는지 알리는 역할을 합니다.

요약

예외 처리는 kotlinx.coroutines 라이브러리의 중요한 기능입니다. 이후에 이 주제를 다시 살펴보도록 하겠습니다. 지금은 기본 빌더에서 예외가 자식에서 부모로 전파되는 것을 이해하고 어떻게 멈추는지만 이해하면 됩니다. 다음 장에서는 우리가 오랫동안 기다렸던 주제이자, 지금까지 공부했던 주제들과 밀접한 관련이 있는 코루틴 스코프 함수를 살펴보도록 하겠습니다.

11장

K o t l i n C o r o u t i n e s

코루틴 스코프 함수

여러 개의 엔드포인트에서 데이터를 동시에 얻어야 하는 중단 함수를 떠올려 봅시다. 가장 바람직한 방법을 보기 전에 차선책부터 살펴봅시다.

코루틴 스코프 함수가 소개되기 전에 사용한 방법들

중단 함수에서 중단 함수를 호출하는 것이 첫 번째 방법입니다. 문제는 작업이 동시에 진행되지 않는다는 점입니다(하나의 엔드포인트에서 데이터를 얻는 데 1초씩 걸리기 때문에 함수가 끝나는 데 1초 대신 2초가 걸립니다).

```
// 데이터를 동시에 가져오지 않고, 순차적으로 가져옵니다.
suspend fun getUserProfile(): UserProfileData {
    val user = getUserData()                // (1초 후)
    val notifications = getNotifications() // (1초 후)

    return UserProfileData(
        user = user,
        notifications = notifications,
    )
}
```

두 개의 중단 함수를 동시에 실행하려면 각각 async로 래핑해야 합니다. 하지만 async는 스코프를 필요로 하며 GlobalScope를 사용하는 건 좋은 방법이 아닙니다.

```
// 이렇게 구현하면 안 됩니다!
suspend fun getUserProfile(): UserProfileData {
    val user = GlobalScope.async { getUserData() }
    val notifications = GlobalScope.async {
        getNotifications()
    }

    return UserProfileData(
        user = user.await(), // (1초 후)
        notifications = notifications.await(),
    )
}
```

GlobalScope는 그저 EmptyCoroutineContext를 가진 스코프일 뿐입니다.

```
public object GlobalScope : CoroutineScope {
    override val coroutineContext: CoroutineContext
        get() = EmptyCoroutineContext
}
```

GlobalScope에서 async를 호출하면 부모 코루틴과 아무런 관계가 없습니다. 이때 async 코루틴은

- 취소될 수 없습니다(부모가 취소되어도 async 내부의 함수가 실행 중인 상태가 되므로 작업이 끝날 때까지 자원이 낭비됩니다).
- 부모로부터 스코프를 상속받지 않습니다(항상 기본 디스패처에서 실행되며, 부모의 컨텍스트를 전혀 신경 쓰지 않습니다).

가장 중요한 결과는 다음과 같습니다.

- 메모리 누수가 발생할 수 있으며 쓸데없이 CPU를 낭비합니다.
- 코루틴을 단위 테스트하는 도구가 작동하지 않아 함수를 테스트하기 아주 어렵습니다.

따라서 위와 같은 방법은 전혀 좋다고 볼 수 없습니다. 스코프를 인자로 넘기는 다음 방법을 살펴봅시다.

```
// 이렇게 구현하면 안 됩니다!
suspend fun getUserProfile(
    scope: CoroutineScope
): UserProfileData {
    val user = scope.async { getUserData() }
    val notifications = scope.async { getNotifications() }

    return UserProfileData(
        user = user.await(), // (1초 후)
        notifications = notifications.await(),
    )
}

// 또는

// 이렇게 구현하면 안 됩니다!
suspend fun CoroutineScope.getUserProfile(): UserProfileData {
    val user = async { getUserData() }
    val notifications = async { getNotifications() }

    return UserProfileData(
        user = user.await(), // (1초 후)
        notifications = notifications.await(),
    )
}
```

이 방법은 취소가 가능하며 적절한 단위 테스트를 추가할 수 있다는 점에서 좀 더 나은 방식이라 할 수 있습니다. 문제는 스코프가 함수에서 함수로 전달되어야 한다는 것입니다. 스코프가 함수로 전달되면 스코프에서 예상하지 못한 부작용이 발생할 수 있습니다. 예를 들면, async에서 예외가 발생하면 모든 스코프가 닫히게 됩니다(SupervisorJob이 아닌 Job을 사용한다고 가정합니다). 또한 스코프에 접근하는 함수가 cancel 메서드를 사용해 스코프를 취소하는 등 스코프를 조작할 수도 있습니다. 이러한 접근 방식은 다루기 어려울 뿐만 아니라 잠재적으로 위험하다고 볼 수 있습니다.

```
data class Details(val name: String, val followers: Int)
data class Tweet(val text: String)

fun getFollowersNumber(): Int =
    throw Error("Service exception")
```

```
suspend fun getUserName(): String {
    delay(500)
    return "marcinmoskala"
}

suspend fun getTweets(): List<Tweet> {
    return listOf(Tweet("Hello, world"))
}

suspend fun CoroutineScope.getUserDetails(): Details {
    val userName = async { getUserName() }
    val followersNumber = async { getFollowersNumber() }
    return Details(userName.await(), followersNumber.await())
}

fun main() = runBlocking {
    val details = try {
        getUserDetails()
    } catch (e: Error) {
        null
    }
    val tweets = async { getTweets() }
    println("User: $details")
    println("Tweets: ${tweets.await()}")
}
// 예외만 발생합니다...
```

위 코드를 보면 사용자 세부사항을 들고 오는 데 문제가 있더라도 최소한 Tweets는 볼 수 있을 것 같습니다. 하지만 getFollowersNumber에서 발생한 예외가 async를 종료시키고, 전체 스코프가 종료되는 걸로 이어져 프로그램이 끝나 버리게 됩니다. 예외가 발생하면 종료되는 대신 예외를 그대로 던지는 함수가 더 낫습니다. 여기서 이 장의 주인공인 coroutineScope가 등장합니다.

coroutineScope

coroutineScope는 스코프를 시작하는 중단 함수이며, 인자로 들어온 함수가 생성한 값을 반환합니다.

```
suspend fun <R> coroutineScope(
    block: suspend CoroutineScope.() -> R
): R
```

async나 launch와는 다르게 coroutineScope의 본체는 리시버 없이 곧바로 호출됩니다. coroutineScope 함수는 새로운 코루틴을 생성하지만 새로운 코루틴이 끝날 때까지 coroutineScope를 호출한 코루틴을 중단하기 때문에 호출한 코루틴이 작업을 동시에 시작하지는 않습니다. 두 delay 호출 모두 runBlocking을 중단시키는 다음 예를 봅시다.

```
fun main() = runBlocking {
    val a = coroutineScope {
        delay(1000)
        10
    }
    println("a is calculated")
    val b = coroutineScope {
        delay(1000)
        20
    }
    println(a) // 10
    println(b) // 20
}
// (1초 후)
// a is calculated
// (1초 후)
// 10
// 20
```

생성된 스코프는 바깥의 스코프에서 coroutineContext를 상속받지만 컨텍스트의 Job을 오버라이딩합니다. 따라서 생성된 스코프는 부모가 해야 할 책임을 이어받습니다.

- 부모로부터 컨텍스트를 상속받습니다.
- 자신의 작업을 끝내기 전까지 모든 자식을 기다립니다.
- 부모가 취소되면 자식들 모두를 취소합니다.

다음 예에서 coroutineScope는 모든 자식이 끝날 때까지 종료되지 않으므로 'After'가 마지막에 출력되는 것을 볼 수 있습니다. 또한 CoroutineName이 부모에서 자식으로 전달되는 것도 확인할 수 있습니다.

```
suspend fun longTask() = coroutineScope {
    launch {
        delay(1000)
        val name = coroutineContext[CoroutineName]?.name
        println("[$name] Finished task 1")
    }
    launch {
        delay(2000)
        val name = coroutineContext[CoroutineName]?.name
        println("[$name] Finished task 2")
    }
}

fun main() = runBlocking(CoroutineName("Parent")) {
    println("Before")
    longTask()
    println("After")
}
// Before
// (1초 후)
// [Parent] Finished task 1
// (1초 후)
// [Parent] Finished task 2
// After
```

다음 코드에서 취소가 어떻게 동작하는지 확인할 수 있습니다. 부모가 취소되면 아직 끝나지 않은 자식 코루틴이 전부 취소됩니다.

```
suspend fun longTask() = coroutineScope {
    launch {
        delay(1000)
        val name = coroutineContext[CoroutineName]?.name
        println("[$name] Finished task 1")
    }
    launch {
        delay(2000)
        val name = coroutineContext[CoroutineName]?.name
        println("[$name] Finished task 2")
    }
}

fun main(): Unit = runBlocking {
    val job = launch(CoroutineName("Parent")) {
        longTask()
```

```
    }
    delay(1500)
    job.cancel()
}
// [Parent] Finished task 1
```

코루틴 빌더와 달리 coroutineScope나 스코프에 속한 자식에서 예외가 발생하면 다른 모든 자식이 취소되고 예외가 다시 던져집니다. coroutineScope를 사용하는 것이 이전에 소개되었던 'Tweet 예제'의 해결책이 되는 이유입니다. 동일한 예외가 다시 던져지는 걸 보기 위해 일반적인 Error를 좀더 명확한 ApiException으로 바꿨습니다.

```
data class Details(val name: String, val followers: Int)
data class Tweet(val text: String)
class ApiException(
    val code: Int,
    message: String
) : Throwable(message)

fun getFollowersNumber(): Int =
    throw ApiException(500, "Service unavailable")

suspend fun getUserName(): String {
    delay(500)
    return "marcinmoskala"
}

suspend fun getTweets(): List<Tweet> {
    return listOf(Tweet("Hello, world"))
}

suspend fun getUserDetails(): Details = coroutineScope {
    val userName = async { getUserName() }
    val followersNumber = async { getFollowersNumber() }
    Details(userName.await(), followersNumber.await())
}

fun main() = runBlocking<Unit> {
    val details = try {
        getUserDetails()
    } catch (e: ApiException) {
        null
    }
```

```
    val tweets = async { getTweets() }
    println("User: $details")
    println("Tweets: ${tweets.await()}")
}
// User: null
// Tweets: [Tweet(text=Hello, world)]
```

중단 함수에서 병렬로 작업을 수행할 경우 앞에서 말한 특성을 가진 coroutineScope를 사용하는 것이 좋습니다.

```
suspend fun getUserProfile(): UserProfileData =
    coroutineScope {
        val user = async { getUserData() }
        val notifications = async { getNotifications() }

        UserProfileData(
            user = user.await(),
            notifications = notifications.await(),
        )
    }
```

앞에서 본 것처럼 coroutineScope는 중단 메인 함수 본체를 래핑할 때 주로 사용됩니다. runBlocking 함수를 coroutineScope가 대체한 것입니다.

```
suspend fun main(): Unit = coroutineScope {
    launch {
        delay(1000)
        println("World")
    }
    println("Hello, ")
}
// Hello
// (1초 후)
// World
```

coroutineScope 함수는 기존의 중단 컨텍스트에서 벗어난 새로운 스코프를 만듭니다. 부모로부터 스코프를 상속받고 구조화된 동시성을 지원합니다.

다음 함수들은 첫 번째 함수가 getProfile과 getFriends를 연속으로 호출하고, 두 번째 함수는 함수를 병렬로 호출하는 것을 제외하면 사용하는 것에 있어 아무런 차이가 없습니다.

```
suspend fun produceCurrentUserSeq(): User {
    val profile = repo.getProfile()
    val friends = repo.getFriends()
    return User(profile, friends)
}

suspend fun produceCurrentUserSym(): User = coroutineScope {
    val profile = async { repo.getProfile() }
    val friends = async { repo.getFriends() }
    User(profile.await(), friends.await())
}
```

coroutineScope는 유용한 함수지만, 스코프를 만드는 함수는 이외에도 여러 가지가 있습니다.

코루틴 스코프 함수

스코프를 만드는 다양한 함수가 있으며, coroutineScope와 비슷하게 작동합니다. supervisorScope는 coroutineScope와 비슷하지만, Job 대신 SupervisorJob을 사용합니다. withContext는 코루틴 컨텍스트를 바꿀 수 있는 coroutineScope입니다. withTimeout은 타임아웃이 있는 coroutineScope입니다. 이 함수들은 이 장의 다음 부분에서 더 자세하게 설명하겠습니다. 지금은 코루틴 스코프를 만들 수 있는 다양한 함수가 존재한다는 것만 알면 되고, 먼저 이 함수들을 포함하는 그룹 이름을 정의하겠습니다. 그럼 어떻게 이름을 정할까요? 몇몇 사람들은 '스코핑 함수(scoping function)'라 부르지만 '스코핑'이라는 뜻이 의미하는 바가 무엇인지 감이 잘 오지 않습니다. 누가 이 용어를 사용하기 시작했든 let, with, apply와 같은 '스코프 함수'와 구분하고 싶었던 것 같습니다. 두 용어는 여전히 혼동되므로 실제로는 별 도움이 되지 않습니다. 이것이 '코루틴 스코프 함수'라는 단어를 사용하기로 결정한 이유입니다. 코루틴 스코프 함수는 스코프 함수와 확연히 구분되며, 더 정확한 의미를 담고 있습니다. 코루틴 스코프 함수가 중단 함수에서 코루틴 스코프를 만들기 위해 사용된다는 것만 기억하면 됩니다.

코루틴 스코프 함수는 코루틴 빌더와 혼동되지만 두 함수는 개념적으로나 사용함에 있어서나 아주 다르기 때문에 쉽게 구분할 수 있습니다. 두 함수의 특징을 비교한 다음 표를 보면 차이점이 명확하게 드러납니다.

코루틴 빌더 (runBlocking 제외)	코루틴 스코프 함수
launch, async, produce	coroutineScope, supervisorScope, withContext, withTimeout
CoroutineScope의 확장 함수	중단 함수
CoroutineScope 리시버의 코루틴 컨텍스트를 사용	중단 함수의 컨티뉴에이션 객체가 가진 코루틴 컨텍스트를 사용
예외는 Job을 통해 부모로 전파됨	일반 함수와 같은 방식으로 예외를 던짐
비동기인 코루틴을 시작함	코루틴 빌더가 호출된 곳에서 코루틴을 시작함

이제 runBlocking에 대해 생각해 봅시다. runBlocking은 코루틴 빌더보다 코루틴 스코프 함수와 비슷한 점이 더 많아 보입니다. runBlocking 또한 함수 본체를 곧바로 호출하고 그 결과를 반환합니다. 가장 큰 차이점은 runBlocking은 블로킹 함수지만 코루틴 스코프 함수는 중단 함수라는 것입니다. 따라서 runBlocking은 코루틴의 계층에서 가장 상위에 있으며, 코루틴 스코프 함수는 계층 중간에 있는 있는 것입니다.

withContext

withContext 함수는 coroutineScope와 비슷하지만 스코프의 컨텍스트를 변경할 수 있다는 점에서 다릅니다. withContext의 인자로 컨텍스트를 제공하면 (코루틴 빌더와 같은 방식으로) 부모 스코프의 컨텍스트를 대체합니다. 따라서 withContext(EmptyCoroutineContext)와 coroutineScope()는 정확히 같은 방식으로 동작합니다.

```
fun CoroutineScope.log(text: String) {
    val name = this.coroutineContext[CoroutineName]?.name
    println("[$name] $text")
}
```

```
fun main() = runBlocking(CoroutineName("Parent")) {
    log("Before")

    withContext(CoroutineName("Child 1")) {
        delay(1000)
        log("Hello 1")
    }

    withContext(CoroutineName("Child 2")) {
        delay(1000)
        log("Hello 2")
    }

    log("After")
}
// [Parent] Before
// (1초 후)
// [Child 1] Hello 1
// (1초 후)
// [Child 2] Hello 2
// [Parent] After
```

withContext 함수는 기존 스코프와 컨텍스트가 다른 코루틴 스코프를 설정하기 위해 주로 사용됩니다. 다음 장에서 소개할 디스패처와 함께 종종 사용되곤 합니다.

```
launch(Dispatchers.Main) {
    view.showProgressBar()
    withContext(Dispatchers.IO) {
        fileRepository.saveData(data)
    }
    view.hideProgressBar()
}
```

> coroutineScope { /*...*/ }가 작동하는 방식이 async { /*...*/ }.await() 처럼 async의 await를 곧바로 호출하는 것과 비슷하다는 걸 앞에서 배웠습니다. withContext(context) 또한 async(context) { /*...*/ }.await()와 비슷합니다. 가장 큰 차이는 async는 스코프를 필요로 하지만, coroutineScope와 withContext는 해당 함수를 호출한 중단점에서 스코프를 들고온다는 점입니다. 두 경우 모두 async의 await를 곧바로 호출하는 방법 대신 coroutineScope와 withContext를 사용하는 편이 좋습니다.

supervisorScope

supervisorScope 함수는 호출한 스코프로부터 상속받은 CoroutineScope를 만들고 지정된 중단 함수를 호출한다는 점에서 coroutineScope와 비슷합니다. 둘의 차이는 컨텍스트의 Job을 SupervisorJob으로 오버라이딩하는 것이기 때문에 자식 코루틴이 예외를 던지더라도 취소되지 않습니다.

```
fun main() = runBlocking {
    println("Before")

    supervisorScope {
        launch {
            delay(1000)
            throw Error()
        }

        launch {
            delay(2000)
            println("Done")
        }
    }

    println("After")
}
// Before
// (1초 후)
// 예외가 발생합니다...
// (1초 후)
// Done
// After
```

supervisorScope는 서로 독립적인 작업을 시작하는 함수에서 주로 사용됩니다.

```
suspend fun notifyAnalytics(actions: List<UserAction>) =
    supervisorScope {
        actions.forEach { action ->
            launch {
                notifyAnalytics(action)
            }
        }
    }
```

async를 사용한다면 예외가 부모로 전파되는 걸 막는 것 외에 추가적인 예외 처리가 필요합니다. await를 호출하고 async 코루틴이 예외로 끝나게 된다면 await는 예외를 다시 던지게 됩니다. 따라서 async에서 발생하는 예외를 전부 처리하려면 try-catch 블록으로 await 호출을 래핑해야 합니다.

```
class ArticlesRepositoryComposite(
    private val articleRepositories: List<ArticleRepository>,
) : ArticleRepository {
    override suspend fun fetchArticles(): List<Article> =
        supervisorScope {
            articleRepositories
                .map { async { it.fetchArticles() } }
                .mapNotNull {
                    try {
                        it.await()
                    } catch (e: Throwable) {
                        e.printStackTrace()
                        null
                    }
                }
                .flatten()
                .sortedByDescending { it.publishedAt }
        }
}
```

워크숍에서 supervisorScope 대신 withContext(SupervisorJob())을 사용할 수 있는지에 대한 질문을 많이 받곤 합니다. 이에 대한 답변은 "그렇게 할 수 없습니다."입니다. withContext(SupervisorJob())을 사용하면 withContext는 여전히 기존에 가지고 있던 Job을 사용하며 SupervisorJob()이 해당 잡의 부모가 됩니다. 따라서 하나의 자식 코루틴이 예외를 던진다면 다른 자식들 또한 취소가 됩니다. withContext 또한 예외를 던지기 때문에 SupervisorJob()은 사실상 쓸모가 없게 됩니다. 따라서 withContext(SupervisorJob())은 의미가 없으며 잘못 사용될 소지가 있기 때문에 사용할 필요가 없습니다.

```
fun main() = runBlocking {
    println("Before")

    withContext(SupervisorJob()) {
        launch {
```

```
            delay(1000)
            throw Error()
        }

        launch {
            delay(2000)
            println("Done")
        }
    }

    println("After")
}
// Before
// (1초 후)
// Exception...
```

withTimeout

coroutineScope와 비슷한 또 다른 함수는 withTimeout입니다. 이 함수 또한 스코프를 만들고 값을 반환합니다. withTimeout에 아주 큰 타임아웃 값을 넣어주면 coroutineScope와 다를 것이 없습니다. withTimeout은 인자로 들어온 람다식을 실행할 때 시간 제한이 있다는 점이 다릅니다. 실행하는 데 시간이 너무 오래 걸리면 람다식은 취소되고 (CancellationException의 서브타입인) TimeoutCancellationException을 던집니다.

```
suspend fun test(): Int = withTimeout(1500) {
    delay(1000)
    println("Still thinking")
    delay(1000)
    println("Done!")
    42
}

suspend fun main(): Unit = coroutineScope {
    try {
        test()
    } catch (e: TimeoutCancellationException) {
        println("Cancelled")
    }
    delay(1000) // `test` 함수가 취소되었기 때문에,
    // 타임아웃 시간을 늘려도 아무런 도움이 되지 않습니다.
```

```
}
// (1초 후)
// Still thinking
// (0.5초 후)
// Cancelled
```

withTimeout 함수는 테스트할 때 특히 유용합니다. 특정 함수가 시간이 많게 혹은 적게 걸리는지 확인하는 테스트 용도로 사용됩니다. runTest 내부에서 사용된다면 withTimeout은 가상 시간으로 작동하게 됩니다. 특정 함수의 실행 시간을 제한하기 위해 runBlocking 내부에서도 사용할 수 있습니다(@Test에서 timeout을 설정하는 것과 비슷합니다).

```
class Test {
    @Test
    fun testTime2() = runTest {
        withTimeout(1000) {
            // 1000ms보다 적게 걸리는 작업
            delay(900) // 가상 시간
        }
    }

    @Test(expected = TimeoutCancellationException::class)
    fun testTime1() = runTest {
        withTimeout(1000) {
            // 1000ms보다 오래 걸리는 작업
            delay(1100) // 가상 시간
        }
    }

    @Test
    fun testTime3() = runBlocking {
        withTimeout(1000) {
            // 그다지 오래 걸리지 않는 일반적인 테스트
            delay(900) // 실제로 900ms만큼 기다립니다.
        }
    }
}
```

withTimeout이 CancellationException(코루틴이 취소되었을 때 던지는 예외와 같습니다)의 서브타입인 TimeoutCancellationException을 던진다는 걸 알아야 합니다. 코루틴 빌더 내부에서 TimeoutCancellationException을 던지면 해당

코루틴만 취소가 되고 부모에게는 영향을 주지 않습니다(이전 장에서 살펴본 내용입니다).

```
suspend fun main(): Unit = coroutineScope {
    launch {     // 1
        launch { // 2, 부모에 의해 취소됩니다.
            delay(2000)
            println("Will not be printed")
        }
        withTimeout(1000) { // 이 코루틴이 launch를 취소합니다.
            delay(1500)
        }
    }
    launch { // 3
        delay(2000)
        println("Done")
    }
}
// (2초 후)
// Done
```

위의 예제에서 delay(1500)은 withTimeout(1000)보다 시간이 더 걸리므로 TimeoutCancellationException을 던지게 됩니다. 예외는 1의 launch에서 잡히며 1에서 시작된 코루틴과 2의 launch로 시작된 자식 코루틴 또한 취소합니다. 3에서 시작된 launch에는 아무런 영향이 없습니다.

withTimeout이 좀더 완화된 형태의 함수인 withTimeoutOrNull은 예외를 던지지 않습니다. 타임아웃을 초과하면 람다식이 취소되고 null이 반환됩니다. withTimeoutOrNull은 래핑 함수에서 걸리는 시간이 너무 길 때 무언가 잘못되었음을 알리는 용도로 사용될 수 있습니다. 응답을 5초 이상 기다리는 네트워크 연산을 예로 들 수 있는데, 이럴 때는 응답을 받지 못하는 경우가 대부분입니다(몇몇 라이브러리는 영원히 기다릴 수도 있습니다).

```
suspend fun fetchUser(): User {
    // 영원히 실행됩니다.
    while (true) {
        yield()
    }
}
```

```
suspend fun getUserOrNull(): User? =
    withTimeoutOrNull(5000) {
        fetchUser()
    }

suspend fun main(): Unit = coroutineScope {
    val user = getUserOrNull()
    println("User: $user")
}
// (5초 후)
// User: null
```

코루틴 스코프 함수 연결하기

서로 다른 코루틴 스코프 함수의 두 가지 기능이 모두 필요하다면 코루틴 스코프 함수에서 다른 기능을 가지는 코루틴 스코프 함수를 호출해야 합니다. 타임아웃과 디스패처 둘 모두를 설정하면 withContext 내부에서 withTimeoutOrNull을 사용할 수 있습니다.

```
suspend fun calculateAnswerOrNull(): User? =
    withContext(Dispatchers.Default) {
        withTimeoutOrNull(1000) {
            calculateAnswer()
        }
    }
```

추가적인 연산

작업을 수행하는 도중에 추가적인 연산을 수행하는 경우를 살펴봅시다. 예를 들면 사용자 프로필을 보여 준 다음, 분석을 위한 목적으로 요청을 보내고 싶을 수 있습니다. 동일한 스코프에서 launch를 호출하는 방법이 자주 사용됩니다.

```
class ShowUserDataUseCase(
    private val repo: UserDataRepository,
    private val view: UserDataView,
) {
```

```
    suspend fun showUserData() = coroutineScope {
        val name = async { repo.getName() }
        val friends = async { repo.getFriends() }
        val profile = async { repo.getProfile() }
        val user = User(
            name = name.await(),
            friends = friends.await(),
            profile = profile.await()
        )
        view.show(user)
        launch { repo.notifyProfileShown() }
    }
}
```

하지만 이 방식에 는 문제가 몇 가지 있습니다. 먼저 coroutineScope가 사용자 데이터를 보여 준 뒤 launch로 시작된 코루틴이 끝나기를 기다려야 하므로 launch에서 함수의 목적과 관련된 유의미한 작업을 한다고 보기는 어렵습니다. 뷰를 업데이트할 때 프로그레스 바를 보여 주고 있다면 notifyProfileShown이 끝날 때까지 기다려야 합니다. 이 방식은 추가적인 연산을 처리하는 방식으로 적절하지는 않습니다.

```
fun onCreate() {
    viewModelScope.launch {
        _progressBar.value = true
        showUserData()
        _progressBar.value = false
    }
}
```

두 번째 문제는 취소입니다. 코루틴은 (기본적으로) 예외가 발생했을 때 다른 연산을 취소하게 설계되어 있습니다. 필수적인 연산을 수행할 때 취소는 아주 유용합니다. getProfile에서 예외가 발생하면 getName과 getFriends 또한 응답이 쓸모가 없어지기 때문에 취소가 되어야 합니다. 하지만 분석을 위한 호출이 실패했다고 해서 전체 과정이 취소가 되는 건 말도 안 되는 일입니다.

그렇다면 어떻게 해야 할까요? 핵심 동작에 영향을 주지 않는 추가적인 연산이 있을 경우 또 다른 스코프에서 시작하는 편이 낫습니다. 쉬운 방법은 추가적인 연산을 위한 스코프를 만드는 것입니다. 이번 예제에서는 analyticsScope를 만듭니다.

```
val analyticsScope = CoroutineScope(SupervisorJob())
```

생성자를 통해 주입하면 유닛 테스트를 추가할 수도 있고, 스코프를 사용하는 데도 편리합니다.

```
class ShowUserDataUseCase(
    private val repo: UserDataRepository,
    private val view: UserDataView,
    private val analyticsScope: CoroutineScope,
) {

    suspend fun showUserData() = coroutineScope {
        val name = async { repo.getName() }
        val friends = async { repo.getFriends() }
        val profile = async { repo.getProfile() }
        val user = User(
            name = name.await(),
            friends = friends.await(),
            profile = profile.await()
        )
        view.show(user)
        analyticsScope.launch { repo.notifyProfileShown() }
    }
}
```

주입된 스코프에서 추가적인 연산을 시작하는 건 자주 사용되는 방법입니다. 스코프를 전달하면 전달된 클래스를 통해 독립적인 작업을 실행한다는 것을 명확하게 알 수 있습니다. 따라서 중단 함수는 주입된 스코프에서 시작한 연산이 끝날 때까지 기다리지 않습니다. 스코프가 전달되지 않으면 중단 함수는 모든 연산이 완료될 때까지 종료되지 않을 거라는 걸 예상할 수 있습니다.

요약

코루틴 스코프 함수는 모든 중단 함수에서 사용될 수 있으므로 아주 유용합니다. 코루틴 스코프 함수는 람다식 전체를 래핑할 때 주로 사용됩니다. 스코프로 함수를 호출하는 부분을 래핑하여 사용하는 경우(특히 withContext)가 대부분이라 간단해 보이지만, 코루틴 스코프 함수의 기능에 대해선 확실하게 알고 넘어가야 합니다. 코루틴 스코프 함수는 코틀린 코루틴 생태계의 중요한 요소 중 하나입니다. 이 책의 다른 장에서도 코루틴 스코프 함수를 어떻게 사용하는지 확인할 수 있습니다.

12장

Kotlin Coroutines

디스패처

코틀린 코루틴 라이브러리가 제공하는 중요한 기능은 코루틴이 실행되어야(시작하거나 재개하는 등) 할 스레드(또는 스레드 풀)를 결정할 수 있다는 것입니다. 디스패처를 이용해 이러한 기능을 사용할 수 있습니다.

영어 사전에서 디스패처는 '사람이나 차량, 특히 긴급 차량을 필요한 곳에 보내는 것을 담당하는 사람'이라 정의되어 있습니다. 코틀린 코루틴에서 코루틴이 어떤 스레드에서 실행될지 정하는 것은 `CoroutineContext`입니다.

코틀린 코루틴에서 디스패처는 RxJava의 스케줄러(RxJava Schedulers)와 비슷한 개념입니다.

기본 디스패처

디스패처를 설정하지 않으면 기본적으로 설정되는 디스패처는 CPU 집약적인 연산을 수행하도록 설계된 `Dispatchers.Default`입니다. 이 디스패처는 코드가 실행되는 컴퓨터의 CPU 개수와 동일한 수(최소 두 개 이상)의 스레드 풀을 가지고 있습니다. 스레드를 효율적으로 사용하고 있다고 가정하면 (예를 들면 CPU 집약적인 연산을 수행하며 블로킹이 일어나지 않는 환경) 이론적으로는 최적의 스레드 수라고 할 수 있습니다.

디스패처를 실제로 보기 위해 다음 코드를 실행해 봅시다.

```
suspend fun main() = coroutineScope {
    repeat(1000) {
        launch { // 또는 launch(Dispatchers.Default) {
            // 바쁘게 만들기 위해 실행합니다.
            List(1000) { Random.nextLong() }.maxOrNull()

            val threadName = Thread.currentThread().name
            println("Running on thread: $threadName")
        }
    }
}
```

필자의 컴퓨터(12개의 CPU를 가지고 있으므로 풀의 스레드 수는 12개입니다)에서 예제를 실행한 결과는 다음과 같습니다.

```
Running on thread: DefaultDispatcher-worker-1
Running on thread: DefaultDispatcher-worker-5
Running on thread: DefaultDispatcher-worker-7
Running on thread: DefaultDispatcher-worker-6
Running on thread: DefaultDispatcher-worker-11
Running on thread: DefaultDispatcher-worker-2
Running on thread: DefaultDispatcher-worker-10
Running on thread: DefaultDispatcher-worker-4
...
```

runBlocking은 디스패처가 설정되어 있지 않으면 자신만의 디스패처를 사용하기 때문에 Dispatchers.Default가 자동으로 선택되지 않습니다. 위 예제에서 coroutineScope 대신에 runBlocking을 사용하면 모든 코루틴은 'main'에서 실행이 됩니다.

기본 디스패처를 제한하기

비용이 많이 드는 작업이 Dispatchers.Default의 스레드를 다 써버려서 같은 디스패처를 사용하는 다른 코루틴이 실행될 기회를 제한하고 있다고 의심하는 상황을 떠올려 봅시다. 이런 상황을 마주쳤을 때 Dispatchers.Default의 limitedParallelism을 사용하면 디스패처가 같은 스레드 풀을 사용하지만 같은 시간에 특정 수 이상의 스레드를 사용하지 못하도록 제한할 수 있습니다.

```
private val dispatcher = Dispatchers.Default
    .limitedParallelism(5)
```

디스패처의 스레드 수를 제한하는 방법은 Dispatchers.Default에만 사용되는 것은 아니기 때문에 limitedParallelism을 기억하고 있어야 합니다. 곧 소개할 Dispatchers.IO에서 limitedParallelism이 훨씬 더 중요하며 자주 사용되기 때문입니다.

 limitedParallelism은 kotlinx.coroutines 1.6 버전에서 도입되었습니다.

메인 디스패처

일반적으로 안드로이드를 포함한 애플리케이션 프레임워크는 가장 중요한 스레드인 메인 또는 UI 스레드 개념을 가지고 있습니다. 안드로이드에서 메인 스레드는 UI와 상호작용하는 데 사용하는 유일한 스레드입니다. 메인 스레드는 자주 사용되어야 하지만 아주 조심스럽게 다뤄야 합니다. 메인 스레드가 블로킹되면 전체 애플리케이션이 멈춰 버립니다. 메인 스레드에서 코루틴을 실행하려면 Dispatchers.Main을 사용하면 됩니다.

Dispatchers.Main은 kotlinx-coroutines-android 아티팩트를 사용하면 안드로이드에서 사용할 수 있습니다. JavaFX에서는 kotlinx-coroutines-javafx를, Swing에서는 kotlinx-coroutines-swing을 사용하면 됩니다. 메인 디스패처를 정의하는 의존성이 없다면 Dispatchers.Main을 사용할 수 없습니다.

프론트엔드 라이브러리는 단위 테스트에서 사용되는 경우가 많지 않기 때문에 Dispatchers.Main이 정의되어 있지 않습니다. 메인 디스패처를 사용하고 싶다면 kotlinx-coroutines-test에서 Dispatchers.setMain(dispatcher)로 디스패처를 설정해야 합니다.

```
class SomeTest {

    private val dispatcher = Executors
        .newSingleThreadExecutor()
        .asCoroutineDispatcher()

    @Before
    fun setup() {
        Dispatchers.setMain(dispatcher)
    }
```

```
    @After
    fun tearDown() {
        // 메인 디스패처를
        // 원래의 Main 디스패처로 되돌립니다.
        Dispatchers.resetMain()
        dispatcher.close()
    }

    @Test
    fun testSomeUI() = runBlocking {
        launch(Dispatchers.Main) {
            // ...
        }
    }
}
```

안드로이드에서는 기본 디스패처로 메인 디스패처를 주로 사용합니다. 블로킹 대신 중단하는 라이브러리를 사용하고 복잡한 연산을 하지 않는다면 `Disptatchers.Main`만으로 충분합니다. CPU에 집약적인 작업을 수행한다면 `Dispatchers.Default`로 실행해야 합니다. 대부분의 애플리케이션에서는 두 개의 디스패처만 있어도 충분하지만 스레드를 블로킹해야 하는 경우 어떻게 해야 할까요? 예를 들어 시간이 오래 걸리는 I/O 작업(용량이 큰 파일을 읽는 등)이나 블로킹 함수가 있는 라이브러리가 필요할 때가 있습니다. 애플리케이션을 멈추게 할 수는 없기 때문에 메인 스레드를 블로킹할 수는 없습니다. 기본 디스패처를 블로킹하면 스레드 풀에 있는 모든 스레드를 블로킹해서 아무런 연산도 수행할 수 없는 상황이 벌어질 수 있습니다. `Dispatchers.IO`는 이런 상황에서 필요한 디스패처입니다.

IO 디스패처

`Dispatchers.IO`는 파일을 읽고 쓰는 경우, 안드로이드의 셰어드 프레퍼런스(shared preference)를 사용하는 경우, 블로킹 함수를 호출하는 경우처럼 I/O 연산으로 스레드를 블로킹할 때 사용하기 위해 설계되었습니다. 다음 코드는 `Dispatchers.IO`가 같은 시간에 50개가 넘는 스레드를 사용할 수 있도록 만들어졌기 때문에 1초밖에 걸리지 않습니다.

```
suspend fun main() {
    val time = measureTimeMillis {
        coroutineScope {
            repeat(50) {
                launch(Dispatchers.IO) {
                    Thread.sleep(1000)
                }
            }
        }
    }
    println(time) // ~1000
}
```

왜 1초밖에 걸리지 않았을까요? 스레드가 무한한 풀을 생각해 봅시다. 처음에는 풀이 비어 있지만 더 많은 스레드가 필요해지면 스레드가 생성되고 작업이 끝날 때까지 활성화된 상태로 유지됩니다. 이러한 스레드 풀이 존재하더라도 직접 사용하는 건 안전하다고 볼 수 없습니다. 활성화된 스레드가 너무 많다면 성능이 점점 떨어지게 되고 결국에는 메모리 부족 에러가 일어날 것입니다. 따라서 같은 시간에 사용할 수 있는 스레드 수를 제한한 디스패처가 필요합니다. `Dispatchers.Default`는 프로세서가 가지고 있는 코어 수로 제한이 됩니다. `Dispatchers.IO`는 64개(또는 더 많은 코어가 있다면 해당 코어의 수)로 제한이 됩니다.

```
suspend fun main() = coroutineScope {
    repeat(1000) {
        launch(Dispatchers.IO) {
            Thread.sleep(200)

            val threadName = Thread.currentThread().name
            println("Running on thread: $threadName")
        }
    }
}
// Running on thread: DefaultDispatcher-worker-1
// ...
// Running on thread: DefaultDispatcher-worker-53
// Running on thread: DefaultDispatcher-worker-14
```

앞서 살펴봤듯이 `Dispatchers.Default`와 `Dispatchers.IO`는 같은 스레드 풀을

공유합니다. 이는 최적화 측면에서 중요한 사실입니다. 스레드는 재사용되고 다시 배분될 필요가 없습니다. Dispatchers.Default로 실행하는 도중에 withContext(Dispatchers.IO) { ... }까지 도달한 경우를 예로 들어 보겠습니다. 대부분은 같은 스레드로 실행이 되지만[1] 스레드 수가 Dispatchers.Default의 한도가 아닌 Dispatchers.IO의 한도로 적용이 됩니다. 스레드의 한도는 독립적이기 때문에 다른 디스패처의 스레드를 고갈시키는 경우는 없습니다.

```
suspend fun main(): Unit = coroutineScope {
    launch(Dispatchers.Default) {
        println(Thread.currentThread().name)
        withContext(Dispatchers.IO) {
            println(Thread.currentThread().name)
        }
    }
}
// DefaultDispatcher-worker-2
// DefaultDispatcher-worker-2
```

좀더 자세히 살펴보기 위해 Dispatchers.Default와 Dispatchers.IO 둘 모두를 최대치로 사용하는 경우를 생각해 봅시다. 이렇게 할 경우 활성화된 스레드의 수는 스레드 한도 전부를 합친 것과 같습니다. Dispatchers.IO에서 64개의 스레드까지 사용할 수 있고, 8개의 코어를 가지고 있다면 공유 스레드 풀에서 활성화된 스레드는 72개일 것입니다. 스레드 재활용적인 측면에서 효율적이라 할 수 있으며, 디스패처의 스레드 수는 각각 별개로 설정됩니다.

Dispatchers.IO를 사용하는 가장 흔한 경우는 라이브러리에서 블로킹 함수를 호출해야 하는 경우입니다. 이런 경우 withContext(Dispatchers.IO)로 래핑해 중단 함수로 만드는 것이 가장 좋습니다. 이렇게 만들어진 함수는 다른 중단 함수와 다르지 않기 때문에 간단하게 사용할 수 있습니다.

```
class DiscUserRepository(
    private val discReader: DiscReader
) : UserRepository {
    override suspend fun getUser(): UserData =
        withContext(Dispatchers.IO) {
```

1 항상 이러한 예측 그대로 작동하지는 않습니다.

```
            UserData(discReader.read("userName"))
        }
}
```

withContext(Dispatchers.IO)로 래핑한 함수가 너무 많은 스레드를 블로킹하면 문제가 될 수 있습니다. Dispatchers.IO의 스레드는 64개로 제한됩니다. 이보다 훨씬 많은 수의 스레드를 블로킹하는 서비스는 자기 차례가 돌아올 때까지 스레드 전부를 기다리게 만듭니다. 이런 경우 limitedParallelism을 활용할 수 있습니다.

커스텀 스레드 풀을 사용하는 IO 디스패처

Dispatchers.IO에는 limitedParallelism 함수를 위해 정의된 특별한 작동 방식이 있습니다. limitedParallelism 함수는 독립적인 스레드 풀을 가진 새로운 디스패처를 만듭니다. 이렇게 만들어진 풀은 우리가 원하는 만큼 많은 수의 스레드 수를 설정할 수 있으므로 스레드 수가 64개로 제한되지 않습니다.

100개의 코루틴이 각각 스레드를 1초씩 블로킹하는 경우를 생각해 봅시다. 이러한 코루틴을 Dispatchers.IO에서 실행하면 2초가 걸립니다. 동일한 동작을 limitedParallelism으로 100개의 스레드를 사용하는 Dispatchers.IO에서 실행하면 1초가 걸립니다. 디스패처의 한도는 서로 무관하기 때문에 디스패처의 실행 시간을 동시에 측정할 수 있습니다.

```
suspend fun main(): Unit = coroutineScope {
    launch {
        printCoroutinesTime(Dispatchers.IO)
        // Dispatchers.IO took: 2074
    }

    launch {
        val dispatcher = Dispatchers.IO
            .limitedParallelism(100)
        printCoroutinesTime(dispatcher)
        // LimitedDispatcher@XXX took: 1082
    }
}
```

```
suspend fun printCoroutinesTime(
    dispatcher: CoroutineDispatcher
) {
    val test = measureTimeMillis {
        coroutineScope {
            repeat(100) {
                launch(dispatcher) {
                    Thread.sleep(1000)
                }
            }
        }
    }
    println("$dispatcher took: $test")
}
```

limitedParallism을 다음과 같은 방식으로 생각할 수 있습니다.

```
// 개수 제한이 없는 스레드 풀을 사용하는 디스패처
private val pool = ...

Dispatchers.IO = pool.limitedParallelism(64)
Dispatchers.IO.limitedParallelism(x) =
   pool.limitedParallelism(x)
```

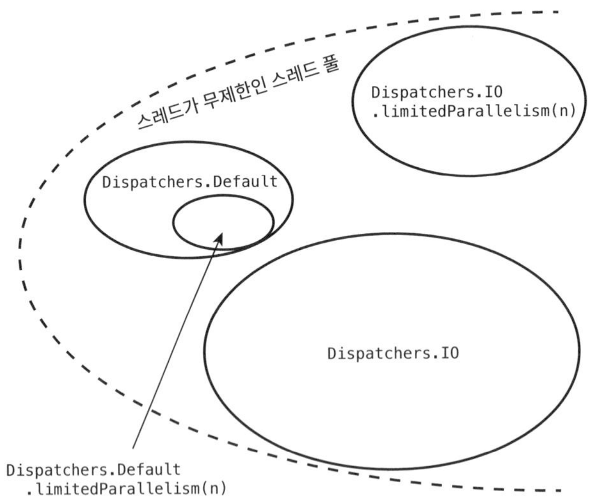

Dispatchers.Default의 limitedParallelism은 디스패처에 스레드 수 제한을 추가합니다. Dispatchers.IO의 limitedParallelism은 Dispatchers.IO와 독립적인 디스패처를 만듭니다. 하지만 모든 디스패처는 스레드가 무제한인 스레드 풀을 함께 공유합니다.

limitedParallism을 가장 잘 활용하는 방법은 스레드를 블로킹하는 경우가 잦은 클래스에서 자기만의 한도를 가진 커스텀 디스패처를 정의하는 것입니다. 한도는 얼마나 크게 정하는 것이 좋을까요? 정해진 답은 없습니다. 너무 많은 스레드는 자원을 비효율적으로 사용합니다. 하지만 스레드 수가 적다면 사용 가능한 스레드를 기다리게 되므로 성능상 좋지 않습니다. 가장 중요한 건 이때 사용하는 스레드 한도가 Dispatchers.IO를 비롯한 다른 디스패처와 무관하다는 사실입니다. 따라서 한 서비스가 다른 서비스를 블로킹하는 경우는 없습니다.

```
class DiscUserRepository(
    private val discReader: DiscReader
) : UserRepository {
    private val dispatcher = Dispatchers.IO
        .limitParallelism(5)

    override suspend fun getUser(): UserData =
        withContext(dispatcher) {
            UserData(discReader.read("userName"))
        }
}
```

정해진 수의 스레드 풀을 가진 디스패처

몇몇 개발자들은 자신들이 사용하는 스레드 풀을 직접 관리하기를 원하며, 자바는 이를 지원하기 위한 강력한 API를 제공합니다. 예를 들면 Executors 클래스를 스레드의 수가 정해져 있는 스레드 풀이나 캐싱된 스레드 풀을 만들 수 있습니다. 이렇게 만들어진 스레드 풀은 ExecutorService나 Executor 인터페이스를 구현하며, asCoroutineDispatcher 함수를 이용해 디스패처로 변형하는 것도 가능합니다.

```
val NUMBER_OF_THREADS = 20
val dispatcher = Executors
    .newFixedThreadPool(NUMBER_OF_THREADS)
    .asCoroutineDispatcher()
```

limitedParallelism은 kotlinx-coroutines 버전 1.6에서 소개되었으며, 이전 버전에서는 Executors 클래스를 이용해 독립적인 스레드 풀을 가진 디스패처를 만들었습니다.

ExecutorService.asCoroutineDispatcher()로 만들어진 디스패처의 가장 큰 문제점은 close 함수로 닫혀야 한다는 것입니다. 개발자들이 종종 이를 깜박하여 스레드 누수를 일으키는 경우가 있습니다. 또 다른 문제는 정해진 수의 스레드 풀을 만들면 스레드를 효율적으로 사용하지 않는다는 것입니다. 사용하지 않는 스레드가 다른 서비스와 공유되지 않고 살아있는 상태로 유지되기 때문입니다.

싱글스레드로 제한된 디스패처

다수의 스레드를 사용하는 모든 디스패처에서는 공유 상태로 인한 문제를 생각해야 합니다. 다음 예제에서 10,000개의 코루틴이 i를 1씩 증가시키는 상황을 봅시다. 값은 10,000이 되어야 하지만 실제로는 이것보다 작은 값을 갖게 됩니다. 동일 시간에 다수의 스레드가 공유 상태(i 프로퍼티)를 변경했기 때문입니다.

```
var i = 0

suspend fun main(): Unit = coroutineScope {
    repeat(10_000) {
        launch(Dispatchers.IO) { // 또는 Default 디스패처
            i++
        }
    }
    delay(1000)
    println(i) // ~9930
}
```

이런 문제를 해결하는 다양한 방법이 있으며(대부분은 14장 '공유 상태로 인한 문제'에서 설명합니다), 싱글스레드를 가진 디스패처를 사용하는 방법이 그중 하나입니다. 싱글스레드를 사용하면 동기화를 위한 조치가 더 이상 필요하지 않습니다. Executors를 사용하여 싱글스레드 디스패처를 만드는 방법이 대표적입니다.

```
val dispatcher = Executors.newSingleThreadExecutor()
    .asCoroutineDispatcher()

// 이전 방식은 다음과 같습니다.
// val dispatcher = newSingleThreadContext("My name")
```

하지만 디스패처가 스레드 하나를 액티브한 상태로 유지하고 있으며, 더 이상 사용되지 않을 때는 스레드를 반드시 닫아야 한다는 문제점이 있습니다. 최근에는 `Dispatchers.Default`나 (스레드를 블로킹한다면) 병렬 처리를 1로 제한한 `Dispatchers.IO`를 주로 사용합니다.

```
var i = 0

suspend fun main(): Unit = coroutineScope {
    val dispatcher = Dispatchers.Default
        .limitedParallelism(1)

    repeat(10000) {
        launch(dispatcher) {
            i++
        }
    }
    delay(1000)
    println(i) // 10000
}
```

단 하나의 스레드만 가지고 있기 때문에 이 스레드가 블로킹되면 작업이 순차적으로 처리되는 것이 가장 큰 단점입니다.

```
suspend fun main(): Unit = coroutineScope {
    val dispatcher = Dispatchers.Default
        .limitedParallelism(1)

    val job = Job()
    repeat(5) {
        launch(dispatcher + job) {
            Thread.sleep(1000)
        }
    }
    job.complete()
    val time = measureTimeMillis { job.join() }
    println("Took $time") // 5006ms가 걸립니다.
}
```

프로젝트 룸의 가상 스레드 사용하기

JVM 플랫폼은 프로젝트 룸(Project Loom)이라는 새로운 기술을 발표했습니다. 프로젝트 룸의 가장 혁신적인 특징은 일반적인 스레드보다 훨씬 가벼운 **가상 스레드**를 도입했다는 점입니다. 일반적인 스레드를 블로킹하는 것보다 가상 스레드를 블로킹하는 것이 비용이 훨씬 적게 듭니다.

> 조심하세요! 프로젝트 룸은 시작한 지 얼마 되지 않은 프로젝트이며, 안정화될 때까지 엔터프라이즈 애플리케이션(enterprise application)에서 사용하는 걸 추천하지 않습니다.

코틀린 코루틴을 알고 있는 개발자들은 프로젝트 룸을 사용할 필요가 별로 없습니다. 코틀린 코루틴은 취소를 쉽게 할 수 있으며, 테스트에서 가상 시간을 쓰는 등의 훨씬 더 놀라운 기능을 갖추고 있습니다.[2] 프로젝트 룸이 정말로 유용한 경우는 스레드를 블로킹할 수밖에 없는 `Dispatchers.IO` 대신 가상 스레드를 사용할 때입니다.[3]

프로젝트 룸을 사용하려면 19 버전 이상의 JVM을 사용해야 하며, `--enable-preview` 플래그를 사용해 정식 출시 전의 기능을 허용해야 합니다. `Executors`의 `newVirtualThreadPerTaskExecutor`로 익스큐터(executor)를 생성한 후, 코루틴 디스패처로 변환할 수 있습니다.

```
val LoomDispatcher = Executors
    .newVirtualThreadPerTaskExecutor()
    .asCoroutineDispatcher()
```

`ExecutorCoroutineDispatcher`를 구현하는 객체를 만들 수도 있습니다.

```
object LoomDispatcher : ExecutorCoroutineDispatcher() {

    override val executor: Executor = Executor { command ->
        Thread.startVirtualThread(command)
```

2 15장 '코틀린 코루틴 테스트하기'에서 살펴볼 것입니다.
3 얀 블라디미르 모스테르트(Jan Vladimir Mostert)가 쓴 글 '프로젝트 룸의 가상 스레드로 코틀린 코루틴 실행하기(Running Kotlin coroutines on Project Loom's virtual threads)'에서 영감을 얻었습니다.

```
    }

    override fun dispatch(
        context: CoroutineContext,
        block: Runnable
    ) {
        executor.execute(block)
    }

    override fun close() {
        error("Cannot be invoked on Dispatchers.LOOM")
    }
}
```

ExecutorCoroutineDispatcher를 구현한 디스패처를 다른 디스패처와 비슷하게 사용하려면 Dispatchers 객체의 확장 프로퍼티를 정의해야 합니다. 룸 디스패처를 찾는 것 또한 쉬워집니다.

```
val Dispatchers.Loom: CoroutineDispatcher
    get() = LoomDispatcher
```

이제 새롭게 만든 디스패처가 실제로 더 나은지 테스트해야 합니다. 프로젝트 룸에 따르면 스레드를 블로킹했을 때, 다른 디스패처보다 메모리의 사용량도 적고 프로세서 처리 시간도 적을 것입니다. 정확한 측정을 위한 실험도 수행할 수 있고, 누구나 차이점을 볼 수 있는 극단적인 예시를 만들 수도 있습니다. 이 책에서는 선택지로 후자를 택하겠습니다. 각각의 코루틴이 1초 동안 블로킹되는 100,000개의 코루틴을 시작합니다. 무언가를 출력하거나 값을 증가시키는 등의 작업을 수행하게 할 수도 있지만, 결과에 큰 차이는 없을 것입니다. Dispatchers.Loom에서 수행한 결과, 2초보다 약간 더 걸렸습니다.

```
suspend fun main() = measureTimeMillis {
    coroutineScope {
        repeat(100_000) {
            launch(Dispatchers.Loom) {
                Thread.sleep(1000)
            }
        }
    }
}.let(::println) // 2 273
```

다른 디스패처와 비교를 해 봅시다. 기본 Dispatchers.IO는 64개의 스레드로 제한되어 있기 때문에 26분이 넘게 걸릴 거라고 생각되므로 그대로 비교하는 건 공평하지 않아 보입니다. 스레드 제한을 코루틴의 수만큼 증가시켜야 합니다. 이런 조건으로 테스트를 수행했을 때, 코드 실행이 완료되는 데 걸린 시간은 23초로, 룸 디스패처보다 10배나 더 걸렸습니다.

```
suspend fun main() = measureTimeMillis {
    val dispatcher = Dispatchers.IO
        .limitedParallelism(100_000)
    coroutineScope {
        repeat(100_000) {
            launch(dispatcher) {
                Thread.sleep(1000)
            }
        }
    }
}.let(::println) // 23 803
```

현재는 프로젝트 룸이 아직 시작 단계라 실제로 사용하기엔 어렵지만, 필자는 Dispatchers.IO를 대체할 수 있는 경쟁자라고 생각합니다. 하지만 코틀린 코루틴 팀이 프로젝트 룸이 안정화되면 가상 스레드를 기본으로 사용할 수 있다고 했기 때문에 나중에는 룸 디스패처가 필요하지 않을 수도 있습니다. 이런 날이 곧 오기를 고대합니다.

제한받지 않는 디스패처

마지막으로 생각해 봐야 할 디스패처는 Dispatchers.Unconfined입니다. 이 디스패처는 스레드를 바꾸지 않는다는 점에서 이전 디스패처들과 다릅니다. 제한받지 않는 디스패처가 시작되면 시작한 스레드에서 실행이 됩니다. 재개되었을 때는 재개한 스레드에서 실행이 됩니다.

```
suspend fun main(): Unit =
    withContext(newSingleThreadContext("Thread1")) {
        var continuation: Continuation<Unit>? = null

        launch(newSingleThreadContext("Thread2")) {
```

```
        delay(1000)
        continuation?.resume(Unit)
    }

    launch(Dispatchers.Unconfined) {
        println(Thread.currentThread().name) // Thread1

        suspendCancellableCoroutine<Unit> {
            continuation = it
        }

        println(Thread.currentThread().name) // Thread2

        delay(1000)

        println(Thread.currentThread().name)
        // kotlinx.coroutines.DefaultExecutor
        // (delay가 사용한 스레드입니다.)
    }
}
```

제한받지 않는 디스패처는 단위 테스트할 때 유용합니다. launch를 호출하는 함수를 테스트해야 된다고 생각해 봅시다. 시간을 동기화하는 건 쉽지 않습니다. 이런 경우 Dispatchers.Unconfined로 다른 디스패처를 대체하여 사용할 수 있습니다. 모든 스코프에서 제한받지 않는 디스패처를 사용하면 모든 작업이 같은 스레드에서 실행되기 때문에 연산의 순서를 훨씬 쉽게 통제할 수 있습니다. 하지만 kotlinx-coroutines-test의 runTest를 사용하면 이런 방법은 필요하지 않습니다. runTest에 대해서는 이후에 살펴보도록 하겠습니다.

성능적인 측면에서 보면 스레드 스위칭을 일으키지 않는다는 점에서 제한받지 않는 디스패처의 비용이 가장 저렴합니다. 실행되는 스레드에 대해 전혀 신경 쓰지 않아도 된다면 제한받지 않는 디스패처를 선택해도 됩니다. 하지만 현업에서 제한받지 않는 디스패처를 사용하는 건 무모하다고 볼 수 있습니다. 블로킹 호출을 하는데도 실수로 Main 스레드에서 실행한다면 어떻게 될까요? 전체 애플리케이션이 블로킹되는 참사가 발생하게 됩니다.

메인 디스패처로 즉시 옮기기

코루틴을 배정하는 것에도 비용이 듭니다. withContext가 호출되면 코루틴은 중단되고 큐에서 기다리다가 재개됩니다. 스레드에서 이미 실행되고 있는 코루틴을 다시 배정하면 작지만 필요 없는 비용이 든다고 할 수 있습니다. 다음 함수를 봅시다.

```
suspend fun showUser(user: User) =
    withContext(Dispatchers.Main) {
        userNameElement.text = user.name
        // ...
    }
```

위 함수가 이미 메인 디스패처에서 호출이 되었다면 다시 배정하는 데 쓸데없는 비용이 발생했을 것입니다. 게다가 메인 스레드를 기다리는 큐가 쌓여있었다면 withContext 때문에 사용자 데이터는 약간의 지연이 있은 뒤에 보여지게 됩니다(실행되고 있던 코루틴이 작업을 다시 하기 전에 다른 코루틴을 기다려야 합니다). 이런 경우를 방지하기 위해 반드시 필요할 경우에만 배정을 하는 Dispatchers.Main.immediate가 있습니다. 메인 스레드에서 다음 함수를 호출하면 스레드 배정 없이 즉시 실행됩니다.

```
suspend fun showUser(user: User) =
    withContext(Dispatchers.Main.immediate) {
        userNameElement.text = user.name
        // ...
    }
```

위 함수가 이미 메인 디스패처에서 호출이 되었다면 withContext의 인자로 Dispatchers.Main.immediate를 쓰는 것이 더 좋습니다. 메인 디스패처 외의 다른 디스패처에서는 즉시 배정하는 옵션을 현재 지원하지 않고 있습니다.

컨티뉴에이션 인터셉터

디스패칭은 코틀린 언어에서 지원하는 컨티뉴에이션 인터셉션을 기반으로 작동하고 있습니다. ContinuationInterceptor라는 코루틴 컨텍스트는 코루틴이 중단되었을 때 interceptContiunation 메서드로 컨티뉴에이션 객체를 수정하고 포장합니다.[4] releaseInterceptedContinuation 메서드는 컨티뉴에이션이 종료되었을 때 호출됩니다.

```
public interface ContinuationInterceptor :
    CoroutineContext.Element {

    companion object Key :
        CoroutineContext.Key<ContinuationInterceptor>

    fun <T> interceptContinuation(
        continuation: Continuation<T>
    ): Continuation<T>

    fun releaseInterceptedContinuation(
        continuation: Continuation<*>
    ) {
    }

    // ...
}
```

컨티뉴에이션 객체를 래핑할 수 있다는 것은 다양한 방법으로 제어할 수 있다는 걸 의미합니다. 디스패처는 특정 스레드 풀에서 실행되는 DispatchedContinuation으로 컨티뉴에이션 객체를 래핑하기 위해 interceptContinuation을 사용합니다. DispatchedContinuation은 디스패처가 작동하는 핵심 요소입니다.

문제는 kotlinx-coroutines-test의 runTest와 같은 테스트 라이브러리에서도 똑같은 컨텍스트를 사용하고 있다는 것입니다. 컨텍스트의 각 원소는 고유한 키를 가져야 합니다. 따라서 일부 단위 테스트에서는 디스패처를 주입해 기존 디스패처를 테스트 디스패처로 대체해야 합니다. 15장 '코틀린 코루틴 테스트하기'에서 이 주제에 대해 다시 이야기하겠습니다.

```
class DiscUserRepository(
    private val discReader: DiscReader,
```

4 캐싱이 작동하기 때문에 컨티뉴에이션당 한 번만 래핑을 하면 됩니다.

```
    private val dispatcher: CoroutineContext = Dispatchers.IO,
) : UserRepository {
    override suspend fun getUser(): UserData =
        withContext(dispatcher) {
            UserData(discReader.read("userName"))
        }
}

class UserReaderTests {

    @Test
    fun `some test`() = runTest {
        // 테스트 준비 과정
        val discReader = FakeDiscReader()
        val repo = DiscUserRepository(
            discReader,
            // 테스트를 수행할 코루틴 중 하나
            this.coroutineContext[ContinuationInterceptor]!!
        )
        // ...
    }
}
```

작업의 종류에 따른 각 디스패처의 성능 비교

작업의 종류에 따라 각 디스패처의 성능을 비교하기 위해 벤치마크 테스트를 수행했습니다. 각 디스패처를 비교하기 위해 같은 작업을 수행하는 100개의 독립적인 코루틴을 실행합니다. 표에서 열이 다를 경우 다른 작업을 나타내는데, 순서대로 1초 동안 중단하는 작업, 1초 동안 블로킹하는 작업, CPU 집약적인 연산 또는 메모리 집약적인 연산(대부분의 시간이 메모리에 접근하고 할당받으며 해제하는 데 사용되는 작업)입니다. 표의 행은 코루틴을 실행하는 데 사용되는 디스패처의 종류를 나타냅니다. 다음 표는 평균 실행 시간을 밀리초

	중단	블로킹	CPU 집약적인 연산	메모리 집약적인 연산
싱글스레드	1,002	100,003	39,103	94,358
디폴트 디스패처(스레드 8개)	1,002	13,003	8,473	21,461
IO 디스패처(스레드 64개)	1,002	2,003	9,893	20,776
스레드 100개	1,002	1,003	16,379	21,004

(millisecond) 단위로 나타낸 것입니다.

주목할 만한 중요한 사항은 다음과 같습니다.

1. 단지 중단할 경우에는 사용하고 있는 스레드 수가 얼마나 많은지는 문제가 되지 않습니다.
2. 블로킹할 경우에는 스레드 수가 많을수록 모든 코루틴이 종료되는 시간이 빨라집니다.
3. CPU 집약적인 연산에서는 `Dispatchers.Default`가 가장 좋은 선택지입니다.[5]
4. 메모리 집약적인 연산을 처리하고 있다면 더 많은 스레드를 사용하는 것이 좀더 낫습니다(하지만 그렇게 차이가 많이 나지는 않습니다).

테스트 함수는 다음과 같습니다.[6]

```
fun cpu(order: Order): Coffee {
    var i = Int.MAX_VALUE
    while (i > 0) {
        i -= if (i % 2 == 0) 1 else 2
    }
    return Coffee(order.copy(customer = order.customer + i))
}

fun memory(order: Order): Coffee {
    val list = List(1_000) { it }
    val list2 = List(1_000) { list }
    val list3 = List(1_000) { list2 }
    return Coffee(
        order.copy(
            customer = order.customer + list3.hashCode()
        )
    )
}
```

5 스레드를 더 많이 사용할수록 프로세서는 스레드 사이를 스위칭하는 데 쓰는 시간이 더 늘어나 의미 있는 연산을 하는 시간은 줄어들기 때문입니다. `Dispatchers.IO` 또한 CPU 집약적인 연산에서 사용하면 안 되는데, 블로킹 연산을 처리하기 위한 용도로 사용되기 때문에 다른 작업이 스레드 전체를 블로킹할 수 있습니다.

6 전체 코드는 *https://bit.ly/3vqMpYf*에서 찾아볼 수 있습니다.

```
fun blocking(order: Order): Coffee {
    Thread.sleep(1000)
    return Coffee(order)
}

suspend fun suspending(order: Order): Coffee {
    delay(1000)
    return Coffee(order)
}
```

요약

디스패처는 코루틴이 실행될 (시작하거나 재개되는) 스레드나 스레드 풀을 결정합니다. 가장 중요한 옵션은 다음과 같습니다.

- `Dispatchers.Default`는 CPU 집약적인 연산에 사용합니다.
- `Dispatchers.Main`은 Android, Swing, JavaFX에서 메인 스레드에 접근할 때 사용합니다.
- `Dispatchers.Main.immediate`는 `Dispatchers.Main`이 사용하는 스레드에서 실행되지만 꼭 필요할 때만 재배정됩니다.
- `Dispatchers.IO`는 블로킹 연산을 할 필요가 있을 때 사용합니다.
- 병렬 처리를 제한한 `Dispatchers.IO`나 특정 스레드 풀을 사용하는 커스텀 디스패처는 블로킹 호출 양이 아주 많을 때 사용합니다.
- 병렬 처리가 1로 제한된 `Dispatchers.Default`나 `Dispatchers.IO` 또는 싱글 스레드를 사용하는 커스텀 디스패처는 공유 상태 변경으로 인한 문제를 방지하기 위해 사용합니다.
- `Dispatchers.Unconfined`는 코루틴이 실행될 스레드에 대해서 신경 쓸 필요가 없을 때 사용합니다.

13장

K o t l i n C o r o u t i n e s

코루틴 스코프 만들기

이전 장들에서 스코프를 적절하게 만드는 방법에 대해 배웠습니다. 이번에는 스코프에 대해 배운 것들을 요약해 보고 일반적으로 사용하는 방법에 대해 알아보려고 합니다. 안드로이드와 백엔드 개발, 두 가지 대표적인 예를 통해 살펴보겠습니다.

CoroutineScope 팩토리 함수

CoroutineScope는 coroutineContext를 유일한 프로퍼티로 가지고 있는 인터페이스입니다.

```
interface CoroutineScope {
    val coroutineContext: CoroutineContext
}
```

CoroutpineScope 인터페이스를 구현한 클래스를 만들고 내부에서 코루틴 빌더를 직접 호출할 수 있습니다.

```
class SomeClass : CoroutineScope {
    override val coroutineContext: CoroutineContext = Job()

    fun onStart() {
        launch {
```

```
            // ...
        }
    }
}
```

하지만 이런 방법은 자주 사용되지 않습니다. 얼핏 보면 편리한 것 같지만, CoroutineScope를 구현한 클래스에서 cancel이나 ensureActive 같은 다른 CoroutineScope의 메서드를 직접 호출하면 문제가 발생할 수 있습니다. 갑자기 전체 스코프를 취소하면 코루틴이 더 이상 시작될 수 없습니다. 대신 코루틴 스코프 인스턴스를 프로퍼티로 가지고 있다가 코루틴 빌더를 호출할 때 사용하는 방법이 선호됩니다.

```
class SomeClass {
    val scope: CoroutineScope = ...

    fun onStart() {
        scope.launch {
            // ...
        }
    }
}
```

코루틴 스코프 객체를 만드는 가장 쉬운 방법은 CoroutineScope 팩토리 함수를 사용하는 것입니다.[1] 이 함수는 컨텍스트를 넘겨 받아 스코프를 만듭니다(잡이 컨텍스트에 없으면 구조화된 동시성을 위해 Job을 추가할 수도 있습니다).

```
public fun CoroutineScope(
    context: CoroutineContext
): CoroutineScope =
    ContextScope(
        if (context[Job] != null) context
        else context + Job()
    )

internal class ContextScope(
    context: CoroutineContext
) : CoroutineScope {
```

1 생성자처럼 보이는 함수는 **가짜 생성자**로 알려져 있습니다. 《이펙티브 코틀린》의 '아이템 33: 생성자 대신 팩토리 함수를 사용하라'에 설명되어 있습니다.

```
    override val coroutineContext: CoroutineContext = context
    override fun toString(): String =
        "CoroutineScope(coroutineContext=$coroutineContext)"
}
```

안드로이드에서 스코프 만들기

대부분의 안드로이드 애플리케이션에서는 MVC 모델을 기반으로 한 MVVM 이나 MVP 아키텍처가 사용되고 있습니다. 이러한 아키텍처에서는 사용자에게 보여 주는 부분을 ViewModels나 Presenters와 같은 객체로 추출합니다. 일반적으로 코루틴이 가장 먼저 시작되는 객체입니다. 유스 케이스(Use Case)나 저장소(Repository)와 같은 다른 계층에서는 보통 중단 함수를 사용합니다. 코루틴을 프래그먼트(Fragments)나 액티비티(Activities)에서 시작할 수도 있습니다. 안드로이드의 어떤 부분에서 코루틴을 시작하든지 간에 코루틴을 만드는 방법은 모두 비슷합니다. (사용자가 스크린을 열 때 호출하는) onCreate를 통해 MainViewModel이 데이터를 가져오는 경우를 예로 들어 보겠습니다. 특정 스코프에서 시작한 코루틴이 데이터를 가지고 오는 작업을 수행해야 합니다. BaseViewModel에서 스코프를 만들면, 모든 뷰 모델에서 쓰일 스코프를 단 한 번으로 정의합니다. 따라서 MainViewModel에서는 BaseViewModel의 scope 프로퍼티를 사용하기만 하면 됩니다.

```
abstract class BaseViewModel : ViewModel() {
    protected val scope = CoroutineScope(TODO())
}

class MainViewModel(
    private val userRepo: UserRepository,
    private val newsRepo: NewsRepository,
) : BaseViewModel {

    fun onCreate() {
        scope.launch {
            val user = userRepo.getUser()
            view.showUserData(user)
        }
        scope.launch {
            val news = newsRepo.getNews()
```

```
                .sortedByDescending { it.date }
            view.showNews(news)
        }
    }
}
```

이제 스코프에서 컨텍스트를 정의해 보겠습니다. 안드로이드에서는 메인 스레드가 많은 수의 함수를 호출해야 하므로 기본 디스패처를 Dispatchers.Main으로 정하는 것이 가장 좋습니다. 안드로이드의 기본 컨텍스트로 메인 디스패처를 사용하겠습니다.

```
abstract class BaseViewModel : ViewModel() {
    protected val scope = CoroutineScope(Dispatchers.Main)
}
```

다음으로 스코프를 취소 가능하게 만들어야 합니다. 일반적으로 사용자가 스크린을 나가면 onDestory 메서드(ViewModel에서는 onCleared)를 호출하면서 진행 중인 모든 작업을 취소합니다. 스코프를 취소 가능하게 하려면 Job이 필요합니다(실제로는 CoroutineScope 함수가 잡을 추가하므로 따로 추가하지 않아도 상관은 없지만 이런 방식이 좀더 명시적입니다). 이제 onCleared에서 스코프를 취소할 수 있습니다.

```
abstract class BaseViewModel : ViewModel() {
    protected val scope =
        CoroutineScope(Dispatchers.Main + Job())

    override fun onCleared() {
        scope.cancel()
    }
}
```

전체 스코프 대신 스코프가 가지고 있는 자식 코루틴만 취소하는 것이 더 좋은 방법입니다. 자식 코루틴만 취소하면 뷰 모델이 액티브한 상태로 유지되는 한, 같은 스코프에서 새로운 코루틴을 시작할 수 있습니다.

```
abstract class BaseViewModel : ViewModel() {
    protected val scope =
        CoroutineScope(Dispatchers.Main + Job())
```

```
    override fun onCleared() {
        scope.coroutineContext.cancelChildren()
    }
}
```

해당 스코프에서 시작된 각각의 코루틴이 독립적으로 작동해야 할 필요도 있습니다. Job을 사용하고 에러가 발생하여 자식 코루틴 하나가 취소된 경우 부모와 다른 자식 코루틴 모두가 함께 취소됩니다. 사용자 데이터를 가지고 올 때 예외가 발생하더라도 뉴스를 계속 볼 수 있도록 해야 합니다. 코루틴이 독립적으로 작동하려면 Job 대신 SupervisorJob을 사용해야 합니다.

```
abstract class BaseViewModel : ViewModel() {
    protected val scope =
        CoroutineScope(Dispatchers.Main + SupervisorJob())

    override fun onCleared() {
        scope.coroutineContext.cancelChildren()
    }
}
```

마지막으로 중요한 기능은 잡히지 않은 예외를 처리하는 기본적인 방법입니다. 안드로이드에서는 다양한 종류의 예외가 발생했을 경우 취해야 할 행동을 정의합니다. HTTP 호출로 401 Unauthorized를 받으면 로그인 창을 띄웁니다. 503 Service Unavailable의 경우에는 서버에 문제가 생겼다는 메시지를 보여줍니다. 응답의 종류에 따라 대화창, 스낵바, 또는 토스트를 보여 줍니다. BaseActivity에 예외 처리 핸들러를 한 번만 정의해 두고 (생성자를 통해) 뷰 모델에 전달하는 방법이 많이 사용됩니다. 잡히지 않은 예외가 있는 경우 CoroutineExceptionHandler를 사용해 해당 함수를 호출할 수 있습니다.

```
abstract class BaseViewModel(
    private val onError: (Throwable) -> Unit
) : ViewModel() {
    private val exceptionHandler =
        CoroutineExceptionHandler { _, throwable ->
            onError(throwable)
        }
```

```
    private val context =
        Dispatchers.Main + SupervisorJob() + exceptionHandler

    protected val scope = CoroutineScope(context)

    override fun onCleared() {
        context.cancelChildren()
    }
}
```

BaseActivity나 다른 뷰 요소에서 라이브 데이터 프로퍼티로 예외를 가지고 있는 것도 예외를 처리하는 또 다른 방법입니다.

```
abstract class BaseViewModel : ViewModel() {
    private val _failure: MutableLiveData<Throwable> =
        MutableLiveData()
    val failure: LiveData<Throwable> = _failure

    private val exceptionHandler =
        CoroutineExceptionHandler { _, throwable ->
            _failure.value = throwable
        }

    private val context =
        Dispatchers.Main + SupervisorJob() + exceptionHandler

    protected val scope = CoroutineScope(context)

    override fun onCleared() {
        context.cancelChildren()
    }
}
```

viewModelScope와 lifecycleScope

최근에는 안드로이드 애플리케이션에서 스코프를 따로 정의하는 대신에 viewModelScope(androidx.lifecycle:lifecycle-viewmodel-ktx 2.2.0 이상 버전이 필요) 또는 lifecycleScope(androidx.lifecycle:lifecycle-runtime-ktx 2.2.0 이상 버전이 필요)를 사용할 수 있습니다. Dispatchers.Main과 SupervisorJob을 사용하고, 뷰 모델이나 라이프사이클이 종료되었을 때 잡을 취소시킨다는

점에서 우리가 만들었던 스코프와 거의 동일하다고 볼 수 있습니다.

```
// lifecycle-viewmodel-ktx 2.4.0 버전에서 구현된 방식입니다.
public val ViewModel.viewModelScope: CoroutineScope
    get() {
        val scope: CoroutineScope? = this.getTag(JOB_KEY)
        if (scope != null) {
            return scope
        }
        return setTagIfAbsent(
            JOB_KEY,
            CloseableCoroutineScope(
                SupervisorJob() +
                    Dispatchers.Main.immediate
            )
        )
    }

internal class CloseableCoroutineScope(
    context: CoroutineContext
) : Closeable, CoroutineScope {
    override val coroutineContext: CoroutineContext = context

    override fun close() {
        coroutineContext.cancel()
    }
}
```

스코프에서 (CoroutineExceptionHandler와 같은) 특정 컨텍스트가 필요 없다면 viewModelScope와 lifecycleScope를 사용하는 것이 편리하고 더 좋습니다. 편리성 때문에 수많은 (아마 대부분) 안드로이드 애플리케이션이 이 스코프를 사용하고 있습니다.

```
class ArticlesListViewModel(
    private val produceArticles: ProduceArticlesUseCase,
) : ViewModel() {

    private val _progressBarVisible =
        MutableStateFlow(false)
    val progressBarVisible: StateFlow<Boolean> =
        _progressBarVisible

    private val _articlesListState =
```

```
        MutableStateFlow<ArticlesListState>(Initial)
    val articlesListState: StateFlow<ArticlesListState> =
        _articlesListState

    fun onCreate() {
        viewModelScope.launch {
            _progressBarVisible.value = true
            val articles = produceArticles.produce()
            _articlesListState.value =
                ArticlesLoaded(articles)
            _progressBarVisible.value = false
        }
    }
}
```

백엔드에서 코루틴 만들기

많은 백엔드 프레임워크에서 중단 함수를 기본적으로 지원하고 있습니다. 스프링 부트는 컨트롤러 함수가 suspend로 선언되는 걸 허용합니다. Ktor에서 모든 핸들러는 기본적으로 중단 함수입니다. 따로 스코프를 만들 필요는 거의 없습니다. 그럴 필요가 있다면 (오래된 버전의 스프링을 사용해 작업을 해야 할 경우) 다음과 같은 것들이 필요합니다.

- 스레드 풀(또는 `Dispatchers.Default`)을 가진 커스텀 디스패처
- 각각의 코루틴을 독립적으로 만들어 주는 `SupervisorJob`
- 적절한 에러 코드에 응답하고, 데드 레터[2]를 보내거나, 발생한 문제에 대해 로그를 남기는 `CoroutineExceptionHandler`

```
@Configuration
public class CoroutineScopeConfiguration {

    @Bean(name = "coroutineDispatcher")
    fun coroutineDispatcher(): CoroutineDispatcher =
        Dispatchers.IO.limitedParallelism(5)

    @Bean(name = "coroutineExceptionHandler")
    fun coroutineExceptionHandler() =
```

2 아파치 카프카(Apache Kafka) 같은 소프트웨어 버스를 사용할 때 자주 쓰이는 마이크로서비스 패턴입니다.

```
        CoroutineExceptionHandler { _, throwable ->
            FirebaseCrashlytics.getInstance()
                .recordException(throwable)
        }

    @Bean
    fun coroutineScope(
        coroutineDispatcher: CoroutineDispatcher,
        coroutineExceptionHandler: CoroutineExceptionHandler,
    ) = CoroutineScope(
        SupervisorJob() +
            coroutineDispatcher +
            coroutineExceptionHandler
    )
}
```

생성자를 통해 커스텀하게 만들어진 스코프를 클래스로 주입되는 방법이 가장 많이 사용됩니다. 스코프는 한 번만 정의되면 수많은 클래스에서 활용될 수 있으며, 테스트를 위해 다른 스코프로 쉽게 대체할 수도 있습니다.

추가적인 호출을 위한 스코프 만들기

11장의 '추가적인 연산' 절에서 설명한 것처럼, 추가적인 연산을 시작하기 위한 스코프를 종종 만들곤 합니다. 이런 스코프는 함수나 생성자의 인자를 통해 주로 주입됩니다. 스코프를 호출을 중단하기 위한 목적으로만 사용하려는 경우 SupervisorScope를 사용하는 것만으로 충분합니다.

```
val analyticsScope = CoroutineScope(SupervisorJob())
```

모든 예외는 로그를 통해 볼 수 있으므로 예외를 관제 시스템으로 보내고 싶다면 CoroutineExceptionHandler를 사용해야 합니다.

```
private val exceptionHandler =
    CoroutineExceptionHandler { _, throwable ->
        FirebaseCrashlytics.getInstance()
            .recordException(throwable)
    }
```

```
val analyticsScope = CoroutineScope(
    SupervisorJob() + exceptionHandler
)
```

다른 디스패처를 설정하는 것 또한 자주 사용하는 커스텀 방법입니다. 스코프에서 블로킹 호출을 한다면 Dispatchers.IO를 사용하고, 안드로이드의 메인 뷰를 다뤄야 한다면 Dispatchers.Main을 사용합니다(Dispatchers.Main으로 설정하면 안드로이드에서 테스트하기가 쉬워집니다).

```
val analyticsScope = CoroutineScope(
    SupervisorJob() + Dispatchers.IO
)
```

요약

이제 일반적인 상황에서 스코프를 만드는 방법에 대해 알게 되었을 것입니다. 실제 현업에서 코루틴을 사용할 때 스코프를 만드는 건 중요합니다. 지금까지 배운 것으로도 작고 간단한 애플리케이션을 만드는 데는 충분하지만, 좀더 거대한 프로젝트를 진행한다면 적절한 동기화와 테스트라는 두 가지 주제에 대해 알아야 합니다.

14장

Kotlin Coroutines

공유 상태로 인한 문제

시작하기 전에 아래에 있는 UserDownloader 클래스를 살펴봅시다. 이 클래스에서 아이디로 사용자를 받아오거나, 이전에 전송받은 모든 사용자를 얻을 수 있습니다. 이렇게 구현하면 어떤 문제가 있을까요?

```
class UserDownloader(
    private val api: NetworkService
) {
    private val users = mutableListOf<User>()

    fun downloaded(): List<User> = users.toList()

    suspend fun fetchUser(id: Int) {
        val newUser = api.fetchUser(id)
        users.add(newUser)
    }
}
```

✅ 위 예제에서는 방어적 복사로 toList를 사용했습니다. downloaded로 반환된 객체를 읽을 때와 변경 가능한 리스트에 원소를 추가할 때 발생할 수 있는 충돌을 피하기 위함입니다. users를 읽기만 가능한 리스트(List<User>)와 읽고 쓰기가 가능한 프로퍼티(var)로 선언할 수도 있습니다. 방어적 복사를 하지 않아도 되고 downloaded 함수를 보호할 필요도 없지만, 컬렉션에 원소를 추가하는 작업의 효율이 떨어지게 됩니다. 개인적으로 두 번째 방법을 선호하지만, 실제 현업의 많은 프로젝트에서 변경 가능한 컬렉션을 사용하고 있으므로 첫 번째 방법을 예로 들었습니다.

앞의 구현 방식은 동시 사용에 대한 대비가 되어 있지 않습니다. fetchUser 호출은 users를 변경합니다. 이 경우 같은 시간에 해당 함수가 한 개의 스레드에서 시작할 경우에만 정상적으로 작동합니다. 같은 시간에 두 개 이상의 스레드에서 함수가 호출될 수 있으므로 users는 공유 상태에 해당하며 보호될 필요가 있습니다. 동시에 리스트를 변경하면 충돌이 일어날 수 있기 때문입니다. 아래 예제에서 충돌이 일어날 수 있는 경우를 확인할 수 있습니다.

```
class FakeNetworkService : NetworkService {
    override suspend fun fetchUser(id: Int): User {
        delay(2)
        return User("User$id")
    }
}

suspend fun main() {
    val downloader = UserDownloader(FakeNetworkService())
    coroutineScope {
        repeat(1_000_000) {
            launch {
                downloader.fetchUser(it)
            }
        }
    }
    print(downloader.downloaded().size) // ~998242
}
```

같은 객체와 상호작용하는 스레드가 많기 때문에 위 코드는 1,000,000보다 작은 숫자(예를 들면, 998,242 같은)를 출력하거나 예외를 던지게 됩니다.

```
Exception in thread "main"
java.lang.ArrayIndexOutOfBoundsException: 22
   at java.util.ArrayList.add(ArrayList.java:463)
   ...
```

앞서 살펴본 문제는 공유 상태를 변경할 때 쉽게 만날 수 있습니다. 좀더 간단한 예를 들면 하나의 정수를 1씩 증가시키는 스레드가 여러 개 있는 경우가 있습니다. 여기서는 Dispatchers.Default를 사용하는 1,000개의 코루틴에서 1,000번의 연산을 호출하는 massiveRun을 사용합니다. 모든 연산이 끝난 뒤 숫자는 1,000,000(1,000 * 1,000)이 되어야 합니다. 하지만 동기화되지 않으면 충돌이 발생하므로 실제 결과는 이보다 더 작습니다.

```
var counter = 0

fun main() = runBlocking {
    massiveRun {
        counter++
    }
    println(counter) // ~567231
}

suspend fun massiveRun(action: suspend () -> Unit) =
    withContext(Dispatchers.Default) {
        repeat(1000) {
            launch {
                repeat(1000) { action() }
            }
        }
    }
```

결과가 1,000,000이 아니라는 걸 이해하기 위해 두 개의 스레드가 똑같은 시간에 같은 수를 1씩 증가시킨다고 가정해 봅시다. 시작값은 0입니다. 첫 번째 스레드가 현재 값인 0을 받고 난 뒤 프로세서가 두 번째 스레드로 옮기기로 결정합니다. 두 번째 스레드 또한 0을 받고 1로 증가시킨 뒤 변수에 저장합니다. 첫 번째 스레드로 다시 옮긴다면 이전에 멈췄을 때 사용한 0을 1로 증가시키고 저장합니다. 그 결과 변수는 2가 되어야 하지만 실제로는 1이 되어 버립니다. 이 때문에 연산 일부가 반영되지 않는 결과가 일어납니다.

동기화 블로킹

위와 같은 문제는 자바에서 사용되는 전통적인 도구인 synchronized 블록이나 동기화된 컬렉션을 사용해 해결할 수 있습니다.

```
var counter = 0

fun main() = runBlocking {
    val lock = Any()
    massiveRun {
```

```
        synchronized(lock) { // 스레드를 블로킹합니다!
            counter++
        }
    }
    println("Counter = $counter") // 1000000
}
```

이 방법은 작동하긴 하지만, 몇 가지 문제점이 있습니다. 가장 큰 문제점은 synchronized 블록 내부에서 중단 함수를 사용할 수 없다는 것입니다. 두 번째는 synchronized 블록에서 코루틴이 자기 차례를 기다릴 때 스레드를 블로킹한다는 것입니다. 디스패처의 원리를 생각해 보면 코루틴이 스레드를 블로킹하는 건 지양해야 합니다. 메인 스레드가 블로킹되면 어떻게 될까요? 제한된 수의 스레드만 가지고 있다면 어떨까요? 왜 스레드와 같은 자원을 낭비해야 할까요? 이러한 방법 대신 코루틴에 특화된 방법을 사용해야 합니다. 블로킹 없이 중단하거나 충돌을 회피하는 방법을 사용해야 합니다. 지금까지 봤던 방식과는 다른, 코루틴에서 사용하는 방식을 보도록 합시다.

원자성

자바에는 간단한 경우에 사용할 수 있는 다른 방법이 있습니다. 자바는 다양한 원자값을 가지고 있습니다. 원자값을 활용한 연산은 빠르며 '스레드 안전'을 보장합니다. 이러한 연산을 원자성 연산이라 합니다. 원자성 연산은 락 없이 로우 레벨로 구현되어 효율적이고 사용하기가 쉽습니다. 사용할 수 있는 원자값의 종류는 다양합니다. 여기서는 AtomicInteger를 사용하겠습니다.

```
r counter = Atomic
            AtomicInteger (java.util.concurrent.atomic)
  = runBl   AtomicBoolean (java.util.concurrent.atomic)
eRun {      AtomicIntegerArray (java.util.concurrent.atomic)
unter.inc   AtomicIntegerFieldUpdater<T> (java.util.concurrent.atomic)
            AtomicLong (java.util.concurrent.atomic)
            AtomicLongArray (java.util.concurrent.atomic)
n("Counte   AtomicLongFieldUpdater<T> (java.util.concurrent.atomic)
            AtomicMarkableReference<V> (java.util.concurrent.atomic)
            AtomicReference<V> (java.util.concurrent.atomic)
            AtomicReferenceArray<E> (java.util.concurrent.atomic)
            AtomicReferenceFieldUpdater<T, V> (java.util.concurrent.at…
            AtomicStampedReference<V> (java.util.concurrent.atomic)
```

```
private var counter = AtomicInteger()

fun main() = runBlocking {
    massiveRun {
        counter.incrementAndGet()
    }
    println(counter.get()) // 1000000
}
```

원자값은 의도대로 완벽하게 작동하지만 사용성인 제한되기 때문에 조심해서 다뤄야 합니다. 하나의 연산에서 원자성을 가지고 있다고 해서 전체 연산에서 원자성이 보장되는 것은 아니기 때문입니다.

```
private var counter = AtomicInteger()

fun main() = runBlocking {
    massiveRun {
        counter.set(counter.get() + 1)
    }
    println(counter.get()) // ~430467
}
```

UserDownloader를 안전하게 사용하기 위해서 읽기만 가능한 사용자 리스트를 AtomicReference로 래핑할 수도 있습니다. 충돌 없이 값을 갱신하기 위해서는 getAndUpdate라는 원자성 보장 함수를 사용합니다.

```
class UserDownloader(
    private val api: NetworkService
) {
    private val users = AtomicReference(listOf<User>())

    fun downloaded(): List<User> = users.get()

    suspend fun fetchUser(id: Int) {
        val newUser = api.fetchUser(id)
        users.getAndUpdate { it + newUser }
    }
}
```

원자성은 하나의 프리미티브 변수 또는 하나의 레퍼런스의 안전을 보장하기 위해 사용되지만, 좀더 복잡한 경우에는 다른 방법을 사용해야 합니다.

싱글스레드로 제한된 디스패처

병렬성을 하나의 스레드로 제한하는 디스패처는 12장 '디스패처'에서 이미 공부했습니다.[1] 싱글스레드 디스패처를 사용하는 것이 공유 상태와 관련된 대부분의 문제를 해결하는 가장 쉬운 방법입니다.

```
val dispatcher = Dispatchers.IO
    .limitedParallelism(1)

var counter = 0

fun main() = runBlocking {
    massiveRun {
        withContext(dispatcher) {
            counter++
        }
    }
    println(counter) // 1000000
}
```

두 가지 방법으로 디스패처를 사용할 수 있습니다. 첫 번째 방법은 **코스 그레인드 스레드 한정**(coarse-grained thread confinement)으로 알려져 있습니다. 이 방법은 디스패처를 싱글스레드로 제한한 `withContext`로 전체 함수를 래핑하는 방법입니다. 사용하기 쉬우며 충돌을 방지할 수 있지만, 함수 전체에서 멀티스레딩의 이점을 누리지 못하는 문제가 있습니다. 다음 예를 봅시다. `api.fetchUser(id)`는 여러 개의 스레드에서 병렬로 시작할 수 있지만 함수 본체는 싱글스레드로 제한된 디스패처에서 실행됩니다. 그 결과, 블로킹되는 함수 또는 CPU 집약적인 함수를 호출하면 함수 실행이 느려지게 됩니다.

```
class UserDownloader(
    private val api: NetworkService
) {
    private val users = mutableListOf<User>()
    private val dispatcher = Dispatchers.IO
        .limitedParallelism(1)
```

1 *https://kt.academy/article/cc-dispatchers*

```
    suspend fun downloaded(): List<User> =
        withContext(dispatcher) {
            users.toList()
        }

    suspend fun fetchUser(id: Int) = withContext(dispatcher) {
        val newUser = api.fetchUser(id)
        users += newUser
    }
}
```

두 번째 방법은 **파인 그레인드 스레드 한정**(fine-grained thread confinement)으로 알려져 있습니다. 이 방법은 상태를 변경하는 구문들만 래핑합니다. 예제에서는 users를 사용하는 모든 줄에 해당합니다. 파인 그레인드 스레드 한정은 좀 더 번거롭지만 (예제에서는 fetchUser와 같은) 크리티컬 섹션(critical section)이 아닌 부분이 블로킹되거나 CPU 집약적인 경우에 더 나은 성능을 제공합니다. 일반적인 중단 함수에 적용하는 경우에는 성능에 큰 차이가 없습니다.

```
class UserDownloader(
    private val api: NetworkService
) {
    private val users = mutableListOf<User>()
    private val dispatcher = Dispatchers.IO
        .limitedParallelism(1)

    suspend fun downloaded(): List<User> =
        withContext(dispatcher) {
            users.toList()
        }

    suspend fun fetchUser(id: Int) {
        val newUser = api.fetchUser(id)
        withContext(dispatcher) {
            users += newUser
        }
    }
}
```

대부분의 경우, 표준 디스패처가 같은 스레드 풀을 사용하기 때문에 싱글스레드를 가진 디스패처를 사용하는 건 쉬울 뿐 아니라 효율적입니다.

뮤텍스

마지막으로 가장 인기 있는 방식은 Mutex를 사용하는 것입니다. 뮤텍스를 단 하나의 열쇠가 있는 방(또는 카페테리아의 화장실)이라고 생각할 수 있습니다. 뮤텍스의 가장 중요한 기능은 lock입니다. 첫 번째 코루틴이 lock을 호출하면 열쇠를 가지고 중단 없이 작업을 수행합니다. 또 다른 코루틴이 lock을 호출하면 첫 번째 코루틴이 unlock을 호출할 때까지 (화장실의 열쇠를 기다리는 사람처럼[2]) 중단됩니다. 또 다른 코루틴이 lock 함수를 호출하면, 마찬가지로 작업을 중단한 뒤에 두 번째 코루틴 다음 순서로 큐에 들어가게 됩니다. 첫 번째 코루틴이 unlock 함수를 호출하면 열쇠를 반납하고 두 번째 코루틴(큐의 첫 번째 코루틴)이 재개한 뒤 lock 함수를 통과하게 됩니다. 따라서 단 하나의 코루틴만이 lock과 unlock 사이에 있을 수 있습니다.

```
suspend fun main() = coroutineScope {
    repeat(5) {
        launch {
            delayAndPrint()
        }
    }
}

val mutex = Mutex()

suspend fun delayAndPrint() {
    mutex.lock()
    delay(1000)
    println("Done")
    mutex.unlock()
}
// (1초 후)
// Done
// (1초 후)
// Done
```

2 필자의 조국인 폴란드에 대해 잘못된 인상을 가지지 않도록 화장실에서 열쇠를 요구하는 건 폴란드 외 다른 국가에서 주로 경험한 사실임을 알려둡니다. 폴란드에서는 모든 주유소의 화장실을 열쇠 없이 모든 사람이 사용할 수 있습니다(게다가 화장실은 일반적으로 깔끔하고 작습니다). 하지만 다른 많은 유럽 국가에서는 아무것도 구입하지 않은 채 화장실을 사용하는 사람들이 없도록 화장실을 잠궈 둡니다.

```
// (1초 후)
// Done
// (1초 후)
// Done
// (1초 후)
// Done
```

lock과 unlock을 직접 사용하는 건 위험한데, 두 함수 사이에서 예외가 발생할 경우(또는 반환이 빠르게 이뤄질 경우) 열쇠를 돌려받을 수 없으며(unlock이 호출되지 않습니다), 그 결과 다른 코루틴이 lock을 통과할 수 없게 됩니다. 데드락(deadlock)이라고 알려진 심각한 문제입니다(누군가 너무 급해 열쇠를 돌려주는 걸 잊는 바람에 화장실을 사용할 수 없는 상황을 떠올리면 됩니다). 대신 lock으로 시작해 finally 블록에서 unlock을 호출하는 withLock 함수를 사용하여 블록 내에서 어떤 예외가 발생하더라도 자물쇠를 성공적으로 풀 수 있게 할 수 있습니다. 실제 사용하는 법은 synchronized 블록과 비슷합니다.

```
val mutex = Mutex()

var counter = 0

fun main() = runBlocking {
    massiveRun {
        mutex.withLock {
            counter++
        }
    }
    println(counter) // 1000000
}
```

synchronized 블록과 달리 뮤텍스가 가지는 중요한 이점은 스레드를 블로킹하는 대신 코루틴을 중단시킨다는 것입니다. 좀더 안전하고 가벼운 방식입니다. 병렬 실행이 싱글스레드로 제한된 디스패처를 사용하는 것과 비교하면 뮤텍스가 가벼우며 좀더 나은 성능을 가질 수 있습니다. 하지만 적절히 사용하는 것 또한 더 어렵습니다. 뮤텍스를 사용할 때 맞닥뜨리는 위험한 경우는 코루틴이 락을 두 번 통과할 수 없다는 것입니다(열쇠가 문 안쪽에 있으면 같은 열쇠를 필요로 하는 또 다른 문을 통과할 수 없는 것과 비슷합니다). 다음 코드를 실행하면 프로그램은 교착 상태에 빠지게 되며 영원히 블로킹된 상태로 있게 됩니다.

```
suspend fun main() {
    val mutex = Mutex()
    println("Started")
    mutex.withLock {
        mutex.withLock {
            println("Will never be printed")
        }
    }
}
// Started
// (영원히 실행됩니다.)
```

뮤텍스가 가진 두 번째 문제점은 코루틴이 중단되었을 때 뮤텍스를 풀 수 없다는 점입니다. 다음 코드를 보면 delay 중에 뮤텍스가 잠겨있어 5초가 걸리는 걸 확인할 수 있습니다.

```
class MessagesRepository {
    private val messages = mutableListOf<String>()
    private val mutex = Mutex()

    suspend fun add(message: String) = mutex.withLock {
        delay(1000) // 네트워크 호출이라 가정합니다.
        messages.add(message)
    }
}

suspend fun main() {
    val repo = MessagesRepository()

    val timeMillis = measureTimeMillis {
        coroutineScope {
            repeat(5) {
                launch {
                    repo.add("Message$it")
                }
            }
        }
    }
    println(timeMillis) // ~5120
}
```

싱글스레드로 제한된 디스패처를 사용하면 이런 문제는 발생하지 않습니다. delay나 네트워크 호출이 코루틴을 중단시키면 스레드를 다른 코루틴이 사용합니다.

```
class MessagesRepository {
    private val messages = mutableListOf<String>()
    private val dispatcher = Dispatchers.IO
        .limitedParallelism(1)

    suspend fun add(message: String) =
        withContext(dispatcher) {
            delay(1000) // 네트워크 호출이라 가정합니다.
            messages.add(message)
        }
}

suspend fun main() {
    val repo = MessagesRepository()

    val timeMillis = measureTimeMillis {
        coroutineScope {
            repeat(5) {
                launch {
                    repo.add("Message$it")
                }
            }
        }
    }
    println(timeMillis) // 1058
}
```

따라서 전체 함수를 뮤텍스로 래핑하는 건 지양해야 합니다(코스 그레인드 방식). 뮤텍스를 사용하기로 했다면 락을 두 번 걸지 않고 중단 함수를 호출하지 않도록 신경을 써야 합니다.

```
class MongoUserRepository(
    // ...
) : UserRepository {
    private val mutex = Mutex()

    override suspend fun updateUser(
        userId: String,
```

```
        userUpdate: UserUpdate
    ): Unit = mutex.withLock {
        // 데이터 갱신은 여러 함수를 호출하는 과정이 아니며,
        // 데이터베이스에서 일어나는 일입니다.
        // 이 코드는 단지 예제일 뿐입니다.
        val currentUser = getUser(userId)         // 데드락!
        deleteUser(userId)                        // 데드락!
        addUser(currentUser.updated(userUpdate)) // 데드락!
    }

    override suspend fun getUser(
        userId: String
    ): User = mutex.withLock {
        // ...
    }

    override suspend fun deleteUser(
        userId: String
    ): Unit = mutex.withLock {
        // ...
    }

    override suspend fun addUser(
        user: User
    ): User = mutex.withLock {
        // ...
    }
}
```

(공유 상태를 변경하는 곳에서만 래핑하는) 파인 그레인드 스레드 한정이 도움이 될 수 있지만, 위 예제와 같은 경우 필자는 싱글스레드로 제한된 디스패처를 더 선호합니다.

세마포어

Mutex에 대해 배웠다면, 비슷한 방식으로 작동하지만 둘 이상이 접근할 수 있고, 사용법이 다른 세마포어(semaphore)도 알아야 합니다. Mutex는 하나의 접근만 허용하므로, lock, unlock, withLock 함수를 가지고 있습니다. Semaphore는 여러 개의 접근을 허용하므로, acquire, release, withPermit 함수를 가지고 있습니다.

```
suspend fun main() = coroutineScope {
    val semaphore = Semaphore(2)

    repeat(5) {
        launch {
            semaphore.withPermit {
                delay(1000)
                print(it)
            }
        }
    }
}
// 01
// (1초 후)
// 23
// (1초 후)
// 4
```

세마포어는 공유 상태로 인해 생기는 문제를 해결할 수는 없지만, 동시 요청을 처리하는 수를 제한할 때 사용할 수 있어 **처리율 제한 장치**(rate limiter)를 구현할 때 도움이 됩니다.

```
class LimitedNetworkUserRepository(
    private val api: UserApi
) {
    // 동시 요청을 10개로 제한합니다.
    private val semaphore = Semaphore(10)

    suspend fun requestUser(userId: String) =
        semaphore.withPermit {
            api.requestUser(userId)
        }
}
```

요약

공유 상태를 변경할 때 발생할 수 있는 충돌을 피하기 위해 코루틴을 다루는 방법은 다양합니다. 가장 많이 쓰이는 방법은 싱글스레드로 제한된 디스패처를 사용해 공유 상태를 변경하는 것입니다. 동기화가 필요한 특정 장소만 래핑하는 **파인 그레인드 스레드 한정**이나 전체 함수를 래핑하는 **코스 그레인드 스레드**

한정을 활용할 수 있습니다. 두 번째 방법이 더 쉽지만 성능은 떨어집니다. 원자값이나 뮤텍스를 사용하는 방법도 있습니다.

15장

Kotlin Coroutines

코틀린 코루틴 테스트하기

대부분의 경우 중단 함수를 테스트하는 건 일반적인 함수를 테스트하는 것과 별반 다르지 않습니다. 아래 예제에서 FetchUserUseCase의 fetchUserData를 테스트하는 걸 봅시다. 가짜 클래스[1](또는 목(mock) 객체[2])와 간단한 어설션(assertion)을 사용해 원하는 데이터가 들어왔는지 쉽게 확인할 수 있습니다.

```
class FetchUserUseCase(
    private val repo: UserDataRepository,
) {

    suspend fun fetchUserData(): User = coroutineScope {
        val name = async { repo.getName() }
        val friends = async { repo.getFriends() }
        val profile = async { repo.getProfile() }
        User(
            name = name.await(),
            friends = friends.await(),
            profile = profile.await()
        )
    }
}
```

1 가짜 클래스는 인터페이스를 구현하지만, 정해진 데이터는 가지고 있고 처리 과정은 없는 클래스를 말합니다. 테스트할 때 정해진 행동을 수행하도록 흉내낼 때 유용합니다.

2 목 객체는 실제 객체를 흉내내 정해진 방식대로 행동하도록 만들어진 보편적인 모조 객체입니다. 중단 함수의 모킹을 지원하는 MockK와 같은 라이브러리를 사용해 만드는 것이 일반적입니다. 아래 예제에서는 외부 라이브러리를 사용하지 않기 위해 가짜 클래스를 사용하기로 했습니다.

```
class FetchUserDataTest {

    @Test
    fun `should construct user`() = runBlocking {
        // given
        val repo = FakeUserDataRepository()
        val useCase = FetchUserUseCase(repo)

        // when
        val result = useCase.fetchUserData()

        // then
        val expectedUser = User(
            name = "Ben",
            friends = listOf(Friend("some-friend-id-1")),
            profile = Profile("Example description")
        )
        assertEquals(expectedUser, result)
    }

    class FakeUserDataRepository : UserDataRepository {
        override suspend fun getName(): String = "Ben"

        override suspend fun getFriends(): List<Friend> =
            listOf(Friend("some-friend-id-1"))

        override suspend fun getProfile(): Profile =
            Profile("Example description")
    }
}
```

여기서 테스트로 사용한 방식을 참고하면 안 됩니다. 테스트가 어떤 모습이어야 하는지에 대해선 논란이 많습니다. 목 객체 대신 가짜 클래스를 사용한 건 (필자 또한 개인적으로 선호하는) 외부 라이브러리를 사용하지 않기 위함입니다. 필자는 코드를 쉽게 읽을 수 있도록 모든 테스트를 최대한 간단하게 구현하려고 노력했습니다.

코루틴을 사용하는 경우에도 중단 함수의 동작이 궁금하면 `runBlocking`과 어설트를 지원하는 도구만 사용해도 충분합니다. 다양한 프로젝트의 단위 테스트에서 이러한 도구를 사용하고 있는 것을 확인할 수 있습니다. 코틀린 아카데미(Kt.Academy) 백엔드의 단위 테스트는 다음과 같습니다.

```
class UserTests : KtAcademyFacadeTest() {

    @Test
    fun `should modify user details`() = runBlocking {
        // given
        thereIsUser(aUserToken, aUserId)

        // when
        facade.updateUserSelf(
            aUserToken,
            PatchUserSelfRequest(
                bio = aUserBio,
                bioPl = aUserBioPl,
                publicKey = aUserPublicKey,
                customImageUrl = aCustomImageUrl
            )
        )

        // then
        with(findUser(aUserId)) {
            assertEquals(aUserBio, bio)
            assertEquals(aUserBioPl, bioPl)
            assertEquals(aUserPublicKey, publicKey)
            assertEquals(aCustomImageUrl, customImageUrl)
        }
    }

    // ...
}
```

통합 테스트도 같은 방법으로 구현할 수 있습니다. runBlocking을 사용하며, 중단 함수와 블로킹 함수가 작동하는 방식을 테스트하는 데는 큰 차이가 없습니다.

시간 의존성 테스트하기

시간 의존성을 테스트하기 시작하면 기존 테스트와 다른 점이 발생합니다. 다음 함수를 예로 들어 보겠습니다.

```
suspend fun produceCurrentUserSeq(): User {
    val profile = repo.getProfile()
    val friends = repo.getFriends()
```

```
    return User(profile, friends)
}

suspend fun produceCurrentUserSym(): User = coroutineScope {
    val profile = async { repo.getProfile() }
    val friends = async { repo.getFriends() }
    User(profile.await(), friends.await())
}
```

두 함수 모두 같은 결과를 만들지만, 첫 번째 함수는 순차적으로 생성하고 두 번째 함수는 동시에 생성한다는 점이 다릅니다. 프로필과 친구들을 가지고 오는 데 각각 1초씩 걸린다면, 첫 번째 함수는 2초 정도 걸리고 두 번째 함수는 1초면 충분하다는 차이가 있습니다. 두 함수의 차이를 어떻게 테스트할 수 있을까요?

getProfile과 getFriends의 실행 시간이 어느 정도 길 경우에만 차이가 생기게 됩니다. 즉시 실행이 끝나면 사용자를 만드는 두 가지 방식은 구별이 되지 않습니다. 데이터를 가지고 오는 과정이 지연되는 상황을 만들기 위해 delay를 사용하여 가짜 함수를 지연시킬 수 있습니다.

```
class FakeDelayedUserDataRepository : UserDataRepository {

    override suspend fun getProfile(): Profile {
        delay(1000)
        return Profile("Example description")
    }

    override suspend fun getFriends(): List<Friend> {
        delay(1000)
        return listOf(Friend("some-friend-id-1"))
    }
}
```

이제 단위 테스트에서 그 차이를 확인할 수 있습니다. produceCurrentUserSeq 호출은 약 1초가 걸리고 produceCurrentUserSym 호출은 약 2초가 걸립니다. 그런데 하나의 단위 테스트에서 시간이 오래 걸리는 것 또한 문제가 됩니다. 보통 한 프로젝트에 수천 개의 단위 테스트가 있으며, 테스트 전체를 수행하는 데 걸리는 시간이 길면 안 됩니다. 코루틴에서는 시간을 조작하여 테스트에 걸리는 시간을 줄일 수 있습니다. kotlinx-coroutines-test 라이브러리가 제공하는 StandardTestDispatcher를 사용하면 됩니다.

여기서는 kotlinx-coroutines-test 라이브러리 1.6 버전의 함수와 클래스를 사용합니다. 더 오래된 버전을 사용한다면 runTest 대신 runBlockingTest를, StandardTestDispatcher 대신 TestCoroutineDispatcher를, TestScope 대신 TestCoroutineScope를 쓰면 됩니다. 예전 버전의 advanceTimeBy는 1.6 이후의 버전에서 advanceTimeBy와 runCurrent를 합친 것과 비슷합니다. 깃허브에서 둘의 차이를 좀더 자세히 볼 수 있습니다.[3]

TestCoroutineScheduler와 StandardTestDispatcher

delay를 호출하면 코루틴은 중단되고 설정한 시간 후에 재개됩니다. kotlinx-coroutines-test의 TestCoroutineScheduler는 delay를 가상 시간 동안 실행하여 실제 시간이 흘러간 상황과 동일하게 작동하기 때문에 정해진 시간만큼 기다리지 않도록 변경할 수 있습니다.

```
fun main() {
    val scheduler = TestCoroutineScheduler()

    println(scheduler.currentTime) // 0
    scheduler.advanceTimeBy(1_000)
    println(scheduler.currentTime) // 1000
    scheduler.advanceTimeBy(1_000)
    println(scheduler.currentTime) // 2000
}
```

StandardTestDispatcher, TestScope, runTest처럼 TestCoroutineScheduler도 아직까지 정식으로 도입되지 않았습니다.

코루틴에서 TestCoroutineScheduler를 사용하려면, 이를 지원하는 디스패처를 사용해야 합니다. 일반적으로 StandardTestDispatcher를 사용합니다.

3 *https://github.com/Kotlin/kotlinx.coroutines/blob/master/kotlinx-coroutines-test/MIGRATION.md*

StandardTestDispatcher는 다른 디스패처와 달리, 코루틴이 실행되어야 할 스레드를 결정할 때만 사용되는 것은 아닙니다. 테스트 디스패처로 시작된 코루틴은 가상 시간만큼 진행되기 전까지 실행되지 않습니다. 코루틴을 시작하는 일반적인 방법은, 실제 시간처럼 작동하는 가상 시간을 흐르게 하여, 그 시간 동안 호출되었을 모든 작업을 실행하는 advanceUntilIdle을 사용하는 것입니다.

```
fun main() {
    val scheduler = TestCoroutineScheduler()
    val testDispatcher = StandardTestDispatcher(scheduler)

    CoroutineScope(testDispatcher).launch {
        println("Some work 1")
        delay(1000)
        println("Some work 2")
        delay(1000)
        println("Coroutine done")
    }

    println("[${scheduler.currentTime}] Before")
    scheduler.advanceUntilIdle()
    println("[${scheduler.currentTime}] After")
}
// [0] Before
// Some work 1
// Some work 2
// Coroutine done
// [2000] After
```

기본적으로 StandardTestDispatcher는 TestCoroutineScheduler를 만들기 때문에 명시적으로 만들지 않아도 됩니다. 디스패처의 scheduler 프로퍼티로 해당 스케줄러에 접근할 수 있습니다.

```
fun main() {
    val dispatcher = StandardTestDispatcher()

    CoroutineScope(dispatcher).launch {
        println("Some work 1")
        delay(1000)
        println("Some work 2")
        delay(1000)
        println("Coroutine done")
```

```
    }

    println("[${dispatcher.scheduler.currentTime}] Before")
    dispatcher.scheduler.advanceUntilIdle()
    println("[${dispatcher.scheduler.currentTime}] After")
}
// [0] Before
// Some work 1
// Some work 2
// Coroutine done
// [2000] After
```

StandardTestDispatcher가 직접 시간을 흐르게 하지는 않는다는 사실을 명시해야 합니다. 시간을 흐르게 하지 않으면 코루틴이 다시 재개되지 않습니다.

```
fun main() {
    val testDispatcher = StandardTestDispatcher()

    runBlocking(testDispatcher) {
        delay(1)
        println("Coroutine done")
    }
}
// (코드는 영원히 실행됩니다.)
```

시간을 흐르게 하는 또 다른 방법은 advanceTimeBy에 일정 밀리초를 인자로 넣어 주는 것입니다. advanceTimeBy는 시간을 흐르게 하고 그동안 일어났을 모든 연산을 수행합니다. 즉, 2밀리초를 흐르게 하면 그 전에 지연된 모든 코루틴이 재개됩니다. 2밀리초와 정확히 일치하는 시간에 예정된 연산을 재개하려면 runCurrent 함수를 추가로 호출하면 됩니다.

```
fun main() {
    val testDispatcher = StandardTestDispatcher()

    CoroutineScope(testDispatcher).launch {
        delay(1)
        println("Done1")
    }
    CoroutineScope(testDispatcher).launch {
        delay(2)
        println("Done2")
```

```
    }
    testDispatcher.scheduler.advanceTimeBy(2) // Done
    testDispatcher.scheduler.runCurrent()     // Done2
}
```

다음은 runCurrent와 함께 advanceTimeBy를 사용한 더 복잡한 예제입니다.

```
fun main() {
    val testDispatcher = StandardTestDispatcher()

    CoroutineScope(testDispatcher).launch {
        delay(2)
        print("Done")
    }

    CoroutineScope(testDispatcher).launch {
        delay(4)
        print("Done2")
    }

    CoroutineScope(testDispatcher).launch {
        delay(6)
        print("Done3")
    }

    for (i in 1..5) {
        print(".")
        testDispatcher.scheduler.advanceTimeBy(1)
        testDispatcher.scheduler.runCurrent()
    }
}
// ..Done..Done2.
```

가상 시간은 어떻게 작동할까요? delay가 호출되면 디스패처(ContinuationInterceptor 키를 가진 클래스)가 Delay 인터페이스를 구현했는지 확인합니다(StandardTestDispatcher가 Delay 인터페이스를 구현합니다). 디스패처에서는 실제 시간만큼 기다리는 DefaultDelay 대신 디스패처가 가진 scheduleResumeAfterDelay 함수를 호출합니다.

다음 예제를 통해 가상 시간이 실제 시간과 무관하다는 걸 확인해 봅시다. Thread.sleep은 StandardTestDispatcher의 코루틴에 영향을 주지 않습니다.

advanceUntilIdle을 호출하면 몇 밀리초밖에 걸리지 않기 때문에 실제 시간만큼 기다리지 않는 걸 확인할 수 있습니다. advanceUntilIdle은 가상 시간을 즉시 흐르게 하고 코루틴 연산을 실행합니다.

```
fun main() {
    val dispatcher = StandardTestDispatcher()

    CoroutineScope(dispatcher).launch {
        delay(1000)
        println("Coroutine done")
    }

    Thread.sleep(Random.nextLong(2000)) // 여기서 얼마나 기다리는지는
    // 상관이 없으며, 결과에 영향을 주지 않습니다.

    val time = measureTimeMillis {
      println("[${dispatcher.scheduler.currentTime}] Before")
      dispatcher.scheduler.advanceUntilIdle()
      println("[${dispatcher.scheduler.currentTime}] After")
    }
    println("Took $time ms")
}
// [0] Before
// Coroutine done
// [1000] After
// Took 15 ms(또는 15보다 더 작은 수)
```

이전 예제에서 StandardTestDispatcher를 사용했고 스코프로 디스패처를 래핑했습니다. 이 방법 대신에 같은 역할을 수행하는 (또한 CoroutineException Handler로 모든 예외를 모으는) TestScope를 사용할 수 있습니다. 스코프가 사용하는 스케줄러에 advanceUntilIdle, advanceTimeBy 또는 currentTime 프로퍼티가 위임되기 때문에 스코프만으로도 해당 함수와 프로퍼티를 사용할 수 있습니다. 아주 편리한 방법입니다.

```
fun main() {
    val scope = TestScope()

    scope.launch {
        delay(1000)
```

```
        println("First done")
        delay(1000)
        println("Coroutine done")
    }

    println("[${scope.currentTime}] Before") // [0] Before
    scope.advanceTimeBy(1000)
    scope.runCurrent()                       // First done
    println("[${scope.currentTime}] Middle") // [1000] Middle
    scope.advanceUntilIdle()                 // Coroutine done
    println("[${scope.currentTime}] After")  // [2000] After
}
```

안드로이드에서 뷰 모델(ViewModels), 프레젠터(Presenters), 프래그먼트(Fragments)를 테스트할 때 StandardTestDispatcher를 자주 사용하는 걸 볼 수 있습니다. 테스트 디스패처를 사용해 produceCurrentUserSeq와 produceCurrentUserSym 함수를 코루틴에서 시작하고, 유휴 상태가 될 때까지 시간을 흐르게 하며, 얼마나 많은 시간이 흘렀는지 확인하는 방식으로 테스트할 수 있습니다. 하지만 이런 방법은 아주 복잡하기 때문에 같은 목적으로 설계된 runTest를 대신 사용해야 합니다.

runTest

runTest는 kotlinx-coroutines-test의 함수들 중 가장 흔하게 사용됩니다. TestScope에서 코루틴을 시작하고 즉시 유휴 상태가 될 때까지 시간을 흐르게 합니다. 코루틴에서는 스코프가 TestScope 타입이므로 아무 때나 currentTime을 사용할 수 있습니다. 코루틴에서 시간이 얼마나 흘렀는지 확인할 수 있으며, 테스트하는 데는 몇 밀리초밖에 걸리지 않습니다.

```
class TestTest {

    @Test
    fun test1() = runTest {
        assertEquals(0, currentTime)
        delay(1000)
        assertEquals(1000, currentTime)
    }
```

```
    @Test
    fun test2() = runTest {
        assertEquals(0, currentTime)
        coroutineScope {
            launch { delay(1000) }
            launch { delay(1500) }
            launch { delay(2000) }
        }
        assertEquals(2000, currentTime)
    }
}
```

데이터를 순차적으로 그리고 동시에 가지고 오는 함수로 돌아가 봅시다. runTest를 사용하면 테스트하는 게 아주 쉬워집니다. 가짜 저장소가 각 함수를 호출하는 데 1초가 걸린다고 가정하면, 연속적인 처리는 2초가 걸리고 동시 처리는 1초면 됩니다. 가상 시간을 사용하기 때문에 테스트는 즉시 끝나게 되며 currentTime의 값도 정확합니다.

```
@Test
fun `Should produce user sequentially`() = runTest {
    // given
    val userDataRepository = FakeDelayedUserDataRepository()
    val useCase = ProduceUserUseCase(userDataRepository)

    // when
    useCase.produceCurrentUserSeq()

    // then
    assertEquals(2000, currentTime)
}

@Test
fun `Should produce user simultaneously`() = runTest {
    // given
    val userDataRepository = FakeDelayedUserDataRepository()
    val useCase = ProduceUserUseCase(userDataRepository)

    // when
    useCase.produceCurrentUserSym()

    // then
```

```
    assertEquals(1000, currentTime)
}
```

runTest는 중요한 사용 예제이므로 요구되는 모든 클래스와 인터페이스의 코드와 함께 순차 처리하는 함수를 테스트하는 전체 예제를 봅시다.

```
class FetchUserUseCase(
    private val repo: UserDataRepository,
) {

    suspend fun fetchUserData(): User = coroutineScope {
        val name = async { repo.getName() }
        val friends = async { repo.getFriends() }
        val profile = async { repo.getProfile() }
        User(
            name = name.await(),
            friends = friends.await(),
            profile = profile.await()
        )
    }
}

class FetchUserDataTest {

    @Test
    fun `should load data concurrently`() = runTest {
        // given
        val userRepo = FakeUserDataRepository()
        val useCase = FetchUserUseCase(userRepo)

        // when
        useCase.fetchUserData()

        // then
        assertEquals(1000, currentTime)
    }

    @Test
    fun `should construct user`() = runTest {
        // given
        val userRepo = FakeUserDataRepository()
        val useCase = FetchUserUseCase(userRepo)

        // when
```

```
        val result = useCase.fetchUserData()

        // then
        val expectedUser = User(
            name = "Ben",
            friends = listOf(Friend("some-friend-id-1")),
            profile = Profile("Example description")
        )
        assertEquals(expectedUser, result)
    }

    class FakeUserDataRepository : UserDataRepository {
        override suspend fun getName(): String {
            delay(1000)
            return "Ben"
        }

        override suspend fun getFriends(): List<Friend> {
            delay(1000)
            return listOf(Friend("some-friend-id-1"))
        }

        override suspend fun getProfile(): Profile {
            delay(1000)
            return Profile("Example description")
        }
    }
}

interface UserDataRepository {
    suspend fun getName(): String
    suspend fun getFriends(): List<Friend>
    suspend fun getProfile(): Profile
}

data class User(
    val name: String,
    val friends: List<Friend>,
    val profile: Profile
)

data class Friend(val id: String)
data class Profile(val description: String)
```

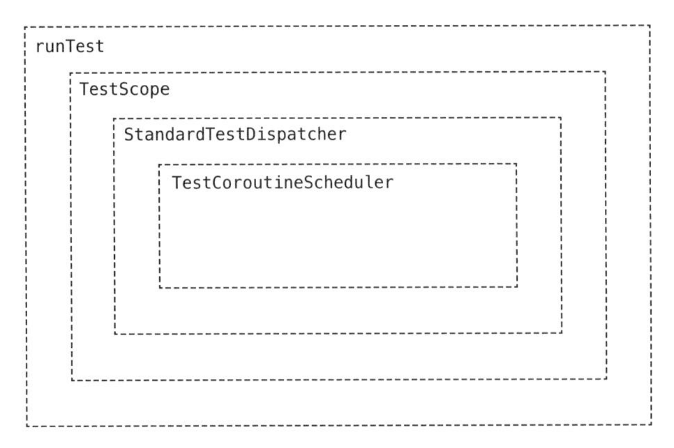

runTest는 TestScope를, TestScope는 StandardTestDispatcher를, StandardTestDispatcher는 TestCoroutineScheduler를 포함합니다.

백그라운드 스코프

runTest 함수는 다른 함수처럼 스코프를 만들며, 자식 코루틴이 끝날 때까지 기다립니다. 절대 끝나지 않는 프로세스를 시작한다면 테스트 또한 종료되지 않습니다.

```
@Test
fun `should increment counter`() = runTest {
    var i = 0
    launch {
        while (true) {
            delay(1000)
            i++
        }
    }
    delay(1001)
    assertEquals(1, i)
    delay(1000)
    assertEquals(2, i)
    // coroutineContext.job.cancelChildren()을 추가하면
    // 테스트가 통과합니다.
}
```

이런 경우를 대비해, runTest는 backgroundScope를 제공합니다. 백그라운드 스코프 또한 가상 시간을 지원하지만, runTest가 스코프가 종료될 때까지 기다리

지 않습니다. 따라서 아래 테스트가 문제 없이 통과합니다. backgroundScope는 테스트가 기다릴 필요 없는 모든 프로세스를 시작할 때 사용합니다.

```
@Test
fun `should increment counter`() = runTest {
    var i = 0
    backgroundScope.launch {
        while (true) {
            delay(1000)
            i++
        }
    }
    delay(1001)
    assertEquals(1, i)
    delay(1000)
    assertEquals(2, i)
}
```

취소와 컨텍스트 전달 테스트하기

특정 함수가 구조화된 동시성을 지키고 있는지 테스트하려면, 중단 함수로부터 컨텍스트를 받은 뒤, 컨텍스트가 기대한 값을 가지고 있는지와 잡이 적절한 상태인지 확인하는 것이 가장 쉬운 방법입니다. 예를 들어 27장 '코루틴 활용 비법'에서 자세히 설명할 mapAsync 함수를 봅시다.

```
suspend fun <T, R> Iterable<T>.mapAsync(
    transformation: suspend (T) -> R
): List<R> = coroutineScope {
    this@mapAsync.map { async { transformation(it) } }
        .awaitAll()
}
```

이 함수는 순서를 보장하면서 비동기적으로 원소를 매핑합니다. 다음 테스트를 보면 해당 동작을 확인할 수 있습니다.

```
@Test
fun `should map async and keep elements order`() = runTest {
    val transforms = listOf(
        suspend { delay(3000); "A" },
        suspend { delay(2000); "B" },
```

```
        suspend { delay(4000); "C" },
        suspend { delay(1000); "D" },
)
    val res = transforms.mapAsync { it() }
    assertEquals(listOf("A", "B", "C", "D"), res)
    assertEquals(4000, currentTime)
}
```

하지만 이게 끝이 아닙니다. 구조화된 동시성을 지키는 중단 함수가 정확하게 구현되어야 합니다.

이를 확인하는 가장 쉬운 방법은 부모 코루틴에서 CoroutineName과 같은 특정 컨텍스트를 명시하여 transformation 함수에서 그대로인지 확인하는 것입니다.

중단 함수에서 컨텍스트를 확인하려면, currentCoroutineContext 함수나 coroutineContext 프로퍼티를 사용하면 됩니다. 코루틴 빌더의 람다식이나 스코프 함수에서는 currentCoroutineContext 함수를 사용해야 하는데, CoroutineScope의 coroutineContext 프로퍼티가 현재 코루틴 컨텍스트를 제공하는 프로퍼티보다 우선하기 때문입니다.

```
@Test
fun `should support context propagation`() = runTest {
    var ctx: CoroutineContext? = null
    val name1 = CoroutineName("Name 1")
    withContext(name1) {
        listOf("A").mapAsync {
            ctx = currentCoroutineContext()
            it
        }
        assertEquals(name1, ctx?.get(CoroutineName))
    }
    val name2 = CoroutineName("Some name 2")
    withContext(name2) {
        listOf(1, 2, 3).mapAsync {
            ctx = currentCoroutineContext()
            it
        }
        assertEquals(name2, ctx?.get(CoroutineName))
    }
}
```

취소를 확인하는 가장 쉬운 방법은 내부 함수에서 잡을 참조하고, 외부 코루틴에서 코루틴을 취소한 뒤, 참조된 잡이 취소된 것을 확인하는 것입니다.

```
@Test
fun `should support cancellation`() = runTest {
    var job: Job? = null
    val parentJob = launch {
        listOf("A").mapAsync {
            job = currentCoroutineContext().job
            delay(Long.MAX_VALUE)
        }
    }
    delay(1000)
    parentJob.cancel()
    assertEquals(true, job?.isCancelled)
}
```

대부분의 애플리케이션에서는 이런 테스트가 필요하지 않지만, 라이브러리에서는 쓸모가 있습니다. 구조화된 동시성을 지키고 있는지는 명확하게 드러나지 않습니다. async를 외부 스코프에서 시작했다면 위 두 가지 테스트 모두 실패했을 것입니다.

```
// 잘못 구현했기 때문에 위 테스트들이 실패합니다.
suspend fun <T, R> Iterable<T>.mapAsync(
    transformation: suspend (T) -> R
): List<R> =
    this@mapAsync
        .map { GlobalScope.async { transformation(it) } }
        .awaitAll()
```

UnconfinedTestDispatcher

StandardTestDispatcher 외에 UnconfinedTestDispatcher도 있습니다. StandardTestDispatcher는 스케줄러를 사용하기 전까지 어떤 연산도 수행하지 않는다는 것이 가장 큰 차이점입니다. UnconfinedTestDispatcher는 코루틴을 시작했을 때 첫 번째 지연이 일어나기 전까지 모든 연산을 즉시 수행하기 때문에 다음 코드에서 'C'가 출력되는 걸 확인할 수 있습니다.

```
fun main() {
    CoroutineScope(StandardTestDispatcher()).launch {
        print("A")
        delay(1)
        print("B")
    }
    CoroutineScope(UnconfinedTestDispatcher()).launch {
        print("C")
        delay(1)
        print("D")
    }
}
// C
```

runTest 함수는 kotlinx-coroutines-test의 1.6 버전에서 소개되었습니다. 이전에는 runTest와 아주 비슷한 UnconfinedTestDispatcher의 runBlockingTest를 사용했습니다. runBlockingTest에서 runTest로 곧바로 이식하고 싶다면 테스트는 다음과 같은 모습이 됩니다.

```
@Test
fun testName() = runTest(UnconfinedTestDispatcher()) {
        // ...
    }
```

목(mock) 사용하기

가짜 객체에서 delay를 사용하기 쉽지만, 명확하게 드러나지 않습니다. 따라서 많은 개발자는 테스트 함수에서 delay를 호출하는 걸 선호합니다. 목을 사용해 구현하면 다음과 같습니다.[4]

```
@Test
fun `should load data concurrently`() = runTest {
    // given
    val userRepo = mockk<UserDataRepository>()
    coEvery { userRepo.getName() } coAnswers {
```

4 모든 사람이 목을 사용하는 걸 좋아하지는 않습니다. 모킹 라이브러리는 강력한 기능이 많습니다. 하지만 수천 개의 테스트가 있고, 모든 테스트가 사용하는 저장소의 인터페이스를 바꾸는 상황을 생각해 봅시다. 가짜 객체를 사용할 경우 일부 클래스만 바꾸면 해결됩니다. 이러한 문제로 인해 필자는 가짜 객체를 선호합니다.

```
        delay(600)
        aName
    }
    coEvery { userRepo.getFriends() } coAnswers {
        delay(700)
        someFriends
    }
    coEvery { userRepo.getProfile() } coAnswers {
        delay(800)
        aProfile
    }
    val useCase = FetchUserUseCase(userRepo)

    // when
    useCase.fetchUserData()

    // then
    assertEquals(800, currentTime)
}
```

위 예제에서는 MockK[5] 라이브러리를 사용했습니다.

디스패처를 바꾸는 함수 테스트하기

12장 '디스패처'에서 디스패처를 설정하는 일반적인 예제에 대해 살펴봤습니다. 예를 들어 블로킹 호출이 많으면 `Dispatchers.IO`(또는 커스텀 디스패처)를, CPU 집약적인 호출이 많다면 `Dispatchers.Default`를 호출합니다. 두 경우 모두 동시에 실행될 필요가 거의 없으므로 `runBlocking`을 사용해 테스트하는 것이 일반적입니다. 따라서 블로킹 함수를 테스트하는 것과 큰 차이가 없을 정도로 쉽습니다. 다음 함수를 예로 들어 보겠습니다.

```
suspend fun readSave(name: String): GameState =
    withContext(Dispatchers.IO) {
        reader.readCsvBlocking(name, GameState::class.java)
    }

suspend fun calculateModel() =
    withContext(Dispatchers.Default) {
```

5 *https://mockk.io*

```
        model.fit(
            dataset = newTrain,
            epochs = 10,
            batchSize = 100,
            verbose = false
        )
    }
```

runBlocking으로 래핑된 테스트에서 해당 함수의 행동을 테스트할 수 있지만, 함수가 실제로 디스패처를 바꾸는 건 어떻게 확인할까요? 호출하는 함수를 모킹하여, 사용한 스레드의 이름을 가지고 오는 방법으로 확인할 수 있습니다.

```
@Test
fun `should change dispatcher`() = runBlocking {
        // given
        val csvReader = mockk<CsvReader>()
        val startThreadName = "MyName"
        var usedThreadName: String? = null
        every {
            csvReader.readCsvBlocking(
                aFileName,
                GameState::class.java
            )
        } coAnswers {
            usedThreadName = Thread.currentThread().name
            aGameState
        }
        val saveReader = SaveReader(csvReader)

        // when
        withContext(newSingleThreadContext(startThreadName)) {
            saveReader.readSave(aFileName)
        }

        // then
        assertNotNull(usedThreadName)
        val expectedPrefix = "DefaultDispatcher-worker-"
        assert(usedThreadName!!.startsWith(expectedPrefix))
    }
```

위 함수에서는 CsvReader가 클래스이기 때문에 가짜 객체를 사용할 수 없어 목 객체를 사용했습니다.

Dispatchers.Default와 Dispatchers.IO는 같은 스레드 풀을 공유한다는 사실을 명심하세요.

하지만 디스패처를 바꾸는 함수에서 시간 의존성을 테스트해야 하는 극히 드문 경우도 있습니다. 새로운 디스패처가 StandardTestDispatcher를 대체하면 가상 시간에서의 작동을 멈추게 됩니다. 좀더 자세히 알아보기 위해 withContext(Dispatchers.IO)로 fetchUserData 함수를 래핑해 봅시다.

```
suspend fun fetchUserData() = withContext(Dispatchers.IO) {
    val name = async { userRepo.getName() }
    val friends = async { userRepo.getFriends() }
    val profile = async { userRepo.getProfile() }
    User(
        name = name.await(),
        friends = friends.await(),
        profile = profile.await()
    )
}
```

이전에 구현했던 모든 테스트가 실제 시간만큼 기다리고 currentTime은 0으로 유지됩니다. 가상 시간 문제를 해결하는 가장 쉬운 방법은 생성자를 통해 디스패처를 주입하고 단위 테스트에서 디스패처를 교체하는 것입니다.

```
class FetchUserUseCase(
    private val userRepo: UserDataRepository,
    private val ioDispatcher: CoroutineDispatcher =
        Dispatchers.IO
) {

    suspend fun fetchUserData() = withContext(ioDispatcher) {
        val name = async { userRepo.getName() }
        val friends = async { userRepo.getFriends() }
        val profile = async { userRepo.getProfile() }
        User(
            name = name.await(),
            friends = friends.await(),
            profile = profile.await()
        )
    }
}
```

이제 단위 테스트에서 Dispatchers.IO를 사용하는 대신 runTest의 Standard TestDispatcher를 사용해야 합니다. ContinuationInterceptor 키를 사용해 coroutineContext로부터 디스패처를 얻을 수 있습니다.

```
val testDispatcher = this
    .coroutineContext[ContinuationInterceptor]
    as CoroutineDispatcher

val useCase = FetchUserUseCase(
    userRepo = userRepo,
    ioDispatcher = testDispatcher,
)
```

ioDispatcher를 CoroutineContext로 캐스팅하고, 단위 테스트에서 Empty CoroutineContext로 대체하는 방법도 있습니다. 두 경우 모두 함수의 디스패처를 바꾸지 않는다는 점에서 동일합니다.

```
val useCase = FetchUserUseCase(
    userRepo = userRepo,
    ioDispatcher = EmptyCoroutineContext,
)
```

함수 실행 중에 일어나는 일 테스트하기

실행 중에 프로그레스 바를 먼저 보여 주고 나중에 이를 숨기는 함수를 떠올려 봅시다.

```
suspend fun sendUserData() {
    val userData = database.getUserData()
    progressBarVisible.value = true
    userRepository.sendUserData(userData)
    progressBarVisible.value = false
}
```

최종 결과만 확인한다면 함수 실행 중에 프로그레스 바가 상태를 변경했는지 확인할 방법이 없습니다. 이런 경우 함수를 새로운 코루틴에서 시작하고 바깥에서 가상 시간을 조절하는 방법이 도움이 됩니다. runTest는 코루틴의 디스패처로 StandardTestDispatcher를 지정하며 대기 상태가 될 때까지 (advance

UntilIdle 함수를 사용해) 시간이 흐르게 합니다. 자식 코루틴의 시간은 부모가 자식을 기다리기 시작할 때, 즉 함수 본체의 실행을 끝냈을 때가 되서야 흐르게 됩니다. 그 이전에는 가상 시간을 우리가 조절할 수 있습니다.

```
@Test
fun `should show progress bar when sending data`() = runTest {
    // given
    val database = FakeDatabase()
    val vm = UserViewModel(database)

    // when
    launch {
        vm.sendUserData()
    }

    // then
    assertEquals(false, vm.progressBarVisible.value)

    // when
    advanceTimeBy(1000)

    // then
    assertEquals(false, vm.progressBarVisible.value)

    // when
    runCurrent()

    // then
    assertEquals(true, vm.progressBarVisible.value)

    // when
    advanceUntilIdle()

    // then
    assertEquals(false, vm.progressBarVisible.value)
}
```

✓ runCurrent 덕분에 특정 값이 변경되었는지 정확하게 확인할 수 있습니다.

delay를 사용해도 비슷한 효과를 얻을 수 있습니다. 별개의 프로세스를 두 개 가지고 있는 것과 비슷합니다. 하나의 프로세스가 작업을 하고, 나머지 프로세스가 작업을 하는 프로세스가 정확히 작동하는지 확인합니다.

```
@Test
fun `should show progress bar when sending data`() =
    runTest {
        val database = FakeDatabase()
        val vm = UserViewModel(database)
        launch {
            vm.showUserData()
        }

        // then
        assertEquals(false, vm.progressBarVisible.value)
        delay(1000)
        assertEquals(true, vm.progressBarVisible.value)
        delay(1000)
        assertEquals(false, vm.progressBarVisible.value)
    }
```

advanceTimeBy와 같은 명시적인 함수를 사용하는 것이 delay를 사용하는 것보다 가독성이 좋습니다.

새로운 코루틴을 시작하는 함수 테스트하기

코루틴은 어딘가에서 시작해야 합니다. 백엔드에서는 (Spring이나 Ktor 같은) 프레임워크에 의해 주로 시작되지만, 직접 만든 스코프 내부에서 코루틴을 시작할 때도 있습니다.

```
@Scheduled(fixedRate = 5000)
fun sendNotifications() {
    notificationsScope.launch {
        val notifications = notificationsRepository
            .notificationsToSend()
        for (notification in notifications) {
            launch {
                notificationsService.send(notification)
                notificationsRepository
                    .markAsSent(notification.id)
            }
        }
    }
}
```

sendNotifications가 알림이 실제로 동시에 전송하는지 어떻게 테스트할 수 있을까요? 여기서도 단위 테스트에서 스코프의 일부로 StandardTestDispatcher를 사용할 수 있습니다. 그리고 send와 markAsSent 사이에 약간의 지연이 생기도록 합니다.

```
@Test
fun testSendNotifications() {
    // given
    val notifications = List(100) { Notification(it) }
    val repo = FakeNotificationsRepository(
        delayMillis = 200,
        notifications = notifications,
    )
    val service = FakeNotificationsService(
        delayMillis = 300,
    )
    val testScope = TestScope()
    val sender = NotificationsSender(
        notificationsRepository = repo,
        notificationsService = service,
        notificationsScope = testScope
    )

    // when
    sender.sendNotifications()
    testScope.advanceUntilIdle()

    // 모든 알림이 보내지고 전송 완료로 표시됩니다.
    assertEquals(
        notifications.toSet(),
        service.notificationsSent.toSet()
    )
    assertEquals(
        notifications.map { it.id }.toSet(),
        repo.notificationsMarkedAsSent.toSet()
    )

    // 알림이 병렬로 전송됩니다.
    assertEquals(700, testScope.currentTime)
}
```

✅ 위 코드에서는 runBlocking이 필요 없습니다. sendNotifications와 advanceUntilIdle 모두 일반 함수이기 때문입니다.

메인 디스패처 교체하기

단위 테스트에는 메인 함수가 없습니다. 메인 함수를 사용하려고 하면, 테스트는 '메인 디스패처를 가진 모듈이 없다'는 예외를 던지며 실패합니다. 매번 메인 스레드를 주입하는 건 비용이 많이 들기 때문에, 'kotlinx-coroutines-test' 라이브러리는 Dispatchers에 setMain 확장 함수를 제공합니다.

모든 단위 테스트에 의해 확장되는 기본 클래스의 setup 함수(@Before 또는 @BeforeEach가 붙은 함수)에서 메인 함수를 설정할 때가 많습니다. 이렇게 하면 코루틴이 Dispatchers.Main에서 항상 실행된다는 것이 보장됩니다. 테스트가 끝난 뒤에는 Dispatchers.resetMain()으로 메인 함수의 상태를 초기화시켜야 합니다.

코루틴을 시작하는 안드로이드 함수 테스트하기

안드로이드에서 코루틴은 뷰 모델(ViewModels), 프레젠터(Presenters), 프래그먼트(Fragments), 또는 액티비티(Activities)에서 주로 시작됩니다. 이 클래스들은 매우 중요하므로 테스트를 반드시 수행해야 합니다. 다음 코드에서 MainViewModel이 구현된 것을 생각해 봅시다.

```
class MainViewModel(
    private val userRepo: UserRepository,
    private val newsRepo: NewsRepository,
) : BaseViewModel() {

    private val _userName: MutableLiveData<String> =
        MutableLiveData()
    val userName: LiveData<String> = _userName

    private val _news: MutableLiveData<List<News>> =
        MutableLiveData()
    val news: LiveData<List<News>> = _news

    private val _progressVisible: MutableLiveData<Boolean> =
        MutableLiveData()
    val progressVisible: LiveData<Boolean> =
        _progressVisible
```

```
    fun onCreate() {
        viewModelScope.launch {
            val user = userRepo.getUser()
            _userName.value = user.name
        }
        viewModelScope.launch {
            _progressVisible.value = true
            val news = newsRepo.getNews()
                .sortedByDescending { it.date }
            _news.value = news
            _progressVisible.value = false
        }
    }
}
```

viewModelScope가 아닌 커스텀하게 제작한 스코프일 수도 있으며, 뷰 모델이 아니라 프레젠터, 액티비티 또는 다른 클래스가 될 수도 있습니다. 위 예제에서는 스코프가 무엇인지가 그다지 중요하지 않습니다. 코루틴을 시작하는 모든 클래스에서 했던 것처럼 스코프의 일부로 StandardTestDispatcher를 사용하면 됩니다. 이전에는 의존성 주입을 통해 다른 스코프를 주입해야 했지만, 좀더 간단한 방법을 사용할 수도 있습니다. 안드로이드는 기본 디스패처로 Dispatchers.Main을 사용하고 있는데, Dispatchers.setMain 함수를 사용하면 디스패처를 StandardTestDispatcher로 교체할 수 있습니다.

```
private val testDispatcher = StandardTestDispatcher()

@Before
fun setUp() {
    testDispatcher = StandardTestDispatcher()
    Dispatchers.setMain(testDispatcher)
}

@After
fun tearDown() {
    Dispatchers.resetMain()
}
```

메인 디스패처를 위와 같이 설정하면, onCreate 코루틴은 testDispatcher에서 실행되므로 시간을 조작하는 것이 가능해집니다. advanceTimeBy 함수를 사용하면 특정 시간이 흘러간 것처럼 할 수 있습니다. advanceUntilIdle을 사용하면 코루틴 전부가 끝날 때까지 모든 코루틴을 재개시킬 수 있습니다.

```
class MainViewModelTests {
    private lateinit var scheduler: TestCoroutineScheduler
    private lateinit var viewModel: MainViewModel

    @BeforeEach
    fun setUp() {
        scheduler = TestCoroutineScheduler()
        Dispatchers.setMain(StandardTestDispatcher(scheduler))
        viewModel = MainViewModel(
            userRepo = FakeUserRepository(aName),
            newsRepo = FakeNewsRepository(someNews)
        )
    }

    @AfterEach
    fun tearDown() {
        Dispatchers.resetMain()
        viewModel.onCleared()
    }

    @Test
    fun `should show user name and sorted news`() {
        // when
        viewModel.onCreate()
        scheduler.advanceUntilIdle()

        // then
        assertEquals(aName, viewModel.userName.value)
        val someNewsSorted =
            listOf(News(date1), News(date2), News(date3))
        assertEquals(someNewsSorted, viewModel.news.value)
    }

    @Test
    fun `should show progress bar when loading news`() {
        // given
        assertEquals(null, viewModel.progressVisible.value)

        // when
        viewModel.onCreate()
```

```
        // then
        assertEquals(false, viewModel.progressVisible.value)

        // when
        scheduler.advanceTimeBy(200)

        // then
        assertEquals(true, viewModel.progressVisible.value)

        // when
        scheduler.runCurrent()

        // then
        assertEquals(false, viewModel.progressVisible.value)
    }

    @Test
    fun `user and news are called concurrently`() {
        // when
        viewModel.onCreate()
        scheduler.advanceUntilIdle()

        // then
        assertEquals(300, testDispatcher.currentTime)
    }

    class FakeUserRepository(
        private val name: String
    ) : UserRepository {
        override suspend fun getUser(): UserData {
            delay(300)
            return UserData(name)
        }
    }

    class FakeNewsRepository(
        private val news: List<News>
    ) : NewsRepository {
        override suspend fun getNews(): List<News> {
            delay(200)
            return news
        }
    }
}
```

룰이 있는 테스트 디스패처 설정하기

JUnit 4는 룰 클래스의 사용을 허용합니다. 룰은 테스트 클래스의 수명 동안 반드시 실행되어야 할 로직을 포함하는 클래스입니다. 룰은 모든 테스트가 시작되기 전과 끝난 뒤에 실행해야 할 것들을 정의할 수 있기 때문에, 테스트 디스패처를 설정하고 나중에 이를 해제하는 데 사용할 수 있습니다. 다음은 룰을 사용한 좋은 예제입니다.

```
class MainCoroutineRule : TestWatcher() {
    lateinit var scheduler: TestCoroutineScheduler
        private set
    lateinit var dispatcher: TestDispatcher
        private set

    override fun starting(description: Description) {
        scheduler = TestCoroutineScheduler()
        dispatcher = StandardTestDispatcher(scheduler)
        Dispatchers.setMain(dispatcher)
    }

    override fun finished(description: Description) {
        Dispatchers.resetMain()
    }
}
```

위 예제의 룰은 우리가 오버라이드한 starting과 finished와 같은 수명 주기 메서드를 제공하는 TestWatcher를 확장해야 합니다. 룰은 TestCoroutineScheduler와 TestDispatcher로 구성됩니다. 룰을 사용한 클래스의 각 테스트가 시작되기 전에 TestDispatcher가 메인 디스패처로 설정됩니다. 각 테스트가 끝난 뒤에 메인 디스패처는 원래 상태로 돌아오게 됩니다. 스케줄러는 위 룰의 scheduler 프로퍼티로 접근할 수 있습니다.

```
class MainViewModelTests {
    @get:Rule
    var mainCoroutineRule = MainCoroutineRule()

    // ...

    @Test
```

```
    fun `should show user name and sorted news`() {
        // when
        viewModel.onCreate()
        mainCoroutineRule.scheduler.advanceUntilIdle()

        // then
        assertEquals(aName, viewModel.userName.value)
        val someNewsSorted =
            listOf(News(date1), News(date2), News(date3))
        assertEquals(someNewsSorted, viewModel.news.value)
    }

    @Test
    fun `should show progress bar when loading news`() {
        // given
        assertEquals(null, viewModel.progressVisible.value)

        // when
        viewModel.onCreate()

        // then
        assertEquals(false, viewModel.progressVisible.value)

        // when
        mainCoroutineRule.scheduler.advanceTimeBy(200)

        // then
        assertEquals(true, viewModel.progressVisible.value)
    }

    @Test
    fun `user and news are called concurrently`() {
        // when
        viewModel.onCreate()

        mainCoroutineRule.scheduler.advanceUntilIdle()

        // then
        assertEquals(300, mainCoroutineRule.currentTime)
    }
}
```

MainCoroutineRule에서 advanceUntilIdle, advanceTimeBy, runCurrent, currentTime을 직접 호출하고 싶다면, 확장 함수와 프로퍼티로 정의할 수 있습니다.

위 방식은 안드로이드에서 코틀린 코루틴을 테스트할 때 자주 사용됩니다. 구글의 코드랩 강의 자료(Advanced Android in Kotlin 05.3: Testing Coroutines and Jetpack integrations[6])에도 설명되어 있을 정도입니다(현재는 좀더 오래된 `kotlinx-coroutines-test` API에서 사용됩니다).

JUnit 5의 방식도 확장 클래스를 정의한다는 점에서 크게 차이 나지 않습니다.

```
@ExperimentalCoroutinesApi
class MainCoroutineExtension:
    BeforeEachCallback, AfterEachCallback {

    lateinit var scheduler: TestCoroutineScheduler
        private set
    lateinit var dispatcher: TestDispatcher
        private set

    override fun beforeEach(context: ExtensionContext?) {
        scheduler = TestCoroutineScheduler()
        dispatcher = StandardTestDispatcher(scheduler)
        Dispatchers.setMain(dispatcher)
    }

    override fun afterEach(context: ExtensionContext?) {
        Dispatchers.resetMain()
    }
}
```

`MainCoroutineExtension`의 사용법은 `MainCoroutineRule` 룰과 거의 동일합니다. 차이점은 `@get:Rule` 어노테이션 대신 `@JvmField`와 `@RegisterExtension`을 사용해야 한다는 것입니다.

```
@JvmField
@RegisterExtension
var mainCoroutineExtension = MainCoroutineExtension()
```

6 *https://developer.android.com/codelabs/advanced-android-kotlin-training-testing-survey#3*

요약

이 장에서는 코틀린 코루틴을 테스트할 때 사용하는 가장 중요한 예들을 살펴보았습니다. 테스트할 때 우리가 알아야 할 몇 가지 규칙만 익히면, 테스트 코드를 깔끔하게 작성할 수 있으며, 코루틴의 모든 기능을 아주 쉽게 테스트할 수 있습니다. 코틀린 코루틴을 사용한 애플리케이션에서 훌륭한 테스트 코드를 작성하는 방법을 터득했기를 바랍니다.

3부

채널과 플로우

제 워크숍의 많은 참가자는 코루틴의 리액티브 스트림으로 알려져 있는 플로우(Flow)에 대해 듣고 싶어 합니다. 마침내 우리는 플로우에 공부할 준비가 되었습니다. 3부에서는 알아 두면 유용하게 사용할 수 있는 채널(Channel)과 플로우에 대해 배울 것입니다. 좀더 기본적인 개념인 채널로 시작한 뒤, 플로우를 심도 있게 살펴보겠습니다.

16장

Kotlin Coroutines

채널

코루틴끼리의 통신을 위한 기본적인 방법으로 채널 API가 추가되었습니다. 많은 사람은 채널을 파이프로 떠올리지만, 필자는 다른 방식으로 비유하는 걸 좋아합니다. 책을 교환하는 데 사용되는 공공 책장을 본 적이 있나요? 다른 사람이 찾는 책을 한 사람이 먼저 가지고 와야 합니다. `kotlinx.coroutines`의 `Channel`이 작동하는 방식과 비슷하다고 할 수 있습니다.

채널은 송신자와 수신자의 수에 제한이 없으며, 채널을 통해 전송된 모든 값은 단 한 번만 받을 수 있습니다.

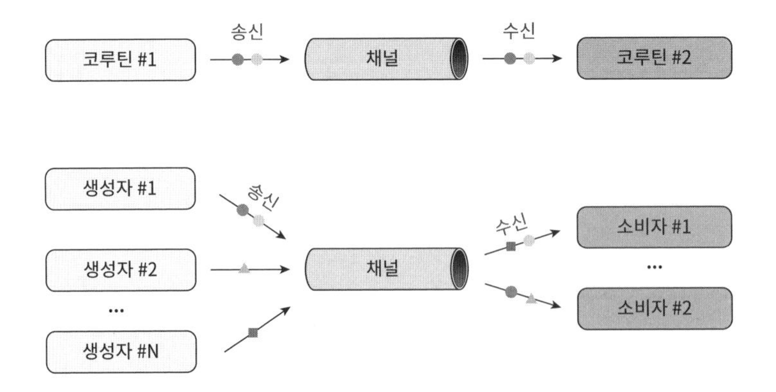

Channel은 두 개의 서로 다른 인터페이스를 구현한 하나의 인터페이스입니다.

- SendChannel은 원소를 보내거나(또는 더하거나) 채널을 닫는 용도로 사용됩니다.
- ReceiveChannel은 원소를 받을 때(또는 꺼낼 때) 사용됩니다.

```
interface SendChannel<in E> {
    suspend fun send(element: E)
    fun close(): Boolean
    // ...
}

interface ReceiveChannel<out E> {
    suspend fun receive(): E
    fun cancel(cause: CancellationException? = null)
    // ...
}

interface Channel<E> : SendChannel<E>, ReceiveChannel<E>
```

두 인터페이스는 구분되어 있으며, 채널의 진입점을 제한하기 위해 ReceiveChannel이나 SendChannel 중 하나만 노출시키는 것도 가능합니다.

send와 receive 모두 중단 함수라는 것을 확인할 수 있습니다. 원소를 보내고 받는 함수가 중단 함수인 것은 필수적인 특징입니다.

- receive를 호출했는데 채널에 원소가 없다면 코루틴은 원소가 들어올 때까지 중단됩니다. 공유 책장으로 비유하면, 누군가 책을 찾으러 갔는데 책

장이 비어 있는 경우, 다른 사람이 책을 넣을 때까지 기다려야 하는 상황입니다.

- 반면 send는 채널의 용량이 다 찼을 때 중단됩니다. 대부분의 채널은 용량이 제한되어 있다는 걸 나중에 확인할 수 있습니다. 공유 책장으로 비유하면, 누군가 책을 넣으러 갔는데 책장이 가득 찬 경우, 다른 사람이 책을 가져가 공간이 생길 때까지 기다려야 하는 상황입니다.

✅ 중단 함수가 아닌 함수로 보내거나 받아야 한다면 trySend와 tryReceive를 사용할 수 있습니다. 두 연산 모두 연산이 성공했는지 실패했는지에 대한 정보를 담고 있는 ChannelResult를 즉시 반환합니다. 용량이 제한적인 채널에서만 trySend와 tryReceive를 사용해야 하는데, (버퍼가 없는) 랑데뷰 채널에서는 작동하지 않기 때문입니다.

채널은 송신자와 수신자의 수에 제한이 없습니다. 하지만 채널의 양쪽 끝에 각각 하나의 코루틴만 있는 경우가 가장 일반적입니다.

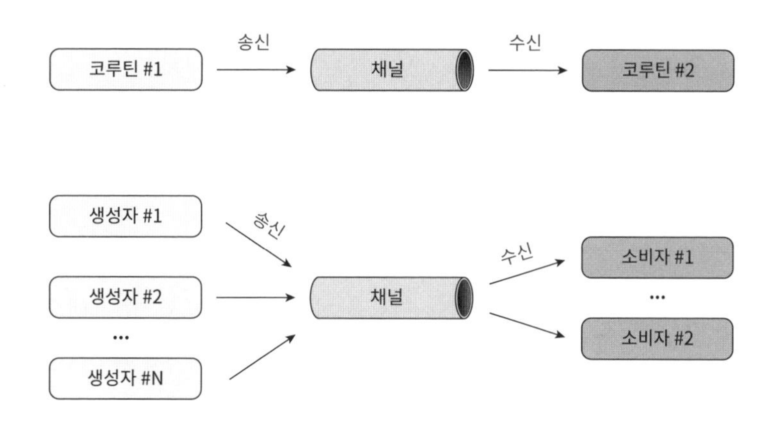

채널의 가장 간단한 예를 보려면 각기 다른 코루틴에 생성자(송신자)와 소비자(수신자)가 있어야 합니다. 생성자는 원소를 보내고 소비자는 원소를 받습니다. 다음은 이러한 상황을 구현한 예입니다.

```
suspend fun main(): Unit = coroutineScope {
    val channel = Channel<Int>()
    launch {
```

```
        repeat(5) { index ->
            delay(1000)
            println("Producing next one")
            channel.send(index * 2)
        }
    }

    launch {
        repeat(5) {
            val received = channel.receive()
            println(received)
        }
    }
}
// (1초 후)
// Producing next one
// 0
// (1초 후)
// Producing next one
// 2
// (1초 후)
// Producing next one
// 4
// (1초 후)
// Producing next one
// 6
// (1초 후)
// Producing next one
// 8
```

위와 같은 구현 방식은 불완전합니다. 우선 수신자는 얼마나 많은 원소를 보내는지 알아야 합니다. 수신자가 이런 정보를 아는 경우는 별로 없기 때문에 송신자가 보내는 만큼 수신자가 기다리는 방식을 선호합니다. 채널이 닫힐 때까지 원소를 받기 위해 for 루프나 consumeEach 함수를 사용할 수 있습니다.[1]

```
suspend fun main(): Unit = coroutineScope {
    val channel = Channel<Int>()
    launch {
        repeat(5) { index ->
            println("Producing next one")
```

1 consumeEach 함수 또한 for 루프를 사용하지만 모든 원소를 가지고 온 다음에 (채널이 닫힌 뒤) 채널을 취소한다는 차이가 있습니다.

```
            delay(1000)
            channel.send(index * 2)
        }
        channel.close()
    }

    launch {
        for (element in channel) {
            println(element)
        }
        // 또는
        // channel.consumeEach { element ->
        //     println(element)
        // }
    }
}
```

위와 같이 원소를 보내는 방식의 문제점은 (특히 예외가 발생했을 때) 채널을 닫는 걸 깜박하기 쉽다는 것입니다. 예외로 인해 코루틴이 원소를 보내는 걸 중단하면, 다른 코루틴은 원소를 영원히 기다려야 합니다. ReceiveChannel을 반환하는 코루틴 빌더인 produce 함수를 사용하는 것이 좀더 편리합니다.

```
// 이 함수는 0부터 `max`까지의 양수를 가진
// 채널을 생성합니다.
fun CoroutineScope.produceNumbers(
    max: Int
): ReceiveChannel<Int> = produce {
        var x = 0
        while (x < 5) send(x++)
    }
```

produce 함수는 빌더로 시작된 코루틴이 어떻게 종료되든 상관없이 (끝나거나, 중단되거나, 취소되거나) 채널을 닫습니다. 따라서 close를 반드시 호출합니다. produce 빌더는 채널을 만드는 가장 인기 있는 방법이며, 안전하고 편리하다는 등의 많은 장점이 있습니다.

```
suspend fun main(): Unit = coroutineScope {
    val channel = produce {
        repeat(5) { index ->
            println("Producing next one")
```

```
            delay(1000)
            send(index * 2)
        }
    }

    for (element in channel) {
        println(element)
    }
}
```

채널 타입

설정한 용량 크기에 따라 채널을 네 가지로 구분할 수 있습니다.

- 무제한(Unlimited): 제한이 없는 용량 버퍼를 가진 Channel.UNLIMITED로 설정된 채널로, send가 중단되지 않습니다.
- 버퍼(Buffered): 특정 용량 크기 또는 Channel.BUFFERED(기본값은 64이며 JVM의 kotlinx.coroutines.channels.defaultBuffer를 설정하면 오버라이드할 수 있습니다)로 설정된 채널
- 랑데뷰(Rendezvous)[2]: 용량이 0이거나 Channel.RENDEZVOUS(용량이 0입니다)인 채널로, 송신자와 수신자가 만날 때만 원소를 교환합니다(책장이 아닌 책을 교환하는 장소와 비슷합니다).
- 융합(Conflated): 버퍼 크기가 1인 Channel.CONFLATED를 가진 채널로, 새로운 원소가 이전 원소를 대체합니다.

채널이 가진 용량을 실제 예를 보면서 확인해 봅시다. Channel에 직접 설정할 수 있지만 produce 함수를 호출하여 설정할 수도 있습니다.

송신자를 빠르게, 수신자를 느리게 만들 것입니다. 용량이 무제한이면 채널은 모든 원소를 받고 수신자가 하나씩 가져가게 합니다.

```
suspend fun main(): Unit = coroutineScope {
    val channel = produce(capacity = Channel.UNLIMITED) {
```

2 어원은 프랑스어인 'rendez-vous'로, 대개 '약속'을 의미합니다. 이 낭만적인 단어는 국경을 넘어 영국에서는 덜 인기 있는 'rendezvous'로, 폴란드에서는 데이트를 의미하는 'randka'가 되었습니다.

```
        repeat(5) { index ->
            send(index * 2)
            delay(100)
            println("Sent")
        }
    }

    delay(1000)
    for (element in channel) {
        println(element)
        delay(1000)
    }
}

// Sent
// (0.1초 후)
// Sent
// (0.1초 후)
// Sent
// (0.1초 후)
// Sent
// (0.1초 후)
// Sent
// (1 - 4 * 0.1 = 0.6초 후)
// 0
// (1초 후)
// 2
// (1초 후)
// 4
// (1초 후)
// 6
// (1초 후)
// 8
// (1초 후)
```

정해진 크기의 용량을 가지고 있다면 버퍼가 가득 찰 때까지 원소가 생성되고, 이후에 생성자는 수신자가 원소를 소비하기를 기다리기 시작합니다.

```
suspend fun main(): Unit = coroutineScope {
    val channel = produce(capacity = 3) {
        repeat(5) { index ->
            send(index * 2)
            delay(100)
            println("Sent")
```

```
        }
    }

    delay(1000)
    for (element in channel) {
        println(element)
        delay(1000)
    }
}

// Sent
// (0.1초 후)
// Sent
// (0.1초 후)
// Sent
// (1 - 2 * 0.1 = 0.8초 후)
// 0
// Sent
// (1초 후)
// 2
// Sent
// (1초 후)
// 4
// (1초 후)
// 6
// (1초 후)
// 8
// (1초 후)
```

기본(또는 Channel.RENDEZVOUS) 용량을 가진 채널의 경우 송신자는 항상 수신자를 기다립니다.

```
suspend fun main(): Unit = coroutineScope {
    val channel = produce {
        // 또는 produce(capacity = Channel.RENDEZVOUS) {
        repeat(5) { index ->
            send(index * 2)
            delay(100)
            println("Sent")
        }
    }

    delay(1000)
    for (element in channel) {
```

```
        println(element)
        delay(1000)
    }
}

// 0
// Sent
// (1초 후)
// 2
// Sent
// (1초 후)
// 4
// Sent
// (1초 후)
// 6
// Sent
// (1초 후)
// 8
// Sent
// (1초 후)
```

마지막으로, Channel.CONFLATED 용량을 사용하면 이전 원소를 더 이상 저장하지 않습니다. 새로운 원소가 이전 원소를 대체하며, 최근 원소만 받을 수 있게 되므로 먼저 보내진 원소가 유실됩니다.

```
suspend fun main(): Unit = coroutineScope {
    val channel = produce(capacity = Channel.CONFLATED) {
        repeat(5) { index ->
            send(index * 2)
            delay(100)
            println("Sent")
        }
    }

    delay(1000)
    for (element in channel) {
        println(element)
        delay(1000)
    }
}

// Sent
// (0.1초 후)
```

```
// Sent
// (0.1초 후)
// Sent
// (0.1초 후)
// Sent
// (0.1초 후)
// Sent
// (1 - 4 * 0.1 = 0.6초 후)
// 8
```

버퍼 오버플로일 때

채널을 커스텀화하기 위해 버퍼가 꽉 찼을 때(onBufferOverflow 파라미터)의 행동을 정의할 수 있습니다. 다음은 오버플로와 관련된 옵션입니다.

- SUSPEND(기본 옵션): 버퍼가 가득 찼을 때, send 메서드가 중단됩니다.
- DROP_OLDEST: 버퍼가 가득 찼을 때, 가장 오래된 원소가 제거됩니다.
- DROP_LATEST: 버퍼가 가득 찼을 때, 가장 최근의 원소가 제거됩니다.

채널 용량 중 Channel.CONFLATED는 용량을 1로 설정하고 onBufferOverflow를 DROP_OLDEST로 설정한 것임을 알 수 있습니다. 현재는 produce 함수에서 onBufferOverflow를 설정할 수 없으므로, 오버플로 옵션을 변경하려면 Channel 함수를 사용해 채널을 정의해야 합니다.[3]

```
suspend fun main(): Unit = coroutineScope {
    val channel = Channel<Int>(
        capacity = 2,
        onBufferOverflow = BufferOverflow.DROP_OLDEST
    )

    launch {
        repeat(5) { index ->
            channel.send(index * 2)
            delay(100)
            println("Sent")
        }
```

3 Channel은 인터페이스이므로 Channel()은 가짜 생성자입니다.

```
        channel.close()
    }

    delay(1000)
    for (element in channel) {
        println(element)
        delay(1000)
    }
}

// Sent
// (0.1초 후)
// Sent
// (0.1초 후)
// Sent
// (0.1초 후)
// Sent
// (0.1초 후)
// Sent
// (1 - 4 * 0.1 = 0.6초 후)
// 6
// (1초 후)
// 8
```

전달되지 않은 원소 핸들러

Channel 함수에서 반드시 알아야 할 또 다른 파라미터는 onUndeliveredElement입니다. 원소가 어떠한 이유로 처리되지 않을 때 호출됩니다. 대부분 채널이 닫히거나 취소되었음을 의미하지만, send, receive, receiveOrNull 또는 hasNext가 에러를 던질 때 발생할 수도 있습니다. 주로 채널에서 보낸 자원을 닫을 때 사용합니다.

```
val channel = Channel<Resource>(capacity) { resource ->
    resource.close()
}
// 또는
// val channel = Channel<Resource>(
//      capacity,
//      onUndeliveredElement = { resource ->
//          resource.close()
//      }
```

```
// )

// 생성자 코드
val resourceToSend = openResource()
channel.send(resourceToSend)

// 소비자 코드
val resourceReceived = channel.receive()
try {
    // 수신한 자원으로 작업합니다.
} finally {
    resourceReceived.close()
}
```

팬아웃(Fan-out)

여러 개의 코루틴이 하나의 채널로부터 원소를 받을 수도 있습니다. 하지만 원소를 적절하게 처리하려면 반드시 for 루프를 사용해야 합니다(consumeEach는 여러 개의 코루틴이 사용하기에는 안전하지 않습니다).

```
fun CoroutineScope.produceNumbers() = produce {
    repeat(10) {
        delay(100)
        send(it)
    }
}

fun CoroutineScope.launchProcessor(
    id: Int,
    channel: ReceiveChannel<Int>
) = launch {
    for (msg in channel) {
        println("#$id received $msg")
    }
}
```

```
suspend fun main(): Unit = coroutineScope {
    val channel = produceNumbers()
    repeat(3) { id ->
        delay(10)
        launchProcessor(id, channel)
    }
}

// #0 received 0
// #1 received 1
// #2 received 2
// #0 received 3
// #1 received 4
// #2 received 5
// #0 received 6
// ...
```

원소는 공평하게 배분됩니다. 채널은 원소를 기다리는 코루틴들을 FIFO(first-in-first-out) 큐로 가지고 있습니다. 위 예제에서 코루틴이 순차적으로 원소를 받는 이유입니다(0, 1, 2, 0, 1, 2 순서).

유치원에서 사탕을 기다리는 아이들을 비유로 들 수 있습니다. 아이들은 사탕을 받고나서 곧바로 먹은 뒤, 줄의 가장 끝으로 갑니다. (사탕의 수가 아이들의 배수이며, 부모님이 아이들이 사탕을 먹어도 괜찮다고 할 때) 이러한 배분 방식은 공평하다고 볼 수 있습니다.

팬인(Fan-in)

여러 개의 코루틴이 하나의 채널로 원소를 전송할 수 있습니다. 다음 예제를 보면 두 개의 코루틴이 같은 채널로 원소를 보내고 있습니다.

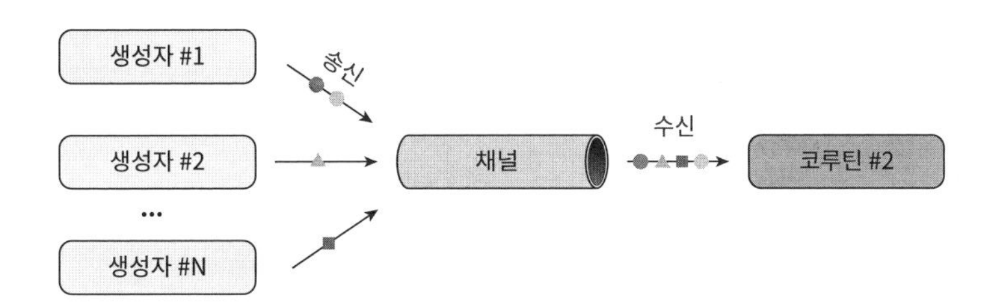

```
suspend fun sendString(
    channel: SendChannel<String>,
    text: String,
    time: Long
) {
    while (true) {
        delay(time)
        channel.send(text)
    }
}

fun main() = runBlocking {
    val channel = Channel<String>()
    launch { sendString(channel, "foo", 200L) }
    launch { sendString(channel, "BAR!", 500L) }
    repeat(50) {
        println(channel.receive())
    }
    coroutineContext.cancelChildren()
}
// (200 밀리초 후)
// foo
// (200 밀리초 후)
// foo
// (100 밀리초 후)
// BAR!
// (100 밀리초 후)
// foo
// (200 밀리초 후)
// ...
```

다수의 채널을 하나의 채널로 합쳐야 할 경우가 있습니다. 이런 경우 produce 함수로 여러 개의 채널을 합치는 fanIn 함수를 사용할 수 있습니다.

```
fun <T> CoroutineScope.fanIn(
    channels: List<ReceiveChannel<T>>
): ReceiveChannel<T> = produce {
    for (channel in channels) {
        launch {
            for (elem in channel) {
                send(elem)
            }
        }
    }
}
```

파이프라인

한 채널로부터 받은 원소를 다른 채널로 전송하는 경우가 있습니다. 이를 파이프라인이라고 부릅니다.

```
// 1부터 3까지의 수를 가진 채널
fun CoroutineScope.numbers(): ReceiveChannel<Int> =
    produce {
        repeat(3) { num ->
            send(num + 1)
        }
    }

fun CoroutineScope.square(numbers: ReceiveChannel<Int>) =
    produce {
        for (num in numbers) {
            send(num * num)
        }
    }

suspend fun main() = coroutineScope {
    val numbers = numbers()
    val squared = square(numbers)
    for (num in squared) {
        println(num)
    }
}
// 1
// 4
// 9
```

통신의 기본 형태로서의 채널

채널은 서로 다른 코루틴이 통신할 때 유용합니다. 충돌이 발생하지 않으며(공유 상태로 인한 문제가 일어나지 않습니다), 공평함을 보장합니다.

여러 바리스타가 커피를 만드는 상황을 떠올려 봅시다. 각각의 바리스타는 서로 독립적으로 작업을 수행하는 코루틴이라 할 수 있습니다. 커피의 종류가 다르면 준비하는 데 걸리는 시간도 다르지만, 주문은 받은 순서대로 처리하고 싶습니다. 이를 해결하는 가장 쉬운 방법은 주문을 채널로 받고 만들어진 커피를 다른 채널을 통해 보내는 것입니다. 바리스타는 produce 빌더를 사용해 정의할 수 있습니다.

```
suspend fun CoroutineScope.serveOrders(
    orders: ReceiveChannel<Order>,
    baristaName: String
): ReceiveChannel<CoffeeResult> = produce {
    for (order in orders) {
        val coffee = prepareCoffee(order.type)
        send(
            CoffeeResult(
                coffee = coffee,
                customer = order.customer,
                baristaName = baristaName
            )
        )
    }
}
```

파이프라인을 설정하고, 이전에 정의한 fanIn 함수를 사용해 다른 바리스타들이 생성한 결과를 하나로 합칠 수 있습니다.

```
    val coffeeResults = fanIn(
        serveOrders(ordersChannel, "Alex"),
        serveOrders(ordersChannel, "Bob"),
        serveOrders(ordersChannel, "Celine"),
    )
```

좀더 실제적인 예는 다음 절에서 확인할 수 있습니다.

실제 사용 예

채널을 사용하는 전형적인 예는 데이터가 한 쪽에서 생성되고 다른 쪽에서 데이터를 처리하는 것입니다. 사용자의 클릭에 반응하는 경우, 서버로부터 새로운 알림이 오는 경우, 시간이 흐르면서 검색 결과를 업데이트하는 경우(여러 개의 항공사 홈페이지에 질의해 가장 싼 항공편을 찾는 스카이스캐너가 좋은 예입니다)를 예로 들 수 있습니다. 하지만 대부분의 경우 채널과 플로우가 합처진 channelFlow나 callbackFlow를 사용하는 것이 더 좋습니다(이 개념은 21장 '플로우 만들기'에서 설명할 것입니다).

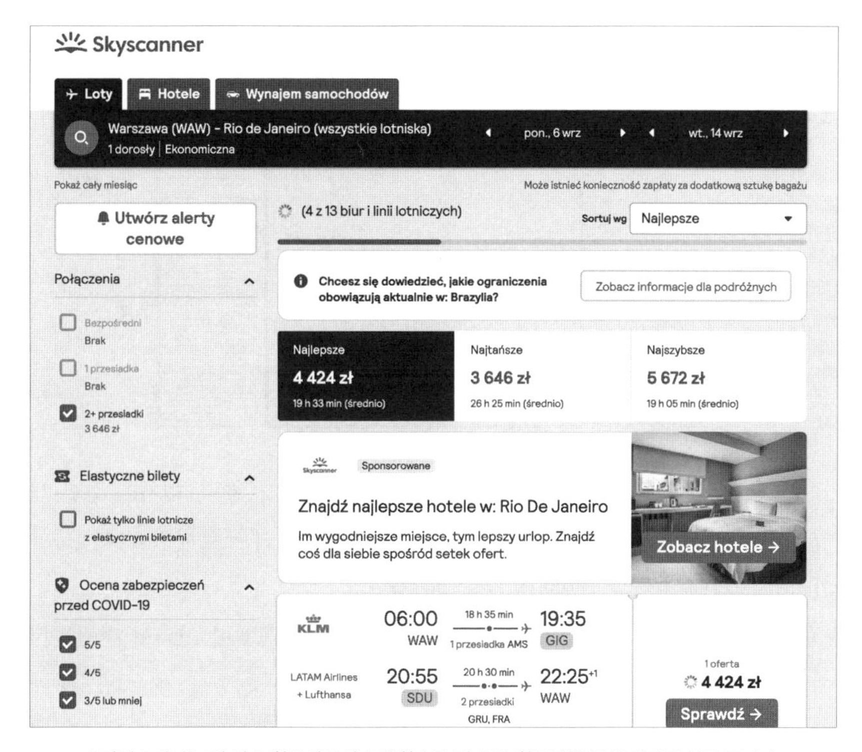

스카이스캐너는 더 많은 항공사들이 응답할수록 더 좋은 항공편을 검색 결과로 보여 줍니다.

순수한 형태의 채널은 좀더 복잡한 처리를 요하는 경우에 유용합니다. 아마존과 같은 온라인 쇼핑몰을 운영한다고 생각해 봅시다. 서비스는 엄청난 수의 판매자들이 제공하는 상품 정보가 변경되는 것을 감지해야 합니다. 판매자가 정보를 변경할 때마다 갱신해야 할 상품 리스트를 찾고, 하나씩 업데이트하게 됩니다.

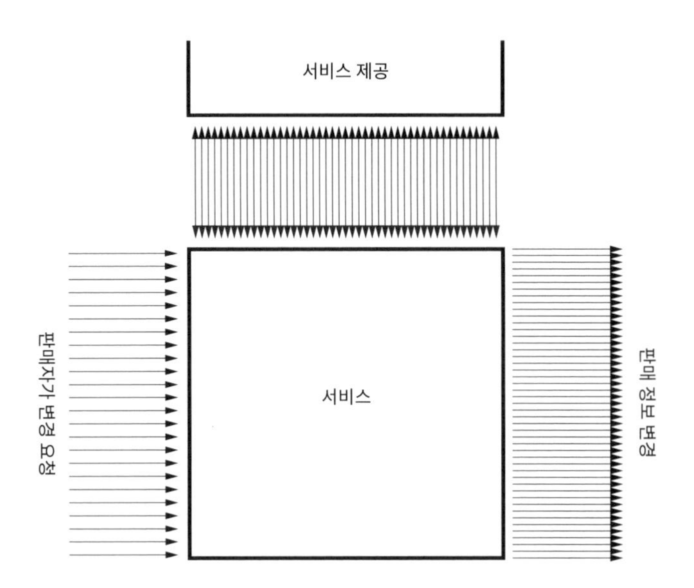

고전적으로 처리하는 방식은 최적화된 방식이 아닙니다. 한 판매자가 십만 개가 넘는 상품을 제공할 수도 있습니다. 모든 것을 하나의 프로세스로 오랫동안 처리하는 건 좋은 생각이 아닙니다.

첫 번째로, 내부적인 예외가 발생하거나 서버가 재개되면 어디서 멈췄는지에 대한 단서를 남기지 않습니다. 두 번째로, 대규모의 상품을 제공하는 판매자가 오랫동안 서버를 붙들고 있으면, 다른 작은 규모의 판매자는 변경하기 위해 한참을 기다려야 합니다. 게다가 변경을 처리하기 위해 필요한 서비스(그리고 네트워크 인터페이스)에 너무 많은 네트워크 요청을 같은 시간에 보내면 안 됩니다.

파이프라인을 설정하는 것이 해결책이 될 수 있습니다. 첫 번째 채널은 처리해야 할 판매자를 가지고 있으며, 두 번째 채널은 갱신해야 할 상품을 가지고 있습니다. 두 채널 모두 버퍼를 가지고 있습니다. 두 번째 채널의 버퍼는 이미 처리해야 할 상품이 많을 경우 서비스가 더 많은 상품을 받는 걸 방지합니다. 따라서 서버는 같은 시간에 갱신해야 할 상품의 수를 조절할 수 있습니다.

중복된 상품을 제거하는 등 몇 개의 중간 과정을 추가하는 것도 쉽습니다. 각 채널의 원소를 기다리는 코루틴의 수를 정의하여 외부 서비스에 동시에 얼마나 많은 요청을 보낼지 결정할 수 있습니다. 채널과 관련된 파라미터를 조정하여 서비스를 자유롭게 만들 수 있습니다. 영속성(서버가 재개되었을 경우), 원소의 유일성(판매자가 이전 요청이 처리되기 전에 또 다른 변경을 요청할 경우) 등 다양한 개선 방법도 쉽게 추가할 수 있습니다.

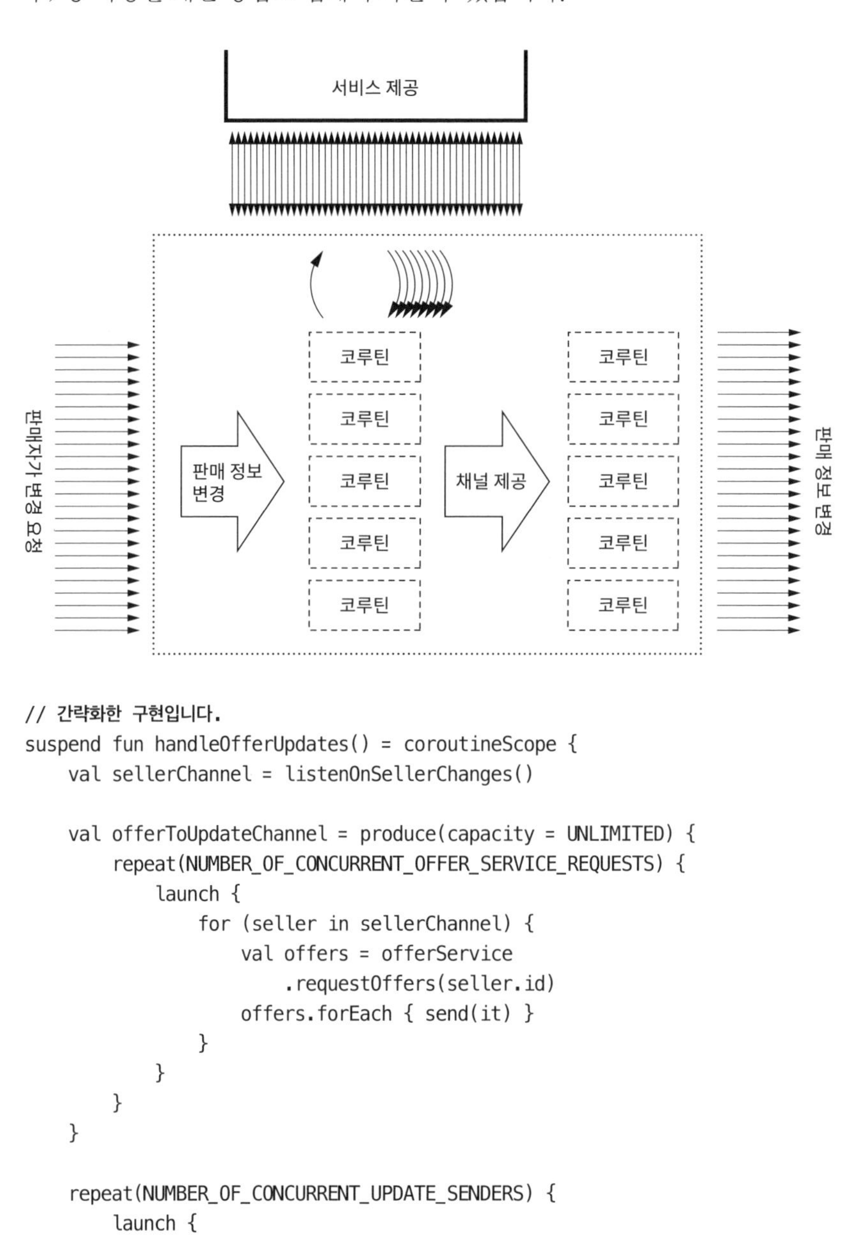


```
// 간략화한 구현입니다.
suspend fun handleOfferUpdates() = coroutineScope {
    val sellerChannel = listenOnSellerChanges()

    val offerToUpdateChannel = produce(capacity = UNLIMITED) {
        repeat(NUMBER_OF_CONCURRENT_OFFER_SERVICE_REQUESTS) {
            launch {
                for (seller in sellerChannel) {
                    val offers = offerService
                        .requestOffers(seller.id)
                    offers.forEach { send(it) }
                }
            }
        }
    }

    repeat(NUMBER_OF_CONCURRENT_UPDATE_SENDERS) {
        launch {
```

```
            for (offer in offerToUpdateChannel) {
                sendOfferUpdate(offer)
            }
        }
    }
}
```

요약

채널은 코루틴끼리 통신할 때 사용하는 강력한 기본 도구입니다. 송신자와 수신자의 수에 제한이 없으며, 채널을 통해 보내진 데이터는 단 한 번 받는 것이 보장됩니다. 보통 produce 빌더를 사용해 채널을 생성합니다. 채널은 특정 작업에 사용되는 코루틴의 수를 조절하는 파이프라인을 설정할 때 사용될 수 있습니다. 최근에는 이 책에서 나중에 소개할 플로우를 채널과 연결해서 사용하는 경우가 많습니다.

17장

K o t l i n C o r o u t i n e s

셀렉트

코루틴은 가장 먼저 완료되는 코루틴의 결과를 기다리는 select 함수를 제공합니다. 또한 여러 개의 채널 중 버퍼에 남은 공간이 있는 채널을 먼저 확인하여 데이터를 보내거나, 이용 가능한 원소가 있는 채널로부터 데이터를 받을 수 있는지 여부도 확인할 수 있습니다. 코루틴 사이에 경합을 일으키거나, 여러 개의 데이터 소스로부터 나오는 결괏값을 합칠 수도 있습니다. 실제 적용 사례를 통해 확인해 봅시다.

select 함수는 코틀린 코루틴이 정식으로 출시된 이후부터 사용이 가능했지만, 여전히 실험용입니다. select가 제거되지는 않겠지만, API 형태는 바뀔 가능성이 있습니다. select를 필요로 하는 경우가 적기 때문에 안정화되는 건 어려워 보입니다. 실제로 사용되는 경우는 드물기 때문에 이 장을 최대한 빨리 끝마치도록 하겠습니다.

지연되는 값 선택하기

여러 개의 소스에 데이터를 요청한 뒤, 가장 빠른 응답만 얻는 경우를 생각해 봅시다. 가장 쉬운 방법은 요청을 여러 개의 비동기 프로세스로 시작한 뒤, select 함수를 표현식으로 사용하고 표현식 내부에서 값을 기다리는 것입니다. select 내부에서는 셀렉트 표현식에서 나올 수 있는 결괏값을 명시하는 Deferred 값의 onAwait 함수를 호출합니다. 람다식 내부에서 값을 변환할 수도 있습니다. 다음 예제에서 비동기 결괏값 하나만 반환하는 걸 볼 수 있는데, select 표현식이 하나의 비동기 작업이 완료됨과 동시에 끝나게 되어 결괏값을 반환한다는 것을 알 수 있습니다.

```
suspend fun requestData1(): String {
    delay(100_000)
    return "Data1"
}

suspend fun requestData2(): String {
    delay(1000)
    return "Data2"
}

val scope = CoroutineScope(SupervisorJob())

suspend fun askMultipleForData(): String {
    val defData1 = scope.async { requestData1() }
    val defData2 = scope.async { requestData2() }
    return select {
        defData1.onAwait { it }
        defData2.onAwait { it }
    }
}

suspend fun main(): Unit = coroutineScope {
    println(askMultipleForData())
}
// (1초 후)
// Data2
```

위 예제를 보면 외부의 스코프로부터 async가 시작됩니다. 따라서 askMultipleForData를 시작하는 코루틴을 취소하면, 외부의 스코프인 비동기 태스크는 취소가 되지 않습니다. 구현 방식에 문제가 있지만, 이것보다 나은 방식을 찾지는 못했습니다. coroutineScope를 사용하면 자식 코루틴도 기다리게 되며, 다음 예제에서 확인할 수 있듯이 1초가 아닌 100초 후에서야 Data2를 결과로 받습니다.

```
// ...

suspend fun askMultipleForData(): String = coroutineScope {
```

```
    select<String> {
        async { requestData1() }.onAwait { it }
        async { requestData2() }.onAwait { it }
    }
}

suspend fun main(): Unit = coroutineScope {
    println(askMultipleForData())
}
// (100초 후)
// Data2
```

async와 select를 사용하면 코루틴끼리 경합하는 상황을 쉽게 구현할 수 있지만, 스코프를 명시적으로 취소해야 합니다. select가 값을 생성하고 나서 also를 호출한 뒤 다른 코루틴을 취소할 수 있습니다.

```
suspend fun askMultipleForData(): String = coroutineScope {
    select<String> {
        async { requestData1() }.onAwait { it }
        async { requestData2() }.onAwait { it }
    }.also { coroutineContext.cancelChildren() }
}

suspend fun main(): Unit = coroutineScope {
    println(askMultipleForData())
}
// (1초 후)
// Data2
```

위 해결책은 약간 복잡하기 때문에, 많은 개발자는 헬퍼 함수를 정의하거나 raceOf 함수를 지원하는 (루이 캐드(Louis CAD)가 개발한 Splitties 같은) 외부 라이브러리를 사용합니다. 27장 '코루틴 활용 비법'에서 raceOf 함수를 코드 몇 줄로 구현해 보겠습니다.

```
// Splitties 라이브러리의 raceOf를 사용한 구현 방법입니다.
suspend fun askMultipleForData(): String = raceOf({
    requestData1()
}, {
    requestData2()
})
```

```
suspend fun main(): Unit = coroutineScope {
    println(askMultipleForData())
}
// (1초 후)
// Data2
```

채널에서 값 선택하기

select 함수는 채널에서도 사용할 수 있습니다. 셀렉트 표현식에서 사용하는 주요 함수는 다음과 같습니다.

- onReceive: 채널이 값을 가지고 있을 때 선택됩니다. (receive 메서드처럼) 값을 받은 뒤 람다식의 인자로 사용합니다. onReceive가 선택되었을 때, select는 람다식의 결괏값을 반환합니다.
- onReceiveCatching: 채널이 값을 가지고 있거나 닫혔을 때 선택됩니다. 값을 나타내거나 채널이 닫혔다는 걸 알려 주는 ChannelResult를 받으며, 이 값을 람다식의 인자로 사용합니다. onReceiveCatching이 선택되었을 때, select는 람다식의 결괏값을 반환합니다.
- onSend: 채널의 버퍼에 공간이 있을 때 선택됩니다. (send 메서드처럼) 채널에 값을 보낸 뒤, 채널의 참조값으로 람다식을 수행합니다. onSend가 선택되었을 때, select는 Unit을 반환합니다.

실제 사용 예 몇 가지를 보겠습니다. 셀렉트 표현식은 여러 개의 채널로부터 결괏값을 얻기 위해 onReceive나 onReceiveCatching과 함께 사용됩니다.

```
suspend fun CoroutineScope.produceString(
    s: String,
    time: Long
) = produce {
    while (true) {
        delay(time)
        send(s)
    }
}

fun main() = runBlocking {
```

```
    val fooChannel = produceString("foo", 210L)
    val barChannel = produceString("BAR", 500L)

    repeat(7) {
        select {
            fooChannel.onReceive {
                println("From fooChannel: $it")
            }
            barChannel.onReceive {
                println("From barChannel: $it")
            }
        }
    }

    coroutineContext.cancelChildren()
}
// From fooChannel: foo
// From fooChannel: foo
// From barChannel: BAR
// From fooChannel: foo
// From fooChannel: foo
// From barChannel: BAR
// From fooChannel: foo
```

셀렉트 함수에서 onSend를 호출하면 버퍼에 공간이 있는 채널을 선택해 데이터를 전송하는 용도로 사용할 수 있습니다.

```
fun main(): Unit = runBlocking {
    val c1 = Channel<Char>(capacity = 2)
    val c2 = Channel<Char>(capacity = 2)

    // 값을 보냅니다.
    launch {
        for (c in 'A'..'H') {
            delay(400)
            select<Unit> {
                c1.onSend(c) { println("Sent $c to 1") }
                c2.onSend(c) { println("Sent $c to 2") }
            }
        }
    }

    // 값을 받습니다.
    launch {
```

```
        while (true) {
            delay(1000)
            val c = select<String> {
                c1.onReceive { "$it from 1" }
                c2.onReceive { "$it from 2" }
            }
            println("Received $c")
        }
    }
}
// Sent A to 1
// Sent B to 1
// Received A from 1
// Sent C to 1
// Sent D to 2
// Received B from 1
// Sent E to 1
// Sent F to 2
// Received C from 1
// Sent G to 1
// Received E from 1
// Sent H to 1
// Received G from 1
// Received H from 1
// Received D from 2
// Received F from 2
```

요약

select는 가장 먼저 완료되는 코루틴의 결괏값을 기다릴 때나, 여러 개의 채널 중 전송 또는 수신 가능한 채널을 선택할 때 유용합니다. 주로 채널에서 작동하는 다양한 패턴을 구현할 때 사용하지만, async 코루틴의 경합을 구현할 때도 사용할 수 있습니다.

18장

K o t l i n   C o r o u t i n e s

핫 데이터 소스와 콜드 데이터 소스

코틀린 코루틴은 처음에는 채널만 가지고 있었지만, 코루틴 개발자들은 이것만으로는 부족하다는 것을 깨달았습니다. 채널은 값을 '핫(hot)' 스트림으로 가지지만, '콜드(cold)' 스트림이 필요할 때가 있습니다.[1]

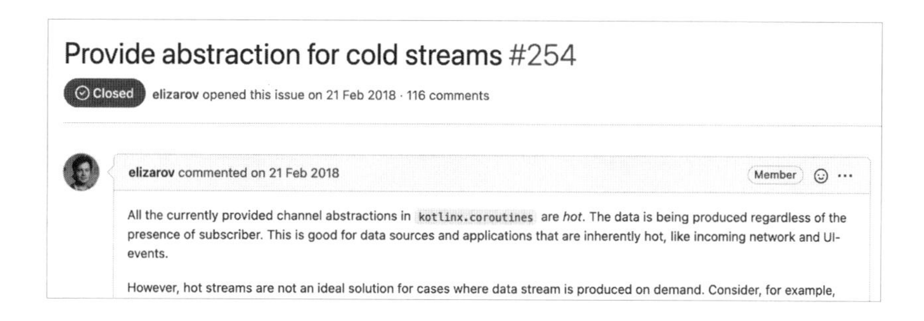

우리가 사용하는 대부분의 데이터 소스는 두 가지 종류로 구분할 수 있기 때문에, 핫 스트림 데이터와 콜드 스트림 데이터의 차이를 이해하는 것이 소프트웨어적인 측면에서 상당히 유용하다고 할 수 있습니다. (`List`, `Set`과 같은) 컬

1 아래 캡처 화면에서 엘리자로프(Elizarov)가 답변한 내용은 다음과 같습니다.

"현재 `kotlinx.coroutines`에서 제공하고 있는 채널은 '핫(hot)'입니다. 구독자의 유무와 상관없이 데이터가 생성됩니다. 네트워크나 UI 이벤트와 같이 원래부터 핫인 데이터 소스나 애플리케이션에서 사용하기에 좋습니다. 하지만 핫 스트림은 필요할 때 데이터를 생성하는 데이터 스트림으로 사용할 수 없습니다."

렉션은 핫이며, Sequence와 자바의 Stream은 콜드입니다. Channel은 핫이지만 Flow와 (Observable, Single과 같은) RxJava 스트림은 콜드입니다.[2]

핫	콜드
컬렉션(List, Set)	Sequence, Stream
Channel	Flow, RxJava 스트림

핫 vs 콜드

핫 데이터 스트림은 열정적이라 데이터를 소비하는 것과 무관하게 원소를 생성하지만, 콜드 데이터 스트림은 게을러서 요청이 있을 때만 작업을 수행하며 아무것도 저장하지 않습니다.

(핫인) 리스트와 (콜드인) 시퀀스를 사용할 때 그 차이가 드러납니다. 핫 데이터 스트림의 빌더와 연산은 즉각 실행됩니다. 콜드 데이터 스트림에서는 원소가 필요할 때까지 실행되지 않습니다.

```
fun main() {
    val l = buildList {
        repeat(3) {
            add("User$it")
            println("L: Added User")
        }
    }

    val l2 = l.map {
        println("L: Processing")
        "Processed $it"
    }

    val s = sequence {
        repeat(3) {
            yield("User$it")
            println("S: Added User")
        }
    }
```

2 일반적인 경우에는 맞지만 예외도 있습니다. buffer와 channelFlow와 같은 몇몇 함수와 빌더는 플로우도 핫 스트림이 될 수 있도록 지원합니다. 또한 SharedFlow와 StateFlow도 핫입니다.

```
    val s2 = s.map {
        println("S: Processing")
        "Processed $it"
    }
}
// L: Added User
// L: Added User
// L: Added User
// L: Processing
// L: Processing
// L: Processing
```

그 결과 (Sequence, Stream 또는 Flow와 같은) 콜드 데이터 스트림은

- 무한할 수 있습니다.
- 최소한의 연산만 수행합니다.
- (중간에 생성되는 값들을 보관할 필요가 없기 때문에) 메모리를 적게 사용합니다.

Sequence는 원소를 지연 처리하기 때문에 더 적은 연산을 수행합니다. 작동하는 방식은 아주 간단합니다. (map이나 filter 같은) 중간 연산은 이전에 만든 시퀀스에 새로운 연산을 첨가할 뿐입니다. 최종 연산(terminal operation)[3]이 모든 작업을 실행합니다. 다음 예를 봅시다. 시퀀스의 경우 find는 map의 결과물에서 첫 번째 원소를 달라고 합니다. sequenceOf에서 반환된 시퀀스(1을 반환합니다)에 질의를 하고, 맵을 수행한 뒤(1이 됩니다), filter에 넘깁니다. filter는 주어진 원소가 요구 사항에 부합하는지 확인합니다. 원소가 요구사항을 만족하지 못한다면, filter는 적절한 원소를 찾을 때까지 계속해서 질의합니다.

시퀀스의 처리 방식은 모든 중간 과정을 계산하고 모든 데이터 처리가 완료된 컬렉션을 반환하는 리스트의 처리 방식과 아주 다릅니다. 따라서 리스트의 경우 (다음 예제에서 볼 수 있듯이) 원소의 처리 순서가 달라지며, 컬렉션 처리 과정에서 좀더 많은 메모리를 필요로 하고, 더 많은 연산을 수행하게 됩니다.

3 다른 유형을 반환하는 시퀀스에 대한 연산입니다. 일반적으로 find나 toList를 사용합니다..

```
fun m(i: Int): Int {
    print("m$i ")
    return i * i
}

fun f(i: Int): Boolean {
    print("f$i ")
    return i >= 10
}

fun main() {
    listOf(1, 2, 3, 4, 5, 6, 7, 8, 9, 10)
        .map { m(it) }
        .find { f(it) }
        .let { print(it) }
    // m1 m2 m3 m4 m5 m6 m7 m8 m9 m10 f1 f4 f9 f16 16

    println()

    sequenceOf(1, 2, 3, 4, 5, 6, 7, 8, 9, 10)
        .map { m(it) }
        .find { f(it) }
        .let { print(it) }
    // m1 f1 m2 f4 m3 f9 m4 f16 16
}
```

리스트는 원소의 컬렉션이지만, 시퀀스는 원소를 어떻게 계산할지 정의한 것에 불과합니다. 핫 데이터 스트림은

- 항상 사용 가능한 상태입니다(각 연산이 최종 연산이 될 수 있습니다).
- 여러 번 사용되었을 때 매번 결과를 다시 계산할 필요가 없습니다.

```
fun m(i: Int): Int {
    print("m$i ")
    return i * i
}

fun main() {
    val l = listOf(1, 2, 3, 4, 5, 6, 7, 8, 9, 10)
        .map { m(it) } // m1 m2 m3 m4 m5 m6 m7 m8 m9 m10

    println(l)                  // [1, 4, 9, 16, 25, 36, 49, 64, 81, 100]
    println(l.find { it > 10 }) // 16
    println(l.find { it > 10 }) // 16
```

```
    println(l.find { it > 10 }) // 16

    val s = sequenceOf(1, 2, 3, 4, 5, 6, 7, 8, 9, 10)
        .map { m(it) }

    println(s.toList())
    // [1, 4, 9, 16, 25, 36, 49, 64, 81, 100]
    println(s.find { it > 10 }) // m1 m2 m3 m4 16
    println(s.find { it > 10 }) // m1 m2 m3 m4 16
    println(s.find { it > 10 }) // m1 m2 m3 m4 16
}
```

자바의 Stream은 코틀린의 Sequence와 비슷한 특징을 가지고 있습니다. 둘 모두 콜드 스트림 데이터입니다.

핫 채널, 콜드 플로우

다시 코루틴으로 돌아갈 시간입니다. 플로우를 생성하는 가장 일반적인 방법은 produce 함수와 비슷한 형태의 빌더를 사용하는 것입니다. 이 빌더가 바로 flow입니다.

```
val channel = produce {
    while (true) {
        val x = computeNextValue()
        send(x)
    }
}

val flow = flow {
    while (true) {
        val x = computeNextValue()
        emit(x)
    }
}
```

두 빌더는 개념적으로는 동일하지만, 채널과 플로우의 방식이 아주 다르기 때문에 두 함수에도 중요한 차이가 있습니다. 다음 예제를 봅시다. 채널은 핫이라 값을 곧바로 계산합니다. 별도의 코루틴에서 계산을 수행합니다. 따라서 produce는 CoroutineScope의 확장 함수로 정의되어 있는 코루틴 빌더가 되어야 합니다. 다음 예제에서 계산은 곧바로 시작되지만, (랑데뷰인 채널이라) 버퍼의 기본 크기가 0이기 때문에 곧 중단되며 수신자가 준비될 때까지 재개되지 않습니다. 수신자가 없을 때 데이터 생성이 중단되는 것과 요청할 때 데이터를 생성하는 것의 차이에 대해 알아야 합니다. 채널은 핫 데이터 스트림이기 때문에 소비되는 것과 상관없이 값을 생성한 뒤에 가지게 됩니다. 수신자가 얼마나 많은지에 대해선 신경 쓰지 않습니다. 각 원소는 단 한 번만 받을 수 있기 때문에, 첫 번째 수신자가 모든 원소를 소비하고 나면 두 번째 소비자는 채널이 비어 있으며 이미 닫혀 있다는 걸 발견하게 됩니다. 따라서 두 번째 소비자는 어떤 원소도 받을 수가 없습니다.

```
private fun CoroutineScope.makeChannel() = produce {
    println("Channel started")
    for (i in 1..3) {
        delay(1000)
        send(i)
    }
}

suspend fun main() = coroutineScope {
    val channel = makeChannel()

    delay(1000)
    println("Calling channel...")
    for (value in channel) {
        println(value)
    }
    println("Consuming again...")
    for (value in channel) {
        println(value)
    }
}
// Channel started
// (1초 후)
// Calling channel...
// 1
// (1초 후)
// 2
// (1초 후)
// 3
// Consuming again...
```

플로우를 사용해 처리하는 방식은 매우 다릅니다. 플로우는 콜드 데이터 소스이기 때문에 값이 필요할 때만 생성합니다. 따라서 flow는 빌더가 아니며 어떤 처리도 하지 않습니다. flow는 단지 (collect와 같은) 최종 연산이 호출될 때 원소가 어떻게 생성되어야 하는지 정의한 것에 불과합니다. 그래서 flow 빌더는 CoroutineScope가 필요하지 않습니다. flow 빌더는 빌더를 호출한 최종 연산의 스코프에서 실행됩니다(coroutineScope와 다른 코루틴 스코프 함수처럼 중단 함수의 컨티뉴에이션 객체로부터 스코프를 가지고 옵니다). 플로우의 각 최종 연산은 처음부터 데이터를 처리하기 시작합니다. 채널과 플로우의 핵심적인 차이를 보기 위해 앞의 예제와 다음 예제를 비교해 봅시다.

```
private fun makeFlow() = flow {
    println("Flow started")
    for (i in 1..3) {
        delay(1000)
        emit(i)
    }
}

suspend fun main() = coroutineScope {
    val flow = makeFlow()

    delay(1000)
    println("Calling flow...")
    flow.collect { value -> println(value) }
    println("Consuming again...")
    flow.collect { value -> println(value) }
}
// (1초 후)
// Calling flow...
// Flow started
// (1초 후)
// 1
// (1초 후)
// 2
// (1초 후)
// 3
// Consuming again...
// Flow started
// (1초 후)
// 1
```

```
// (1초 후)
// 2
// (1초 후)
// 3
```

RxJava 스트림은 코틀린 Flow의 특징 대부분을 가지고 있습니다. 몇몇 사람들은 Flow가 'RxCoroutines'[4]이라 불려야 한다고까지 말합니다.

요약

대부분의 데이터 소스는 핫이거나 콜드입니다.

- 핫 데이터 소스는 열정적입니다. 가능한 빨리 원소를 만들고 저장하며, 원소가 소비되는 것과 무관하게 생성합니다. 예를 들면, 컬렉션(List, Set)과 Channel이 있습니다.
- 콜드 데이터 소스는 게으릅니다. 최종 연산에서 값이 필요할 때가 되어서야 처리합니다. 중간 과정의 모든 함수는 무엇을 해야 할지만 정의한 것입니다(대부분은 데코레이터 패턴을 사용합니다). 일반적으로 원소를 저장하지 않으며 필요할 때 원소를 생성합니다. 연산은 최소한으로 수행하며, 무한정일 수 있습니다. 원소의 생성과 처리는 대개 소비와 같은 과정으로 이루어집니다. 예를 들면, Sequence, 자바의 Stream, Flow와 (Observable, Single과 같은) RxJava 스트림이 있습니다.

둘 간의 차이는 채널(Channel)과 플로우(Flow)의 핵심적인 차이를 말해 줍니다. 다음 장부터 플로우가 제공하는 다른 모든 특징에 대해 알아봅시다.

4 2019년 11월 21일에 바르샤바에서 열린 Kotlin/Everywhere에서 알렉스 피오트로프스키(Alex Piotrowski)가 처음 언급한 단어입니다(*https://youtu.be/xV1XRakSoWI*). 그가 이 단어를 유행시킨 사람인지 누가 알겠습니까?

19장

K o t l i n   C o r o u t i n e s

플로우란 무엇인가?

플로우(flow)는 비동기적으로 계산해야 할 값의 스트림을 나타냅니다. Flow 인터페이스 자체는 떠다니는 원소들을 모으는 역할을 하며, 플로우의 끝에 도달할 때까지 각 값을 처리하는 걸 의미합니다(Flow의 collect는 컬렉션의 forEach와 비슷합니다).

```
interface Flow<out T> {
    suspend fun collect(collector: FlowCollector<T>)
}
```

Flow의 유일한 멤버 함수는 collect입니다. 다른 함수들은 확장 함수로 정의되어 있습니다. iterator만 멤버 함수로 가지고 있는 Iterable 또는 Sequence와 비슷하다고 볼 수 있습니다.

```
interface Iterable<out T> {
    operator fun iterator(): Iterator<T>
}

interface Sequence<out T> {
    operator fun iterator(): Iterator<T>
}
```

플로우와 값들을 나타내는 다른 방법들의 비교

플로우(Flow)의 개념은 RxJava[1]나 Reactor[2]를 사용하는 사람들은 잘 알고 있지만, 그 밖의 사람들에겐 좀더 상세한 설명이 필요합니다. 여러 개의 값을 반환하는 함수가 필요하다고 가정해 봅시다. 한번에 모든 값을 만들 때는 List나 Set과 같은 컬렉션을 사용합니다.

```
fun allUsers(): List<User> =
    api.getAllUsers().map { it.toUser() }
```

명심해야 할 점은 List와 Set이 모든 원소의 계산이 완료된 컬렉션이라는 것입니다. 값들을 계산하는 과정에 시간이 걸리기 때문에, 원소들이 채워질 때까지 모든 값이 생성되길 기다려야 합니다.

```
fun getList(): List<Int> = List(3) {
    Thread.sleep(1000)
    "User$it"
}

fun main() {
    val list = getList()
    println("Function started")
    list.forEach { println(it) }
}
// (3초 후)
// Function started
// User0
// User1
// User2
```

원소를 하나씩 계산할 때는, 원소가 나오자마자 바로 얻을 수 있는 것이 낫습니다. 2장 '시퀀스 빌더'에서 이미 배웠던 Sequence를 사용하는 것이 한 가지 방법입니다.

```
fun getSequence(): Sequence<String> = sequence {
    repeat(3) {
```

1 *https://github.com/ReactiveX/RxJava*
2 *https://projectreactor.io/*

```
        Thread.sleep(1000)
        yield("User$it")
    }
}

fun main() {
    val list = getSequence()
    println("Function started")
    list.forEach { println(it) }
}
// Function started
// (1초 후)
// User0
// (1초 후)
// User1
// (1초 후)
// User2
```

시퀀스는 (복잡한 결괏값을 계산하는 등의) CPU 집약적인 연산 또는 (파일을 읽는 등의) 블로킹 연산일 때 필요할 때마다 값을 계산하는 플로우를 나타내기에 적절합니다. (forEach와 같은) 시퀀스의 최종 연산은 중단 함수가 아니기 때문에, 시퀀스 빌더 내부에 중단점이 있다면 값을 기다리는 스레드가 블로킹됩니다. 따라서 sequence 빌더의 스코프에서는 SequenceScope의 리시버에서 호출되는 함수(yield와 yieldAll) 외에 다른 중단 함수를 사용할 수 없습니다.

```
fun getSequence(): Sequence<String> = sequence {
    repeat(3) {
        delay(1000) // 컴파일 에러가 발생합니다.
        yield("User$it")
    }
}
```

시퀀스를 잘못 사용하면 안 되기 때문에 중단 함수를 사용할 수 없다는 제약 사항이 도입되었습니다. 위 예제는 컴파일이 되더라도 (forEach와 같은) 최종 연산이 코루틴을 중단시키는 대신 스레드를 블로킹하여 생각지도 못한 스레드 블로킹이 발생할 수 있습니다. 누군가 HTTP의 엔드포인트로부터 시퀀스를 사용해 페이징 기법으로 빈 페이지를 받을 때까지 모든 사용자의 리스트를 얻는 경우를 생각해 봅시다. Sequence의 iterator가 중단 함수가 아니기 때문에, 시퀀스의 원소를 소비할 때 블로킹이 되는 것이 문제가 됩니다.

```
// 이렇게 구현하면 안 됩니다. 시퀀스 대신 플로우를 사용해야 합니다.
fun allUsersSequence(
    api: UserApi
): Sequence<User> = sequence {
        var page = 0
        do {
            val users = api.takePage(page++) // 중단 함수이므로
            // 컴파일 에러가 발생합니다.
            yieldAll(users)
        } while (!users.isNullOrEmpty())
    }
```

시퀀스는 위와 같은 상황에서 사용하기에는 적합하지 않습니다. 데이터 소스의 개수가 많거나(또는 무한정이거나) 원소가 무거운 경우, 원소를 필요할 때만 계산하거나 읽는 지연 연산을 하게 되는 상황에서 시퀀스가 정확히 들어맞습니다.

```
val fibonacci: Sequence<BigInteger> = sequence {
    var first = 0.toBigInteger()
    var second = 1.toBigInteger()
    while (true) {
        yield(first)
        val temp = first
        first += second
        second = temp
    }
}

fun countCharactersInFile(path: String): Int =
    File(path).useLines { lines ->
        lines.sumBy { it.length }
    }
```

스레드 블로킹이 매우 위험하고 예기치 않은 상황을 유발할 수 있다고 느꼈을 것입니다. 다음 예제를 통해 확인해 봅시다. Sequence를 사용했기 때문에 forEach가 블로킹 연산이 됩니다. 따라서 같은 스레드에서 launch로 시작된 코루틴이 대기하게 되며, 하나의 코루틴이 다른 코루틴을 블로킹하게 됩니다.

```
fun getSequence(): Sequence<String> = sequence {
    repeat(3) {
        Thread.sleep(1000)
        // 여기에 delay(1000)이 있는 것과 같은 결과입니다.
        yield("User$it")
    }
}

suspend fun main() {
    withContext(newSingleThreadContext("main")) {
        launch {
            repeat(3) {
                delay(100)
                println("Processing on coroutine")
            }
        }

        val list = getSequence()
        list.forEach { println(it) }
    }
}
// (1초 후)
// User0
// (1초 후)
// User1
// (1초 후)
// User2
// Processing on coroutine
// (0.1초 후)
// Processing on coroutine
// (0.1초 후)
// Processing on coroutine
```

이런 상황에서 Sequence 대신에 Flow를 사용해야 합니다. 플로우를 사용하면 코루틴이 연산을 수행하는 데 필요한 기능을 전부 사용할 수 있습니다. 플로우의 빌더와 연산은 중단 함수이며 구조화된 동시성과 적절한 예외 처리를 지원합니다. 이후에 이어지는 여러 장에서 이러한 기능에 대해 살펴보기로 하고, 지금은 플로우가 앞에서 언급한 문제를 어떻게 풀 수 있는지 보겠습니다.

```
fun getFlow(): Flow<String> = flow {
    repeat(3) {
        delay(1000)
        emit("User$it")
```

```
    }
}

suspend fun main() {
    withContext(newSingleThreadContext("main")) {
        launch {
            repeat(3) {
                delay(100)
                println("Processing on coroutine")
            }
        }

        val list = getFlow()
        list.collect { println(it) }
    }
}
// (0.1초 후)
// Processing on coroutine
// (0.1초 후)
// Processing on coroutine
// (0.1초 후)
// Processing on coroutine
// (1 - 3 * 0.1 = 0.7초 후)
// User0
// (1초 후)
// User1
// (1초 후)
// User2
```

플로우는 코루틴을 사용해야 하는 데이터 스트림으로 사용되어야 합니다. 예를 들면, API 페이지에서 페이지별로 사용자를 얻은 뒤 사용자 스트림을 만드는 데 사용될 수 있습니다. 플로우 함수를 호출함으로써 다음 페이지가 나오자마자 처리할 수 있으며, 얼마나 많은 페이지를 얻어와야 하는지 정할 수 있습니다. `allUsersFlow(api).first()`를 호출하면 첫 번째 페이지만 받아오며, `allUsersFlow(api).toList()`를 호출하면 모든 페이지를 받아오고, `allUsersFlow(api).find{ it.id == id }`를 호출하면 원하는 사용자를 찾을 때까지 페이지를 받아옵니다.

```
fun allUsersFlow(
    api: UserApi
): Flow<User> = flow {
```

```
    var page = 0
    do {
        val users = api.takePage(page++) // 중단 함수
        emitAll(users)
    } while (!users.isNullOrEmpty())
}
```

플로우의 특징

(collect와 같은) 플로우의 최종 연산은 스레드를 블로킹하는 대신 코루틴을 중단시킵니다. 플로우는 코루틴 컨텍스트를 활용하고 예외를 처리하는 등의 코루틴 기능도 제공합니다. 플로우 처리는 취소 가능하며, 구조화된 동시성을 기본적으로 갖추고 있습니다. flow 빌더는 중단 함수가 아니며 어떠한 스코프도 필요로 하지 않습니다. 플로우의 최종 연산은 중단 가능하며, 연산이 실행될 때 부모 코루틴과의 관계가 정립됩니다(coroutineScope 함수와 비슷합니다).

다음 예제는 CoroutineName 컨텍스트가 collect에서 flow 빌더의 람다 표현식으로 전달되는 걸 보여 줍니다. launch를 취소하면 플로우 처리도 적절하게 취소된다는 것 또한 확인할 수 있습니다.

```
// 플로우 빌더는 중단 함수가 아니기 때문에
// CoroutineScope가 필요하지 않습니다.
fun usersFlow(): Flow<String> = flow {
    repeat(3) {
        delay(1000)
        val ctx = currentCoroutineContext()
        val name = ctx[CoroutineName]?.name
        emit("User$it in $name")
    }
}

suspend fun main() {
    val users = usersFlow()

    withContext(CoroutineName("Name")) {
        val job = launch {
            // collect는 중단 함수입니다.
            users.collect { println(it) }
        }
```

```
        launch {
            delay(2100)
            println("I got enough")
            job.cancel()
        }
    }
}
// (1초 후)
// User0 in Name
// (1초 후)
// User1 in Name
// (0.1초 후)
// I got enough
```

플로우 명명법

모든 플로우(flow)는 몇 가지 요소로 구성됩니다.

- 플로우는 어딘가에서 시작되어야 합니다. 플로우 빌더, 다른 객체에서의 변환, 또는 헬퍼 함수로부터 시작됩니다. 이 중 가장 중요한 '플로우 만들기'는 21장에서 설명하겠습니다.
- 플로우의 마지막 연산은 **최종 연산**이라 불리며, 중단 가능하거나 스코프를 필요로 하는 유일한 연산이라는 점에서 아주 중요합니다. 최종 연산은 주로 람다 표현식을 가진 또는 가지지 않는 `collect`가 됩니다. 하지만 다른 최종 연산 또한 존재합니다. 최종 연산 일부를 23장 '플로우 처리'에서 설명할 것입니다.
- 시작 연산과 최종 연산 사이에 플로우를 변경하는 **중간 연산**(intermediate operation)을 가질 수 있습니다. 22장 '플로우 생명주기 함수'와 23장 '플로우 처리'에서 몇 가지 중간 연산에 대해 배울 것입니다.

```
suspend fun main() {
    flow { emit( value: "Message 1") }   ←—— 플로우 빌더
        .onEach { println(it) }                                   ⎫
        .onStart { println("Do something before") }               ⎪
        .onCompletion { println("Do something after") }           ⎬ 중간 연산
        .catch { emit( value: "Error") }                          ⎭
        .collect { println("Collected $it") }   ←—— 최종 연산
}
```

실제 사용 예

현업에서는 채널보다 플로우가 필요한 경우가 더 많습니다. 데이터 스트림을 사용하면, 대부분은 데이터가 필요할 때마다 요청합니다. 데이터베이스에서의 변경이나 UI 위젯의 변화 또는 센서와 같이 이벤트를 감지해야 할 필요가 있다면, 감지하는 모듈 각각이 이벤트를 받게 됩니다. 감지하는 모듈이 없다면 이벤트 받는 걸 멈춰야 합니다. 따라서 이런 모든 상황에서는 채널보다 플로우를 사용하는 편이 낫습니다(몇몇 경우에는 두 가지를 섞어서 사용하기도 합니다).

플로우가 사용되는 전형적인 예는 다음과 같습니다.

- 웹소켓이나 RSocket 알림과 같이 서버가 보낸 이벤트를 통해 전달된 메시지를 받는 경우
- 텍스트 입력 또는 클릭과 같은 사용자 액션이 감지된 경우
- 센서 또는 위치나 지도와 같은 기기의 정보 변경을 받는 경우
- 데이터베이스의 변경을 감지하는 경우

다음은 Room 라이브러리를 사용해 SQL 데이터베이스에서의 변경을 감지하는 예입니다.

```
@Dao
interface MyDao {
    @Query("SELECT * FROM somedata_table")
    fun getData(): Flow<List<SomeData>>
}
```

API로부터 온 응답 스트림을 처리하기 위해 플로우를 어떻게 사용할 수 있는지 보겠습니다. 최근에 제가 진행했던 작업으로 시작하겠습니다. 현재 주식 시장의 상황을 보여 주는 블룸버그(Bloomberg)나 스칸즈(Scanz)와 같은 주식 거래 워크스테이션을 떠올려 봅시다. 시장은 끊임없이 변하기 때문에, 프로그램이 1초에 여러 번 결과를 갱신해야 합니다. 플로우가 완벽하게 들어맞는 적용 사례라 할 수 있으며, 백엔드와 클라이언트 모두에 해당됩니다.

Top Pennystock Gainers

#	Symbol	Company Name	Last	% Chg	Net Change	Volume	Trades	$ Volume
1	BMAQR	Blockchain Moon Acquisitio...	0.0528	+633.33 %	+0.0456	492,260	323	$ 21,466
2	BMAQW	Blockchain Moon Acquisitio...	0.018	+435.71 %	+0.0122	374,126	246	$ 5,342
3	AP-WS	Ampco-Pittsburgh Corporati...	0.35	+136.17 %	+0.2018	403,498	743	$ 132,348
4	QTEKW	QualTek Services Inc. - Wa...	0.0565	+87.71 %	+0.0264	127,960	249	$ 5,931
5	ENZ	Enzo Biochem Inc. ($0.01 P...	2.23	+87.39 %	+1.04	35,960,881	132,296	$ 77,795,900
6	LOCL	Local Bounti Corporation	0.60	+70.79 %	+0.2487	1,563,607	2,692	$ 544,467
7	AVCTQ	AMER VIRTUAL CLOUD TECH	0.126	+55.56 %	+0.045	3,015,631	959	$ 345,813
8	HSTO	Histogen Inc.	1.31	+51.92 %	+0.448	50,679,049	145,199	$ 70,149,008
9	IVDAW	Iveda Solutions Inc. - Warr...	0.3919	+49.71 %	+0.130119	32,728	395	$ 11,884
10	WEJO	Wejo Group Limited	0.61	+43.39 %	+0.1846	1,624,846	2,305	$ 591,201
11	CNTB	Connect Biopharma Holding...	1.60	+40.35 %	+0.46	1,144,106	3,583	$ 1,777,351

일상적인 예로는 채팅이나 검색에 대한 실시간 제안을 제공하는 클라이언트를 들 수 있습니다. 예를 들어, 스카이스캐너(Skyscanner)[3]를 통해 최적의 항공편을 찾는 경우, 시간이 지나 더 많은 응답이 도착할수록 빨리 도착한 일부 응답으로 만든 결과보다 점점 더 나은 결과가 보여지게 됩니다. 플로우를 사용하는 좋은 예라고 할 수 있습니다.

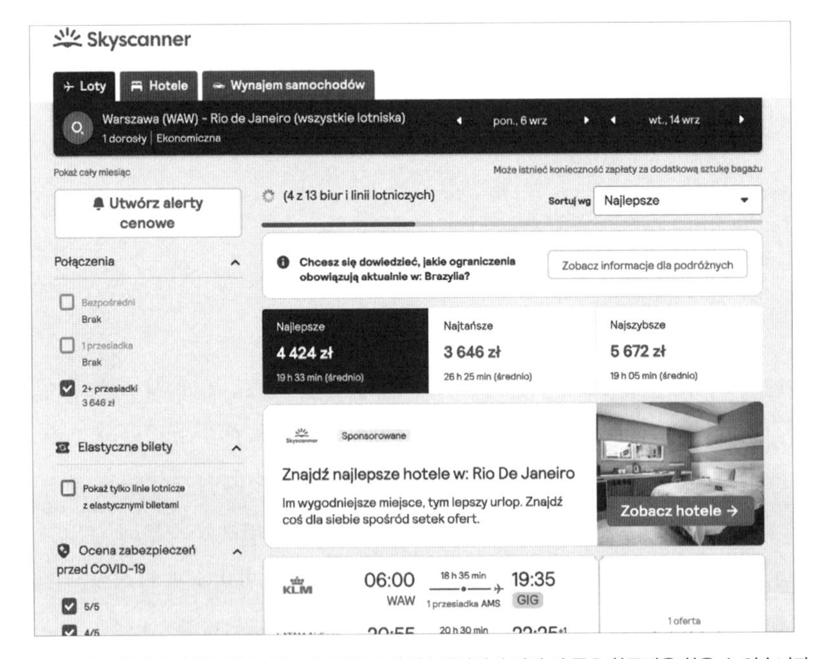

항공사들이 요청에 응답하는 횟수가 늘어나므로 스카이스캐너에서 점점 더 좋은 항공편을 찾을 수 있습니다.

3 *https://www.skyscanner.pl*

플로우는 이 밖의 경우에도 동시성 처리를 위해 유용하게 사용될 수 있습니다. 판매자 목록을 가지고 있고 그들이 제공하는 상품을 가져와야 하는 경우를 생각해 봅시다. 컬렉션 처리 내부에서 async를 사용하면 동시 처리를 할 수 있다는 걸 앞서 살펴봤습니다.

```
suspend fun getOffers(
    sellers: List<Seller>
): List<Offer> = coroutineScope {
    sellers
        .map { seller ->
            async { api.requestOffers(seller.id) }
        }
        .flatMap { it.await() }
}
```

위와 같은 접근 방식은 대부분의 경우에 적절하지만 단점이 하나 있습니다. 판매자 목록의 크기가 클 때, 많은 요청을 한번에 보내면 우리 서비스뿐 아니라 요청을 받을 서버 둘 모두에게 좋지 않습니다. 물론 처리율 제한이 있는 저장소에 국한될 수도 있지만, 사용자 측면에서 제어하고 싶다면 플로우를 사용할 수도 있습니다. 이 경우 동시성 호출의 수를 20으로 제한하기 위해 동시성 속성이 20으로 제한된 flatMapMerge(23장 '플로우 처리'에서 설명할 플로우 처리 함수 중 하나)를 사용할 수 있습니다.

```
suspend fun getOffers(
    sellers: List<Seller>
): List<Offer> = sellers
    .asFlow()
    .flatMapMerge(concurrency = 20) { seller ->
        suspend { api.requestOffers(seller.id) }.asFlow()
    }
    .toList()
```

컬렉션 대신 플로우로 처리하면 동시 처리, 컨텍스트, 예외를 비롯한 많은 것을 조절할 수 있습니다. 다음 장에서 해당 기능들에 대해 살펴볼 것입니다. (필자의 경험상) 위 예제 같은 상황이 플로우를 적용하기에 적합합니다. 플로우의 기능에 대해 살펴보고 나면 플로우가 왜 유용한지 잘 알게 될 것입니다.

마지막으로 리액티브 형태의 프로그래밍을 선호한다는 이유로 몇몇 팀에서는 중단 함수 대신 플로우를 사용합니다. RxJava가 인기 있는 안드로이드에서 이런 스타일이 보편화되고 있지만 현재는 플로우가 좀더 나은 대체법으로만 여겨지고 있습니다. 중단 함수 대신 플로우를 사용하는 팀에서는 함수가 단 하나의 값만 반환하는 경우에도 플로우를 자주 사용합니다. 이런 경우 필자는 중단 함수만 써도 된다고 생각하지만, 중단 함수와 플로우 모두 사용 가능할 수 있습니다.

플로우를 실제로 적용한 예는 상당히 많습니다. 몇몇 프로젝트에서는 플로우를 자주 사용하고, 다른 프로젝트에서는 가끔 사용하는 정도의 편차가 있지만, 이번 기회를 통해 플로우가 상당히 유용하며 배울 가치가 있는 주제라고 생각했으면 합니다.

요약

이 장에서는 플로우의 개념에 대해 소개했습니다. 플로우는 (시퀀스와 달리) 코루틴을 지원하며 비동기적으로 계산되는 값을 나타냅니다. 플로우가 유용한 경우는 상당히 많습니다. 다음 장부터는 플로우의 기능을 배우면서 플로우를 사용한 예제들을 살펴보도록 하겠습니다.

20장

K o t l i n C o r o u t i n e s

플로우의 실제 구현

코틀린 코루틴의 플로우는 대부분의 개발자들이 생각하는 것보다 간단한 개념입니다. 플로우는 어떤 연산을 실행할지 정의한 것입니다. 중단 가능한 람다식에 몇 가지 요소를 추가한 거라고 생각하면 됩니다. 이 장에서는 람다식을 변환하여 Flow 인터페이스와 flow 빌더를 어떻게 구현하는지 단계별로 보여 줄 것입니다. 내부 구현을 보고 나면 플로우가 어떻게 작동하는지 확실하게 이해할 수 있을 것입니다. 이 장은 도구를 사용하는 데 그치지 않고 실제로 어떻게 구현했는지 알고 싶은 사람들을 위해 쓰였습니다. 플로우의 원리에 대해 큰 관심이 없다면, 이 장을 건너뛰어도 상관없습니다. 계속 읽기로 결정하였다면 재미있게 읽었으면 합니다.

Flow 이해하기

간단한 람다식부터 시작해 봅시다. 각 람다식은 한 번만 정의되고 여러 번 호출할 수 있습니다.

```
fun main() {
    val f: () -> Unit = {
        print("A")
        print("B")
        print("C")
    }
```

```
    f() // ABC
    f() // ABC
}
```

좀더 흥미를 돋우기 위해 내부에 지연이 있는 람다식 suspend을 만들어 봅시다. 람다식은 순차적으로 호출되기 때문에, 이전 호출이 완료되기 전에 같은 람다식을 추가적으로 호출할 수 없습니다.

```
suspend fun main() {
    val f: suspend () -> Unit = {
        print("A")
        delay(1000)
        print("B")
        delay(1000)
        print("C")
    }
    f()
    f()
}
// A
// (1초 후)
// B
// (1 초 후)
// C
// A
// (1 초 후)
// B
// (1초 후)
// C
```

람다식은 함수를 나타내는 파라미터를 가질 수 있습니다. 이 파라미터를 emit이라고 해 봅시다. 람다식 f를 호출할 때 emit으로 사용될 또 다른 람다식을 명시해야 합니다.

```
suspend fun main() {
    val f: suspend ((String) -> Unit) -> Unit = { emit ->
        emit("A")
        emit("B")
        emit("C")
    }
    f { print(it) } // ABC
    f { print(it) } // ABC
}
```

이때 emit은 중단 함수가 되어야 합니다. 함수형이 많이 복잡해진 상태이므로, emit이라는 추상 메서드를 가진 FlowCollector 함수형 인터페이스를 정의해 간단하게 만들어 봅시다. 이제 복잡한 함수형 대신 함수형 인터페이스를 사용하면 됩니다. 함수형 인터페이스는 람다식으로 정의할 수 있기 때문에 f 호출을 바꿀 필요가 없습니다.

```
import kotlin.*

fun interface FlowCollector {
    suspend fun emit(value: String)
}

suspend fun main() {
    val f: suspend (FlowCollector) -> Unit = {
        it.emit("A")
        it.emit("B")
        it.emit("C")
    }
    f { print(it) } // ABC
    f { print(it) } // ABC
}
```

it에서 emit을 호출하는 것 또한 불편하므로, FlowCollector를 리시버로 만듭니다. 이렇게 하면 람다식 내부에 FlowCollector 타입의 (this로 지정 가능한) 리시버가 생깁니다. 이제 this.emit 또는 emit만 호출하면 됩니다. f를 실행하는 방법은 여전히 동일합니다.

```
fun interface FlowCollector {
    suspend fun emit(value: String)
}

suspend fun main() {
    val f: suspend FlowCollector.() -> Unit = {
        emit("A")
        emit("B")
        emit("C")
    }
    f { print(it) } // ABC
    f { print(it) } // ABC
}
```

람다식을 전달하는 대신에, 인터페이스를 구현한 객체를 만드는 편이 낫습니다. 이때 인터페이스를 Flow라 하고, 해당 인터페이스의 정의는 객체 표현식으로 래핑하면 됩니다.

```
import kotlin.*

fun interface FlowCollector {
    suspend fun emit(value: String)
}

interface Flow {
    suspend fun collect(collector: FlowCollector)
}

suspend fun main() {
    val builder: suspend FlowCollector.() -> Unit = {
        emit("A")
        emit("B")
        emit("C")
    }
    val flow: Flow = object : Flow {
        override suspend fun collect(
            collector: FlowCollector
        ) {
            collector.builder()
        }
    }
    flow.collect { print(it) } // ABC
    flow.collect { print(it) } // ABC
}
```

마지막으로 플로우 생성을 간단하게 만들기 위해 flow 빌더를 정의합니다.

```
import kotlin.*

fun interface FlowCollector {
    suspend fun emit(value: String)
}

interface Flow {
    suspend fun collect(collector: FlowCollector)
}
```

```
fun flow(
    builder: suspend FlowCollector.() -> Unit
) = object : Flow {
    override suspend fun collect(collector: FlowCollector) {
        collector.builder()
    }
}

suspend fun main() {
    val f: Flow = flow {
        emit("A")
        emit("B")
        emit("C")
    }
    f.collect { print(it) } // ABC
    f.collect { print(it) } // ABC
}
```

마지막으로 타입에 상관없이 값을 방출하고 모으기 위해 String을 제네릭 타입으로 바꿉니다.

```
import kotlin.*

fun interface FlowCollector<T> {
    suspend fun emit(value: T)
}

interface Flow<T> {
    suspend fun collect(collector: FlowCollector<T>)
}

fun <T> flow(
    builder: suspend FlowCollector<T>.() -> Unit
) = object : Flow<T> {
    override suspend fun collect(
        collector: FlowCollector<T>
    ) {
        collector.builder()
    }
}

suspend fun main() {
    val f: Flow<String> = flow {
        emit("A")
```

```
        emit("B")
        emit("C")
    }
    f.collect { print(it) } // ABC
    f.collect { print(it) } // ABC
}
```

이제 됐습니다! 위에서 플로우를 구현한 방식은 Flow, FlowCollector, flow가 실제 구현된 방식과 거의 동일합니다. collect를 호출하면, flow 빌더를 호출할 때 넣은 람다식이 실행됩니다. 빌더의 람다식이 emit을 호출하면 collect가 호출되었을 때 명시된 람다식이 호출됩니다. 이것이 플로우가 작동하는 원리입니다.

앞서 소개한 빌더는 플로우를 생성하는 가장 기본적인 방법입니다. 나중에 다른 빌더에 대해서도 배우겠지만, 다른 빌더 또한 내부에서 flow를 사용합니다.

```
public fun <T> Iterator<T>.asFlow(): Flow<T> = flow {
    forEach { value ->
        emit(value)
    }
}

public fun <T> Sequence<T>.asFlow(): Flow<T> = flow {
    forEach { value ->
        emit(value)
    }
}

public fun <T> flowOf(vararg elements: T): Flow<T> = flow {
    for (element in elements) {
        emit(element)
    }
}
```

Flow 처리 방식

Flow는 리시버가 있는 중단 람다식에 비해 훨씬 복잡하다고 여겨집니다. 하지만 플로우의 강력한 점은 플로우를 생성하고, 처리하고, 그리고 감지하기 위해 정의한 함수에서 찾을 수 있습니다. 다음 장에서 다양한 함수에 대해 알아볼 것이며, 여기서는 플로우와 관련된 함수가 아주 간단하며 flow, collect, emit을 사용하여 플로우를 쉽게 만들 수 있다는 것만 알려드리겠습니다.

플로우의 각 원소를 변환하는 map 함수를 떠올려 봅시다. 이 함수는 새로운 플로우를 만들기 때문에, flow 빌더를 사용합니다. 플로우가 시작되면 래핑하고 있는 플로우를 시작하게 되므로, 빌더 내부에서 collect 메서드를 호출합니다. 원소를 받을 때마다, map은 원소를 변환하고 새로운 플로우로 방출합니다.

```
fun <T, R> Flow<T>.map(
    transformation: suspend (T) -> R
): Flow<R> = flow {
    collect {
        emit(transformation(it))
    }
}

suspend fun main() {
    flowOf("A", "B", "C")
        .map {
            delay(1000)
            it.lowercase()
        }
        .collect { println(it) }
}
// (1초 후)
// a
// (1초 후)
// b
// (1초 후)
// c
```

다음 장에서 배울 대부분의 메서드들의 작동 방식도 간단합니다. 플로우의 원리를 이해하면 코드가 어떻게 작동하는지 쉽게 이해할 수 있으며, 비슷한 함수를 작성하는 데 도움이 됩니다.

```
fun <T> Flow<T>.filter(
    predicate: suspend (T) -> Boolean
): Flow<T> = flow {
    collect {
        if (predicate(it)) {
```

```
            emit(it)
        }
    }
}

fun <T> Flow<T>.onEach(
    action: suspend (T) -> Unit
): Flow<T> = flow {
    collect {
        action(it)
        emit(it)
    }
}

// 간단하게 구현한 코드입니다.
fun <T> Flow<T>.onStart(
    action: suspend () -> Unit
): Flow<T> = flow {
    action()
    collect {
        emit(it)
    }
}
```

동기로 작동하는 Flow

플로우 또한 중단 함수처럼 동기로 작동하기 때문에, 플로우가 완료될 때까지 collect 호출이 중단됩니다. 즉, 플로우는 새로운 코루틴을 시작하지 않습니다. 중단 함수가 코루틴을 시작할 수 있는 것처럼, 플로우의 각 단계에서도 코루틴을 시작할 수 있지만 중단 함수의 기본 동작은 아닙니다. 플로우에서 각각의 처리 단계는 동기로 실행되기 때문에, onEach 내부에 delay가 있으면 모든 원소가 처리되기 전이 아닌 각 원소 사이에 지연이 생깁니다.

```
suspend fun main() {
    flowOf("A", "B", "C")
        .onEach { delay(1000) }
        .collect { println(it) }
}
// (1초 후)
// A
// (1초 후)
```

```
// B
// (1초 후)
// C
```

플로우와 공유 상태

플로우 처리를 통해 좀더 복잡한 알고리즘을 구현할 때는 언제 변수에 대한 접근을 동기화해야 하는지 알아야 합니다. 가장 중요한 예제 하나를 먼저 봅시다. 커스텀한 플로우 처리 함수를 구현할 때, 플로우의 각 단계가 동기로 작동하기 때문에 동기화 없이도 플로우 내부에 변경 가능한 상태를 정의할 수 있습니다.

```
fun <T, K> Flow<T>.distinctBy(
    keySelector: (T) -> K
) = flow {
    val sentKeys = mutableSetOf<K>()
    collect { value ->
        val key = keySelector(value)
        if (key !in sentKeys) {
            sentKeys.add(key)
            emit(value)
        }
    }
}
```

다음은 플로우 단계에서 사용되는 예제이며, 일정한 결괏값을 생성합니다. 카운터 변수가 항상 1000으로 증가합니다.

```
fun Flow<*>.counter() = flow<Int> {
    var counter = 0
    collect {
        counter++
        // 잠깐 동안 바쁘게 만듭니다.
        List(100) { Random.nextLong() }.shuffled().sorted()
        emit(counter)
    }
}

suspend fun main(): Unit = coroutineScope {
    val f1 = List(1000) { "$it" }.asFlow()
```

```
    val f2 = List(1000) { "$it" }.asFlow()
        .counter()

    launch { println(f1.counter().last()) } // 1000
    launch { println(f1.counter().last()) } // 1000
    launch { println(f2.last()) }           // 1000
    launch { println(f2.last()) }           // 1000
}
```

플로우 단계 외부의 변수를 추출해서 함수에서 사용하는 것이 흔히 저지르는 실수 중 하나입니다. 외부 변수는 같은 플로우가 모으는 모든 코루틴이 공유하게 됩니다. 이런 경우 동기화가 필수이며 플로우 컬렉션이 아니라 플로우에 종속되게 됩니다. 따라서 두 개의 코루틴이 병렬로 원소를 세게 되고, `f2.last()`는 1000이 아니라 2000을 반환하게 됩니다.

```
fun Flow<*>.counter(): Flow<Int> {
    var counter = 0
    return this.map {
        counter++
        // 잠깐 동안 바쁘게 만듭니다.
        List(100) { Random.nextLong() }.shuffled().sorted()
        counter
    }
}

suspend fun main(): Unit = coroutineScope {
    val f1 = List(1_000) { "$it" }.asFlow()
    val f2 = List(1_000) { "$it" }.asFlow()
        .counter()

    launch { println(f1.counter().last()) } // 1000
    launch { println(f1.counter().last()) } // 1000
    launch { println(f2.last()) }           // 2000보다 작은 값이 출력됩니다.
    launch { println(f2.last()) }           // 2000보다 작은 값이 출력됩니다.
}
```

마지막으로 같은 변수를 사용하는 중단 함수들에서 동기화가 필요한 것처럼, 플로우에서 사용하는 변수가 함수 외부, 클래스의 스코프, 최상위 레벨에서 정의되어 있으면 동기화가 필요합니다.

```
var counter = 0

fun Flow<*>.counter(): Flow<Int> = this.map {
    counter++
    // 잠깐 동안 바쁘게 만듭니다.
    List(100) { Random.nextLong() }.shuffled().sorted()
    counter
}

suspend fun main(): Unit = coroutineScope {
    val f1 = List(1_000) { "$it" }.asFlow()
    val f2 = List(1_000) { "$it" }.asFlow()
        .counter()

    launch { println(f1.counter().last()) } // 4000보다 작은 값이 출력됩니다.
    launch { println(f1.counter().last()) } // 4000보다 작은 값이 출력됩니다.
    launch { println(f2.last()) }           // 4000보다 작은 값이 출력됩니다.
    launch { println(f2.last()) }           // 4000보다 작은 값이 출력됩니다.
}
```

요약

Flow는 리시버를 가진 중단 람다식보다 조금 더 복잡하다고 볼 수 있으며, 플로우의 처리 함수들은 플로우를 새로운 연산으로 데코레이트합니다. Flow와 플로우의 메서드가 정의된 방식은 간단하고 직관적이기 때문에 가능한 일입니다.

21장

K o t l i n C o r o u t i n e s

플로우 만들기

플로우는 어디선가 시작되어야 합니다. 플로우가 필요한 경우에 따라 플로우를 시작하는 방법은 다양합니다. 이 장에서는 가장 중요한 방법들을 몇 가지 살펴보겠습니다.

원시값을 가지는 플로우

플로우를 만드는 가장 간단한 방법은 플로우가 어떤 값을 가져야 하는지 정의하는 flowOf 함수를 사용하는 것입니다(리스트의 listOf 함수와 비슷합니다).

```
suspend fun main() {
    flowOf(1, 2, 3, 4, 5)
        .collect { print(it) } // 12345
}
```

값이 없는 플로우가 필요한 경우도 있습니다. 이런 경우에는 emptyFlow() 함수를 사용하면 됩니다(리스트의 emptyList 함수와 비슷합니다).

```
suspend fun main() {
    emptyFlow<Int>()
        .collect { print(it) } // (아무것도 출력되지 않음)
}
```

컨버터

asFlow 함수를 사용해서 Iterable, Iterator, Sequence를 Flow로 바꿀 수도 있습니다.

```
suspend fun main() {
    listOf(1, 2, 3, 4, 5)
        // 또는 setOf(1, 2, 3, 4, 5)
        // 또는 sequenceOf(1, 2, 3, 4, 5)
        .asFlow()
        .collect { print(it) } // 12345
}
```

asFlow 함수는 즉시 사용 가능한 원소들의 플로우를 만듭니다. 플로우 처리 함수를 사용해 처리 가능한 원소들의 플로우를 시작할 때 유용합니다.

함수를 플로우로 바꾸기

플로우는 (RxJava의 Single처럼) 시간상 지연되는 하나의 값을 나타낼 때 자주 사용됩니다. 따라서 중단 함수를 플로우로 변환하는 것 또한 가능합니다. 이때 중단 함수의 결과가 플로우의 유일한 값이 됩니다. 중단 함수를 플로우로 바꾸고 싶다면, (suspend() -> T와 () -> T 같은) 함수형의 확장 함수인 asFlow를 사용할 수 있습니다. 다음 예제에서는 중단 람다식을 Flow로 변환하기 위해 asFlow를 사용했습니다.

```
suspend fun main() {
    val function = suspend {
        // 중단 함수를 람다식으로 만든 것입니다.
        delay(1000)
        "UserName"
    }

    function.asFlow()
        .collect { println(it) }
}
// (1초 후)
// UserName
```

일반 함수를 변경하려면 함수 참조값이 필요합니다. 코틀린에서는 ::를 사용해서 참조할 수 있습니다.

```
suspend fun getUserName(): String {
    delay(1000)
    return "UserName"
}

suspend fun main() {
    ::getUserName
        .asFlow()
        .collect { println(it) }
}
// (1초 후)
// UserName
```

플로우와 리액티브 스트림

애플리케이션에서 (Reactor[1], RxJava 2.x[2] 또는 RxJava 3.x[3]와 같은) 리액티브 스트림을 활용하고 있다면 코드를 별로 바꾸지 않고 플로우를 적용할 수 있습니다. `Flux`, `Flowable`, `Observable`은 `kotlinx-coroutines-reactive` 라이브러리의 `asFlow` 함수를 사용해 `Flow`로 변환 가능한 `Publisher` 인터페이스를 구현하고 있습니다.

```
suspend fun main() = coroutineScope {
   Flux.range(1, 5).asFlow()
       .collect { print(it) } // 12345
   Flowable.range(1, 5).asFlow()
       .collect { print(it) } // 12345
   Observable.range(1, 5).asFlow()
       .collect { print(it) } // 12345
}
```

역으로 변환하려면 좀더 복잡한 라이브러리를 사용해야 합니다. `kotlinx-coroutines-reactor` 라이브러리를 사용하면 `Flow`를 `Flux`로 변환할 수 있습니다. `kotlinx-coroutines-rx3`(또는 `kotlinx-coroutines-rx2`) 라이브러리를 사

1 *https://projectreactor.io*
2 *https://github.com/ReactiveX/RxJava/tree/2.x*
3 *https://github.com/ReactiveX/RxJava/tree/3.x*

용하면 Flow를 Flowable이나 Observable로 변환 가능합니다.

```
suspend fun main(): Unit = coroutineScope {
    val flow = flowOf(1, 2, 3, 4, 5)

    flow.asFlux()
        .doOnNext { print(it) } // 12345
        .subscribe()

    flow.asFlowable()
        .subscribe { print(it) } // 12345

    flow.asObservable()
        .subscribe { print(it) } // 12345
}
```

플로우 빌더

플로우를 만들 때 가장 많이 사용되는 방법은 이전 장에서 이미 사용했던 flow 빌더입니다. flow 빌더는 시퀀스를 만드는 sequence 빌더나 채널을 만드는 produce 빌더와 비슷하게 작동합니다. 빌더는 flow 함수를 먼저 호출하고, 람다식 내부에서 emit 함수를 사용해 다음 값을 방출합니다. Channel이나 Flow에서 모든 값을 방출하려면 emitAll을 사용할 수 있습니다(emitAll(flow)는 flow.collect { emit(it) }를 줄여 쓴 것입니다).

```
fun makeFlow(): Flow<Int> = flow {
    repeat(3) { num ->
        delay(1000)
        emit(num)
    }
}

suspend fun main() {
    makeFlow()
        .collect { println(it) }
}
// (1초 후)
// 0
// (1초 후)
// 1
```

```
// (1초 후)
// 2
```

플로우 빌더는 이전 장에서 이미 사용했으며 이후에도 여러 장에서 자주 사용될 예정이므로 나중에 볼 예제에서도 자주 확인할 수 있습니다. 지금은 2장 '시퀀스 빌더'에서 봤던 빌더를 다시 보겠습니다. 여기서 `flow` 빌더는 네트워크 API에서 페이지별로 요청되어야 하는 사용자 스트림을 만드는 목적으로 사용합니다.

```
fun allUsersFlow(
    api: UserApi
): Flow<User> = flow {
    var page = 0
    do {
        val users = api.takePage(page++) // 중단 함수
        emitAll(users)
    } while (!users.isNullOrEmpty())
}
```

플로우 빌더 이해하기

플로우 빌더는 플로우를 만드는 가장 기본적인 방법입니다. 다른 모든 방법 또한 빌더를 기초로 하고 있습니다.

```
public fun <T> flowOf(vararg elements: T): Flow<T> = flow {
    for (element in elements) {
        emit(element)
    }
}
```

빌더가 어떻게 작동하는지 이해하기 위해 플로우가 어떻게 작동하는지 알아보겠습니다. `flow` 빌더는 내부적으로 아주 간단합니다. `collect` 메서드 내부에서 `block` 함수를 호출하는 `Flow` 인터페이스를 구현합니다.[4]

4 다음 예제는 아주 간단하게 표현한 것입니다. 실제로는 컨티뉴에이션 인터셉터를 놓아 주는 추가적인 작동 방식도 존재합니다.

```
fun <T> flow(
    block: suspend FlowCollector<T>.() -> Unit
): Flow<T> = object : Flow<T>() {
    override suspend fun collect(collector: FlowCollector<T>) {
        collector.block()
    }
}

interface Flow<out T> {
    suspend fun collect(collector: FlowCollector<T>)
}

fun interface FlowCollector<in T> {
    suspend fun emit(value: T)
}
```

빌더의 원리를 이해한 뒤 다음 코드가 어떻게 작동하는지 분석해 봅시다.

```
fun main() = runBlocking {
    flow { // 1
        emit("A")
        emit("B")
        emit("C")
    }.collect { value -> // 2
        println(value)
    }
}
// A
// B
// C
```

flow 빌더를 호출하면 단지 객체를 만들 뿐입니다. 반면 collect를 호출하면 collector 인터페이스의 block 함수를 호출하게 됩니다. 이 예제의 block 함수는 1에서 정의된 람다식입니다. 리시버는 2에서 정의된 람다식인 collect입니다. (FlowCollector와 같이) 람다식으로 정의된 함수 인터페이스를 정의하면 람다식의 본체는 함수형 인터페이스의 함수 본체로 사용됩니다(여기서는 emit). 그러므로 emit 함수의 본체는 println(value)가 됩니다. 따라서 collect를 호출하면 1에서 정의된 람다식을 실행하기 시작하고, emit을 호출했을 때 2에서 정의된 람다식을 호출합니다. 이것이 플로우가 작동하는 원리입니다. 플로우의 다른 모든 특성 또한 이런 원리에 기초하여 만들어졌습니다.

채널플로우(channelFlow)

Flow는 콜드 데이터 스트림이므로 필요할 때만 값을 생성합니다. 앞에서 봤던 allUserFlow를 떠올려 보면 사용자 목록의 다음 페이지는 리시버가 필요로 할 때 요청합니다. 몇몇 상황에서는 이런 방식이 필요합니다. 예를 들어 특정 사용자를 찾는 상황을 가정해 봅시다. 사용자가 첫 번째 페이지에 있다면 더 많은 페이지를 요청하지 않아도 됩니다. 아래 예제에서 flow 빌더를 사용해 다음 원소를 생성합니다. 다음 페이지는 필요할 때만 지연 요청한다는 것을 명심하세요.

```
data class User(val name: String)

interface UserApi {
    suspend fun takePage(pageNumber: Int): List<User>
}

class FakeUserApi : UserApi {
    private val users = List(20) { User("User$it") }
    private val pageSize: Int = 3

    override suspend fun takePage(
        pageNumber: Int
    ): List<User> {
        delay(1000) // 중단 함수
        return users
            .drop(pageSize * pageNumber)
            .take(pageSize)
    }
}

fun allUsersFlow(api: UserApi): Flow<User> = flow {
    var page = 0
    do {
        println("Fetching page $page")
        val users = api.takePage(page++) // 중단 함수
        emitAll(users.asFlow())
    } while (!users.isNullOrEmpty())
}

suspend fun main() {
    val api = FakeUserApi()
```

```
    val users = allUsersFlow(api)
    val user = users
        .first {
            println("Checking $it")
            delay(1000) // 중단 함수
            it.name == "User3"
        }
    println(user)
}
// Fetching page 0
// (1초 후)
// Checking User(name=User0)
// (1초 후)
// Checking User(name=User1)
// (1초 후)
// Checking User(name=User2)
// (1초 후)
// Fetching page 1
// (1초 후)
// Checking User(name=User3)
// (1초 후)
// User(name=User3)
```

반면 원소를 처리하고 있을 때 미리 페이지를 받아오고 싶은 경우도 있습니다. 네트워크 호출을 더 빈번하게 하는 단점이 있지만 결과를 더 빠르게 얻어올 수 있습니다. 이렇게 하려면 데이터를 생성하고 소비하는 과정이 별개로 진행되어야 합니다. 이는 채널과 같은 핫 데이터 스트림의 전형적인 특징입니다. 따라서 채널과 플로우를 합친 형태가 필요합니다. channelFlow 함수는 플로우처럼 Flow 인터페이스를 구현하기 때문에 플로우가 가지는 특징을 제공합니다. 채널플로우 빌더는 일반 함수이며 (collect와 같은) 최종 연산으로 시작됩니다. 한 번 시작하기만 하면 리시버를 기다릴 필요 없이 분리된 코루틴에서 값을 생성한다는 점이 채널과 비슷하다고 할 수 있습니다. 따라서 다음 페이지를 얻어오는 동시에 사용자를 확인할 수 있습니다.

```
fun allUsersFlow(api: UserApi): Flow<User> = channelFlow {
    var page = 0
    do {
        println("Fetching page $page")
        val users = api.takePage(page++) // 중단 함수
        users?.forEach { send(it) }
```

```
    } while (!users.isNullOrEmpty())
}

suspend fun main() {
    val api = FakeUserApi()
    val users = allUsersFlow(api)
    val user = users
        .first {
            println("Checking $it")
            delay(1000)
            it.name == "User3"
        }
    println(user)
}
// Fetching page 0
// (1초 후)
// Checking User(name=User0)
// Fetching page 1
// (1초 후)
// Checking User(name=User1)
// Fetching page 2
// (1초 후)
// Checking User(name=User2)
// Fetching page 3
// (1초 후)
// Checking User(name=User3)
// Fetching page 4
// (1초 후)
// User(name=User3)
```

channelFlow는 ProducerScope<T>에서 작동합니다. ProducerScope는 produce 빌더가 사용하는 것과 같은 타입입니다. ProducerScope는 CoroutineScope를 구현했기 때문에 빌더에서 새로운 코루틴을 시작할 때 사용할 수 있습니다. 원소를 생성하려면 emit 대신에 send를 사용합니다. 채널에 접근해 SendChannel 함수로 직접 조작할 수도 있습니다.

```
interface ProducerScope<in E>:
    CoroutineScope, SendChannel<E> {

    val channel: SendChannel<E>
}
```

여러 개의 값을 독립적으로 계산해야 할 때 channelFlow를 주로 사용합니다. channelFlow는 코루틴 스코프를 생성하여 launch와 같은 코루틴 빌더를 직접 시작할 수 있습니다. flow는 코루틴 빌더가 필요로 하는 스코프를 만들지 못하기 때문에 다음 코드를 실행할 수 없습니다.

```
fun <T> Flow<T>.merge(other: Flow<T>): Flow<T> =
    channelFlow {
        launch {
            collect { send(it) }
        }
        other.collect { send(it) }
    }

fun <T> contextualFlow(): Flow<T> = channelFlow {
    launch(Dispatchers.IO) {
        send(computeIoValue())
    }
    launch(Dispatchers.Default) {
        send(computeCpuValue())
    }
}
```

다른 코루틴처럼 channelFlow도 모든 자식 코루틴이 종료 상태가 될 때까지 끝나지 않습니다.

콜백플로우(callbackFlow)

사용자의 클릭이나 활동 변화를 감지해야 하는 이벤트 플로우가 필요하다고 합시다. 감지하는 프로세스는 이벤트를 처리하는 프로세스와 독립적이어야 하므로 channelFlow를 사용해도 좋습니다. 하지만 이 경우에는 callbackFlow를 사용하는 것이 더 낫습니다.

아주 오랫동안 channelFlow와 callbackFlow에는 큰 차이가 없었습니다. 버전 1.3.4에서는 콜백을 사용할 때 에러에 덜 민감하도록 몇 가지 작은 변화가 있었습니다. 하지만 가장 큰 차이점은 callbackFlow가 콜백 함수를 래핑하는 방식으로 변경된 것입니다.

callbackFlow는 ProducerScope<T>에서 작동합니다. 다음은 콜백을 래핑하는 데 유용한 몇 가지 함수입니다.

- awaitClose { ... }': 채널이 닫힐 때까지 중단되는 함수입니다. 채널이 닫힌 다음에 인자로 들어온 함수가 실행됩니다. awaitClose는 callbackFlow에서 아주 중요합니다. 아래 예제를 봅시다. awaitClose가 없다면 콜백을 등록하고 나서 코루틴은 곧바로 끝나게 됩니다. callbackFlow 빌더의 실행이 끝나고 기다릴 자식 코루틴이 없으면 해당 코루틴은 당연히 종료됩니다. (람다식이 비어 있더라도) awaitClose를 사용해 코루틴이 종료되는 걸 막을 수 있고, 채널이 닫힐 때까지 어떤 방식으로든 간에 원소를 감지합니다.
- trySendBlocking(value): send와 비슷하지만 중단하는 대신 블로킹하여 중단 함수가 아닌 함수에서도 사용할 수 있습니다.
- close(): 채널을 닫습니다.
- cancel(throwable): 채널을 종료하고 플로우에 예외를 던집니다.

다음은 callbackFlow가 사용되는 전형적인 방법입니다.

```
fun flowFrom(api: CallbackBasedApi): Flow<T> = callbackFlow {
    val callback = object : Callback {
        override fun onNextValue(value: T) {
            trySendBlocking(value)
        }
        override fun onApiError(cause: Throwable) {
            cancel(CancellationException("API Error", cause))
        }
        override fun onCompleted() = channel.close()
    }
    api.register(callback)
    awaitClose { api.unregister(callback) }
}
```

요약

이 장에서는 플로우를 생성하는 여러 가지 방법에 대해 알아보았습니다. flowOf 또는 emptyFlow처럼 간단한 방법부터 asFlow와 같은 변환, 플로우 빌더까지 플로우를 만드는 다양한 함수가 있습니다. `flow` 함수는 가장 간단한 플로우 빌더이며, 다음 값을 생성하기 위해 `emit` 함수를 사용합니다. 채널의 특징 일부를 가지고 있는 플로우인 `channelFlow`와 `callbackFlow`도 있습니다. 각각의 빌더는 용도가 각기 다르기 때문에, 플로우의 기능을 최대한 활용하려면 여러 종류의 빌더를 알아 두는 것이 좋습니다.

22장

K o t l i n C o r o u t i n e s

플로우 생명주기 함수

플로우는 요청이 한쪽 방향으로 흐르고 요청에 의해 생성된 값이 다른 방향으로 흐르는 파이프라 생각할 수 있습니다. 플로우가 완료되거나 예외가 발생했을 때, 이러한 정보가 전달되어 중간 단계가 종료됩니다. 모든 정보가 플로우로 전달되므로 값, 예외 및 (시작 또는 완료와 같은) 다른 특정 이벤트를 감지할 수 있습니다. onEach, onStart, onCompletion, onEmpty와 catch 같은 메서드를 사용하면 됩니다. 이 함수들을 하나씩 살펴보겠습니다.

onEach

플로우의 값을 하나씩 받기 위해 onEach 함수를 사용합니다.

```
suspend fun main() {
    flowOf(1, 2, 3, 4)
        .onEach { print(it) }
        .collect() // 1234
}
```

onEach 람다식은 중단 함수이며, 원소는 순서대로 처리됩니다. 따라서 onEach에 delay를 넣으면 각각의 값이 흐를 때마다 지연되게 됩니다.

```
suspend fun main() {
    flowOf(1, 2)
```

```
        .onEach { delay(1000) }
        .collect { println(it) }
}
// (1초 후)
// 1
// (1초 후)
// 2
```

onStart

onStart 함수는 최종 연산이 호출될 때와 같이 플로우가 시작되는 경우에 호출되는 리스너를 설정합니다. onStart는 첫 번째 원소가 생성되는 걸 기다렸다 호출되는 게 아니라는 것이 중요합니다. 첫 번째 원소를 요청했을 때 호출되는 함수입니다.

```
suspend fun main() {
    flowOf(1, 2)
        .onEach { delay(1000) }
        .onStart { println("Before") }
        .collect { println(it) }
}
// Before
// (1초 후)
// 1
// (1초 후)
// 2
```

(onCompletion, onEmpty, catch와 같이) onStart에서도 원소를 내보낼 수 있습니다. 원소들은 onStart부터 아래로 흐르게 됩니다.

```
suspend fun main() {
    flowOf(1, 2)
        .onEach { delay(1000) }
        .onStart { emit(0) }
        .collect { println(it) }
}
// 0
// (1초 후)
// 1
// (1초 후)
// 2
```

onCompletion

플로우를 완료할 수 있는 여러 가지 방법이 있습니다. 잡히지 않은 예외가 발생했거나 코루틴이 취소되었을 때도 포함되지만, 가장 흔한 방법은 플로우 빌더가 끝났을 때(예를 들면, 마지막 원소가 전송되었을 때)입니다. onCompletion 메서드를 사용해 플로우가 완료되었을 때 호출되는 리스너를 추가할 수 있습니다.

```
suspend fun main() = coroutineScope {
    flowOf(1, 2)
        .onEach { delay(1000) }
        .onCompletion { println("Completed") }
        .collect { println(it) }
}
// (1초 후)
// 1
// (1초 후)
// 2
// Completed

suspend fun main() = coroutineScope {
    val job = launch {
        flowOf(1, 2)
            .onEach { delay(1000) }
            .onCompletion { println("Completed") }
            .collect { println(it) }
    }
    delay(1100)
    job.cancel()
}
// (1초 후)
// 1
// (0.1초 후)
// Completed
```

안드로이드에서는 (네트워크 응답을 기다리고 있는 척도인) 프로그레스 바를 보여 주기 위해 onStart를 사용하며, 가리기 위해서는 onCompletion을 사용합니다.

```
fun updateNews() {
    scope.launch {
```

```
        newsFlow()
            .onStart { showProgressBar() }
            .onCompletion { hideProgressBar() }
            .collect { view.showNews(it) }
    }
}
```

onEmpty

플로우는 예기치 않은 이벤트가 발생하면 값을 내보내기 전에 완료될 수 있습니다. onEmpty 함수는 원소를 내보내기 전에 플로우가 완료되면 실행됩니다. onEmpty는 기본값을 내보내기 위한 목적으로 사용될 수 있습니다.

```
suspend fun main() = coroutineScope {
    flow<List<Int>> { delay(1000) }
        .onEmpty { emit(emptyList()) }
        .collect { println(it) }
}
// (1초 후)
// []
```

catch

플로우를 만들거나 처리하는 도중에 예외가 발생할 수 있습니다. 이러한 예외는 아래로 흐르면서 처리하는 단계를 하나씩 닫습니다. 하지만 예외를 잡고 관리할 수도 있습니다. catch 메서드가 이 용도로 사용됩니다. 리스너는 예외를 인자로 받고 정리를 위한 연산을 수행할 수 있습니다.

```
class MyError : Throwable("My error")

val flow = flow {
    emit(1)
    emit(2)
    throw MyError()
}

suspend fun main(): Unit {
    flow.onEach { println("Got $it") }
        .catch { println("Caught $it") }
```

```
        .collect { println("Collected $it") }
}
// Got 1
// Collected 1
// Got 2
// Collected 2
// Caught MyError: My error
```

위 예제에서 onEach는 예외에 반응하지 않습니다. map, filter와 같은 다른 함수에서도 마찬가지입니다. 오직 onCompletion 핸들러만 예외가 발생했을 때 호출됩니다.

catch 메서드는 예외를 잡아 전파되는 걸 멈춥니다. 이전 단계는 이미 완료된 상태지만, catch는 새로운 값을 여전히 내보낼 수 있어 남은 플로우를 지속할 수 있습니다.

```
val flow = flow {
    emit("Message1")
    throw MyError()
}

suspend fun main(): Unit {
    flow.catch { emit("Error") }
        .collect { println("Collected $it") }
}
// Collected Message1
// Collected Error
```

catch 함수의 윗부분에서 던진 예외에만 반응합니다(예외는 아래로 흐를 때 잡는다고 생각하면 됩니다).

```
import kotlinx.coroutines.flow.*

suspend fun main(): Unit {
    flowOf( value: "Message1")
        .catch { emit( value: "Error") }
        .onEach { throw Error(it) }
        .collect { println("Collected $it") }
}
// Exception in thread "main" java.lang.Error: Message1
```

안드로이드에서는 플로우에서 일어나는 예외를 보여 주기 위해 catch를 주로 사용합니다.

```
fun updateNews() {
    scope.launch {
        newsFlow()
            .catch { view.handleError(it) }
            .onStart { showProgressBar() }
            .onCompletion { hideProgressBar() }
            .collect { view.showNews(it) }
    }
}
```

빈 리스트처럼 스크린에서 보여지는 기본값을 내보내기 위해 catch를 사용할 수도 있습니다.

```
fun updateNews() {
    scope.launch {
        newsFlow()
            .catch {
                view.handleError(it)
                emit(emptyList())
            }
            .onStart { showProgressBar() }
            .onCompletion { hideProgressBar() }
            .collect { view.showNews(it) }
    }
}
```

잡히지 않은 예외

플로우에서 잡히지 않은 예외는 플로우를 즉시 취소하며, collect는 예외를 다시 던집니다. 중단 함수가 예외를 처리하는 방식과 같으며, coroutineScope 또한 같은 방식으로 예외를 처리합니다. 플로우 바깥에서 전통적인 try-catch 블록을 사용해서 예외를 잡을 수도 있습니다.

```
val flow = flow {
    emit("Message1")
    throw MyError()
}
```

```
suspend fun main(): Unit {
    try {
        flow.collect { println("Collected $it") }
    } catch (e: MyError) {
        println("Caught")
    }
}
// Collected Message1
// Caught
```

catch를 사용하는 건 (마지막 연산 뒤에 catch가 올 수 없기 때문에) 최종 연산에서 발생한 예외를 처리하는 데 전혀 도움이 되지 않습니다. 따라서 collect에서 예외가 발생하면 예외를 잡지 못하게 되어 블록 밖으로 예외가 전달됩니다.

```
val flow = flow {
    emit("Message1")
    emit("Message2")
}

suspend fun main(): Unit {
    flow.onStart { println("Before") }
        .catch { println("Caught $it") }
        .collect { throw MyError() }
}
// Before
// Exception in thread "..." MyError: My error
```

그러므로 collect의 연산을 onEach로 옮기고 catch 이전에 두는 방법이 자주 사용됩니다. collect가 예외를 발생시킬 여지가 있다면 특히 유용합니다. collect의 연산을 옮긴다면 catch가 모든 예외를 잡을 거라고 확신할 수 있습니다.

```
val flow = flow {
    emit("Message1")
    emit("Message2")
}

suspend fun main(): Unit {
    flow.onStart { println("Before") }
        .onEach { throw MyError() }
```

```
        .catch { println("Caught $it") }
        .collect()
}
// Before
// Caught MyError: My error
```

flowOn

(onEach, onStart, onCompletion과 같은) 플로우 연산과 (flow나 channelFlow와 같은) 플로우 빌더의 인자로 사용되는 람다식은 모두 중단 함수입니다. 중단 함수는 컨텍스트가 필요하며(구조화된 동시성을 위해) 부모와 관계를 유지합니다. 플로우의 함수들이 어디서 컨텍스트를 얻어올까요? 답은 collect가 호출되는 곳의 컨텍스트입니다.

```
fun usersFlow(): Flow<String> = flow {
    repeat(2) {
        val ctx = currentCoroutineContext()
        val name = ctx[CoroutineName]?.name
        emit("User$it in $name")
    }
}

suspend fun main() {
    val users = usersFlow()
    withContext(CoroutineName("Name1")) {
        users.collect { println(it) }
    }
    withContext(CoroutineName("Name2")) {
        users.collect { println(it) }
    }
}
// User0 in Name1
// User1 in Name1
// User0 in Name2
// User1 in Name2
```

위 코드는 어떻게 작동할까요? 최종 연산을 호출하면 상위에 있는 모든 원소를 요청하면서 코루틴 컨텍스트를 전달합니다. 하지만 flowOn 함수로 컨텍스트를 변경할 수도 있습니다.

```
suspend fun present(place: String, message: String) {
    val ctx = coroutineContext
    val name = ctx[CoroutineName]?.name
    println("[$name] $message on $place")
}

fun messagesFlow(): Flow<String> = flow {
    present("flow builder", "Message")
    emit("Message")
}

suspend fun main() {
    val users = messagesFlow()
    withContext(CoroutineName("Name1")) {
        users
            .flowOn(CoroutineName("Name3"))
            .onEach { present("onEach", it) }
            .flowOn(CoroutineName("Name2"))
            .collect { present("collect", it) }
    }
}
// [Name3] Message on flow builder
// [Name2] Message on onEach
// [Name1] Message on collect
```

flowOn은 플로우에서 윗부분에 있는 함수에서만 작동하는 걸 기억해야 합니다.

```
withContext(CoroutineName( name: "Name1")) {   this: CoroutineScope
    users
        .flowOn(CoroutineName( name: "Name3"))
        .onEach { present( place: "onEach", it) }
        .flowOn(CoroutineName( name: "Name2"))
        .collect { present( place: "collect", it) }
}
```

launchIn

collect는 플로우가 완료될 때까지 코루틴을 중단하는 중단 연산입니다. launch 빌더로 collect를 래핑하면 플로우를 다른 코루틴에서 처리할 수 있습니다. 플로우의 확장 함수인 launchIn을 사용하면 유일한 인자로 스코프를 받아 collect를 새로운 코루틴에서 시작할 수 있습니다.

```
fun <T> Flow<T>.launchIn(scope: CoroutineScope): Job =
    scope.launch { collect() }
```

별도의 코루틴에서 플로우를 시작하기 위해 launchIn을 주로 사용합니다.

```
suspend fun main(): Unit = coroutineScope {
    flowOf("User1", "User2")
        .onStart { println("Users:") }
        .onEach { println(it) }
        .launchIn(this)
}
// Users:
// User1
// User2
```

요약

이 장에서는 플로우의 여러 가지 기능에 대해 배웠습니다. 플로우가 시작될 때, 닫힐 때, 또는 각 원소를 탐색할 때 플로우에 작업을 추가할 수 있습니다. 예외를 잡는 방법과 새로운 코루틴에서 플로우를 시작하는 방법도 배웠습니다. 특히 안드로이드 개발에서 플로우 생명주기 함수가 자주 사용됩니다. 다음 코드는 안드로이드에서 플로우를 사용하는 방법을 보여 줍니다.

```
fun updateNews() {
    newsFlow()
        .onStart { showProgressBar() }
        .onCompletion { hideProgressBar() }
        .onEach { view.showNews(it) }
        .catch { view.handleError(it) }
        .launchIn(viewModelScope)
}
```

23장

K o t l i n C o r o u t i n e s

플로우 처리

지금까지 플로우를 값이 흐르는 파이프로 생각했습니다. 값이 흐르기 때문에 제외하고, 곱하고, 변형하거나 합치는 등의 여러 가지 방법으로 변경하는 것도 가능합니다. 플로우 생성과 최종 연산 사이의 이러한 연산들을 **플로우 처리**(flow processing)라고 합니다. 이 장에서는 플로우 처리를 위해 사용하는 함수들을 살펴보겠습니다.

플로우 처리 함수를 보면 컬렉션 처리에서 사용되는 함수들이 떠오를 겁니다. 플로우의 원소가 각자 다른 시간에 생성될 수 있다는 점만 제외하면 두 종류 모두 같은 개념을 나타내므로 비슷한 형태인 것이 당연하다고 할 수 있습니다.

map

가장 먼저 배울 중요한 함수는 플로우의 각 원소를 변환 함수에 따라 변환하는 map입니다. 숫자들을 플로우로 가지고 있고 각 수의 제곱을 계산하는 연산이라면, 생성되는 플로우는 이 수들의 제곱을 값으로 갖게 됩니다.

```
suspend fun main() {
    flowOf(1, 2, 3)             // [1, 2, 3]
        .map { it * it }        // [1, 4, 9]
        .collect { print(it) } // 149
}
```

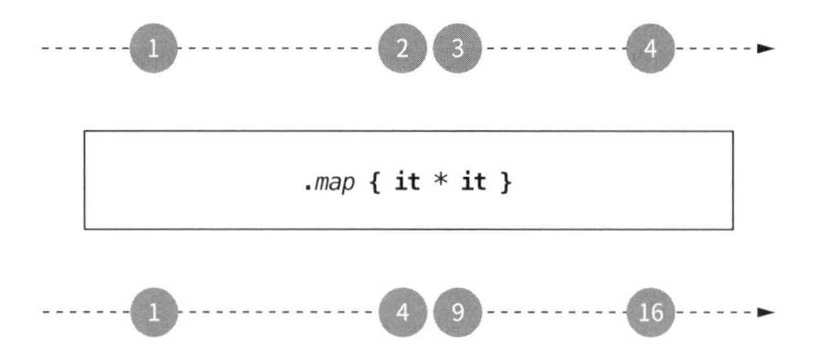

시간이 지남에 따라 플로우 처리 함수가 원소를 어떻게 바꾸는지 보여 주기 위해 위 다이어그램을 사용할 것입니다. 수평선은 시간을 나타내며 선 위의 원소들은 각 시간마다 플로우에서 내보낸 값들입니다. 위쪽 선은 연산이 실행되기 전의 플로우를 나타내며, 아래쪽 선은 연산이 끝난 뒤의 플로우를 나타냅니다. 해당 다이어그램은 아래 다이어그램의 `map`과 `filter`처럼 중간 단계의 여러 가지 연산을 보여 줄 때도 사용됩니다.

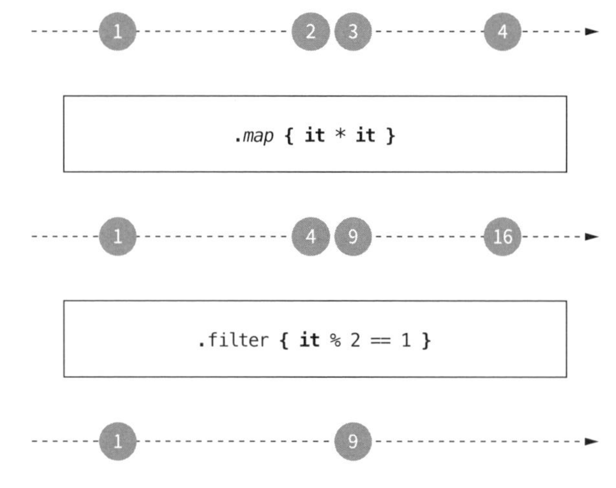

플로우 처리 함수 대부분은 이전 장에서 이미 배운 방법을 사용해 아주 쉽게 구현할 수 있습니다. `map`을 구현하려면 `flow` 빌더를 사용해 새로운 플로우를 만들면 됩니다. 그리고 만들어진 플로우에서 원소들을 모은 뒤, 변형된 원소들을 하나씩 내보내면 됩니다. 다음 코드는 kotlinx.coroutines 라이브러리의 실제 구현을 좀더 간단히 나타낸 것입니다.

```
fun <T, R> Flow<T>.map(
    transform: suspend (value: T) -> R
): Flow<R> = flow {     // 여기서 새로운 플로우를 만듭니다.
    collect { value -> // 여기서 리시버를 통해 원소를 모읍니다.
        emit(transform(value))
    }
}
```

map은 아주 많이 쓰이는 함수입니다. 값을 꺼내거나 다른 형태로 변형하는 등의 사용 예가 있습니다.

```
// 여기서 맵을 사용해 입력 이벤트로부터 사용자 액션을 받습니다.
fun actionsFlow(): Flow<UserAction> =
    observeInputEvents()
        .map { toAction(it.code) }

// 여기서 맵을 사용해 User를 UserJson으로 변형합니다.
fun getAllUser(): Flow<UserJson> =
    userRepository.getAllUsers()
        .map { it.toUserJson() }
```

filter

filter 또한 중요한 함수이며, 원래 플로우에서 주어진 조건에 맞는 값들만 가진 플로우를 반환합니다.

```
suspend fun main() {
    (1..10).asFlow()            // [1, 2, 3, 4, 5, 6, 7, 8, 9, 10]
        .filter { it <= 5 }     // [1, 2, 3, 4, 5]
        .filter { isEven(it) } // [2, 4]
        .collect { print(it) } // 24
}

fun isEven(num: Int): Boolean = num % 2 == 0
```

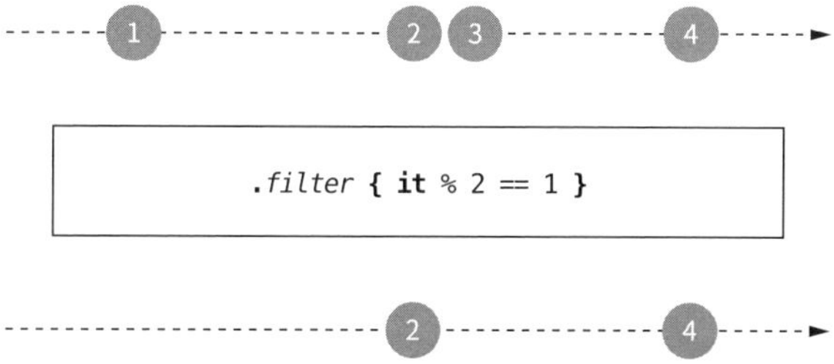

1 2 3 4

.filter { it % 2 == 1 }

2 4

filter 또한 플로우 빌더를 사용해 아주 쉽게 구현할 수 있습니다. (변형 대신) 조건이 있는 if 문만 사용하면 됩니다.

```
fun <T> Flow<T>.filter(
    predicate: suspend (T) -> Boolean
): Flow<T> = flow {     // 여기서 새로운 플로우를 만듭니다.
    collect { value -> // 여기서 리시버를 통해 원소를 모읍니다.
        if (predicate(value)) {
            emit(value)
        }
    }
}
```

filter는 관심 없는 원소를 제거할 때 주로 사용됩니다.

```
// 필터를 사용해 유효하지 않은 액션을 버립니다.
fun actionsFlow(): Flow<UserAction> =
    observeInputEvents()
        .filter { isValidAction(it.code) }
        .map { toAction(it.code) }
```

take와 drop

특정 수의 원소만 통과시키기 위해 take를 사용할 수 있습니다.

```
suspend fun main() {
    ('A'..'Z').asFlow()
        .take(5)              // [A, B, C, D, E]
        .collect { print(it) } // ABCDE
}
```

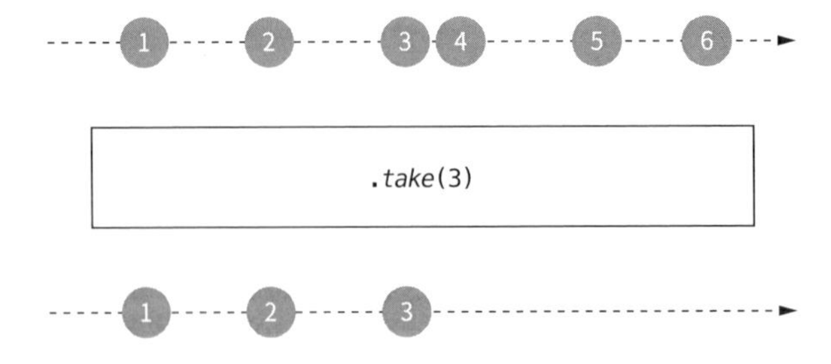

drop을 사용하면 특정 수의 원소를 무시할 수 있습니다.

```
suspend fun main() {
    ('A'..'Z').asFlow()
        .drop(20)              // [U, V, W, X, Y, Z]
        .collect { print(it) } // UVWXYZ
}
```

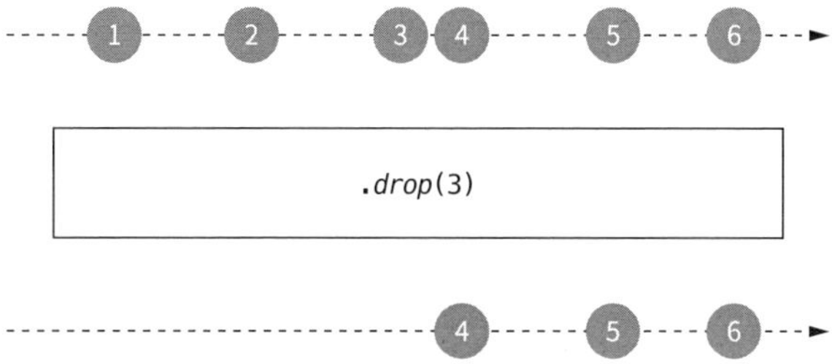

.drop(3)

컬렉션 처리는 어떻게 작동할까?

지금까지 다양한 플로우 처리 함수와 생명주기 함수를 확인했습니다. 구현은 아주 간단하므로 내부에서 어떤 일이 벌어지고 있는지 추측할 수 있을 것입니다. flow 빌더와 람다식을 가진 collect만으로 구현할 수도 있습니다. 다음은 플로우 처리 과정 및 map과 flowOf를 간단하게 구현한 예제입니다.

```
suspend fun main() {
    flowOf('a', 'b')
        .map { it.uppercase() }
        .collect { print(it) } // AB
}

fun <T, R> Flow<T>.map(
    transform: suspend (value: T) -> R
): Flow<R> = flow {
    collect { value ->
        emit(transform(value))
    }
}

fun <T> flowOf(vararg elements: T): Flow<T> = flow {
    for (element in elements) {
        emit(element)
```

```
    }
}
```

filter와 map 함수를 인라인으로 구현하면 다음과 같은 코드가 됩니다(람다식에 라벨을 붙였고 숫자로 주석을 달았습니다).

```
suspend fun main() {
    flow map@{                                  // 1
        flow flowOf@{                           // 2
            for (element in arrayOf('a', 'b')) { // 3
                this@flowOf.emit(element)       // 4
            }
        }.collect { value ->                    // 5
            this@map.emit(value.uppercase()) // 6
        }
    }.collect {   // 7
        print(it) // 8
    }
}
```

단계별로 하나씩 분석해 봅시다. 1에서 플로우를 시작하고 7에서 원소들을 모읍니다. 모으기 시작할 때(1에서 시작하는) @map 람다식을 수행하며, 이 람다식은 2에서 또 다른 빌더를 호출하고 5에서 원소들을 모읍니다. 원소들을 모을 때 (2에서 시작하는) @flowOn 람다식을 시작합니다. (2의) 람다식은 'a'와 'b'를 가진 배열을 탐색합니다. 첫 번째 값인 'a'를 4에서 내보내며, 5의 람다식이 호출됩니다. (5의) 람다식은 값을 'A'로 변경하며 @map 플로우로 내보낸 뒤, 7의 람다식이 호출됩니다. 값이 출력된 후 7의 람다식이 종료되고 6에서 람다식이 재개됩니다. 람다식이 끝났기 때문에 4의 @flowOf가 재개되며, 탐색이 다시 시작되어 4에서 'b'를 내보냅니다. 5에서 람다식이 호출되고, 'B'로 값을 변형한 뒤 6에서 @map 플로우로 내보냅니다. 값은 7에서 모이며 8에서 출력됩니다. 7의 람다식이 종료되므로 6의 람다식이 재개됩니다. 이 람다식도 종료되었기 때문에 4의 @flowOf 람다식이 다시 시작됩니다. 4도 종료되었기 때문에 5의 collect에서 @map이 재개됩니다. 더 이상 남은 것이 없기 때문에 @map의 마지막 부분에 도달합니다. 7의 collect에서 다시 시작하면 main 함수의 끝에 도달합니다.

대부분의 플로우 처리와 생명주기 함수에서 이와 같은 과정이 일어나므로, 앞의 코드를 이해하면 플로우가 어떻게 작동하는지 아는 데 많은 도움이 될 것입니다.

merge, zip, combine

두 개의 플로우를 하나의 플로우로 합치는 것에 대해 생각해 봅시다. 합치는 방법에는 여러 가지가 있습니다. 가장 간단한 방법은 두 개의 플로우에서 생성된 원소들을 하나로 합치는 것입니다. 어떤 변경도 필요 없으며, 플로우의 원소가 어디서부터 왔는지도 중요하지 않습니다. 최상위 레벨 함수인 merge를 사용해 이런 과정을 수행할 수 있습니다.

```
suspend fun main() {
    val ints: Flow<Int> = flowOf(1, 2, 3)
    val doubles: Flow<Double> = flowOf(0.1, 0.2, 0.3)

    val together: Flow<Number> = merge(ints, doubles)
    print(together.toList())
    // [1, 0.1, 0.2, 0.3, 2, 3]
    // 또는 [1, 0.1, 0.2, 0.3, 2, 3]
    // 또는 [0.1, 1, 2, 3, 0.2, 0.3]
    // 또는 다른 가능한 조합 중 하나
}
```

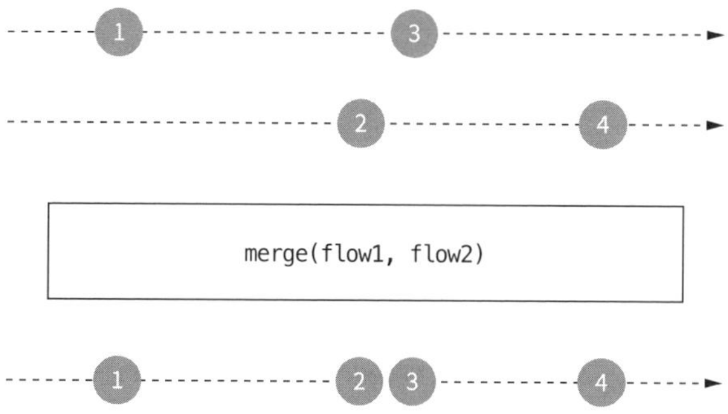

1 3

2 4

merge(flow1, flow2)

1 2 3 4

merge를 사용하면 한 플로우의 원소가 다른 플로우를 기다리지 않는다는 것이 중요합니다. 다음 예제에서 첫 번째 플로우의 원소 생성이 지연된다고 해서 두 번째 플로우의 원소 생성이 중단되지는 않습니다.

```
suspend fun main() {
    val ints: Flow<Int> = flowOf(1, 2, 3)
        .onEach { delay(1000) }
    val doubles: Flow<Double> = flowOf(0.1, 0.2, 0.3)

    val together: Flow<Number> = merge(ints, doubles)
    together.collect { println(it) }
}
// 0.1
// 0.2
// 0.3
// (1초 후)
// 1
// (1초 후)
// 2
// (1초 후)
// 3
```

여러 개의 이벤트들을 똑같은 방법으로 처리할 때 merge를 사용합니다.

```
fun listenForMessages() {
    merge(userSentMessages, messagesNotifications)
        .onEach { displayMessage(it) }
        .launchIn(scope)
}
```

다음 함수는 두 플로우로부터 쌍을 만드는 zip입니다. 원소가 쌍(변경되어 새로운 플로우에서 내보낼 원소)을 이루는 방법을 정하는 함수도 필요합니다. 각 원소는 한 쌍의 일부가 되므로 쌍이 될 원소를 기다려야 합니다. 쌍을 이루지 못하고 남은 원소는 유실되므로 한 플로우에서 지핑(zipping)이 완료되면 생성되는 플로우 또한 완료됩니다(다른 플로우도 마찬가지입니다).

```
suspend fun main() {
    val flow1 = flowOf("A", "B", "C")
        .onEach { delay(400) }
    val flow2 = flowOf(1, 2, 3, 4)
        .onEach { delay(1000) }
    flow1.zip(flow2) { f1, f2 -> "${f1}_${f2}" }
        .collect { println(it) }
}
```

```
// (1초 후)
// A_1
// (1초 후)
// B_2
// (1초 후)
// C_3
```

A B

2 4

```
flow1.zip(flow2) { f1, f2 -> "${f1}_${f2}" }
```

A_1 B_2

zip 함수는 폴란드의 전통 춤인 폴로네이즈를 떠올리게 합니다. 이 춤의 특징 중 하나는 가운데에서 쌍을 이룬 줄이 갈라진 뒤, 줄이 만나면서 다시 쌍을 이루는 것입니다.

안제이 바이다(Andrzej Wajda)가 감독한 영화 〈판 타데우스(Pan Tadeusz)〉에서 폴로네이즈 춤이 등장합니다.

두 개의 플로우를 합칠 때 사용되는 중요한 함수 중 마지막으로 소개할 것은 combine입니다. zip처럼 원소들로 쌍을 형성하기 때문에 첫 번째 쌍을 만들기 위해 느린 플로우를 기다려야 합니다. 하지만 폴로네이즈 춤과 비슷한 점은 아무것도 없습니다. combine을 사용하면 모든 새로운 원소가 전임자를 대체하게 됩니다. 첫 번째 쌍이 이미 만들어졌다면 다른 플로우의 이전 원소와 함께 새로운 쌍이 만들어집니다.

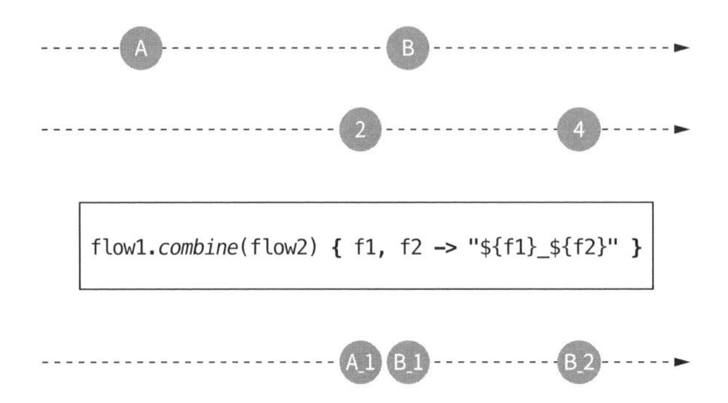

zip은 쌍을 필요로 하기 때문에 첫 번째 플로우가 닫히면 함수 또한 끝나게 됩니다. combine은 그런 제한이 없기 때문에 두 플로우 모두 닫힐 때까지 원소를 내보냅니다.

```
suspend fun main() {
    val flow1 = flowOf("A", "B", "C")
        .onEach { delay(400) }
    val flow2 = flowOf(1, 2, 3, 4)
        .onEach { delay(1000) }
    flow1.combine(flow2) { f1, f2 -> "${f1}_${f2}" }
        .collect { println(it) }
}
// (1초 후)
// B_1
// (0.2초 후)
// C_1
// (0.8초 후)
// C_2
// (1초 후)
// C_3
// (1초 후)
// C_4
```

combine은 두 데이터 소스의 변화를 능동적으로 감지할 때 주로 사용됩니다. 변화가 발생할 때마다 원소가 내보내지길 원한다면 (첫 쌍을 가지도록) 합쳐질 각 플로우에 초기 값을 더하면 됩니다.

```
userUpdateFlow.onStart { emit(currentUser) }
```

뷰가 감지 가능한 원소 두 가지 중 하나라도 변경될 때 반응해야 하는 경우 combine을 주로 사용합니다. 예를 들어 알림 뱃지가 현재 사용자 상태와 알림 모두에 영향을 받는다면, 두 가지 모두를 감지하고 변경된 것을 합쳐 뷰를 갱신할 수 있습니다.

```
userStateFlow
    .combine(notificationsFlow) { userState, notifications ->
        updateNotificationBadge(userState, notifications)
    }
    .collect()
```

fold와 scan

컬렉션 처리 함수를 사용할 때 fold를 보았을 겁니다. fold는 (초기 값부터 시작하여) 주어진 원소 각각에 대해 두 개의 값을 하나로 합치는 연산을 적용하여 컬렉션의 모든 값을 하나로 합칩니다.

예를 들어 첫 번째 값은 0이고 연산은 덧셈이라고 할 때 결괏값은 모든 수를 더한 값이 됩니다. 초기 값인 0을 먼저 가져온 뒤 첫 번째 원소인 1을 더합니다. 결괏값인 1에 두 번째 수인 2를 더하고, 결괏값인 3에 세 번째 수인 3을 더하고, 결괏값인 6에 마지막 수인 4를 더합니다. 연산의 최종 결괏값인 10이 fold로부터 반환됩니다.

```
fun main() {
    val list = listOf(1, 2, 3, 4)
    val res = list.fold(0) { acc, i -> acc + i }
    println(res)  // 10
    val res2 = list.fold(1) { acc, i -> acc * i }
    println(res2) // 24
}
```

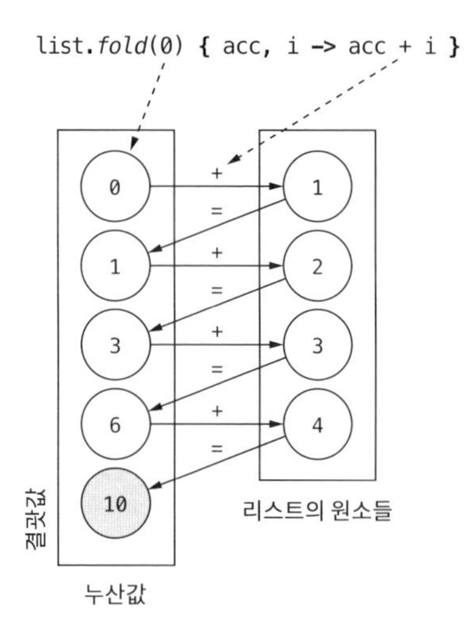

fold는 최종 연산입니다. 플로우에서도 사용할 수 있으며, (collect처럼) 플로우가 완료될 때까지 중단됩니다.

```
suspend fun main() {
    val list = flowOf(1, 2, 3, 4)
        .onEach { delay(1000) }
    val res = list.fold(0) { acc, i -> acc + i }
    println(res)
}
// (4초 후)
// 10
```

fold 대신 scan을 사용할 수도 있습니다. scan은 누적되는 과정의 모든 값을 생성하는 중간 연산입니다.

```
fun main() {
    val list = listOf(1, 2, 3, 4)
    val res = list.scan(0) { acc, i -> acc + i }
    println(res) // [0, 1, 3, 6, 10]
}
```

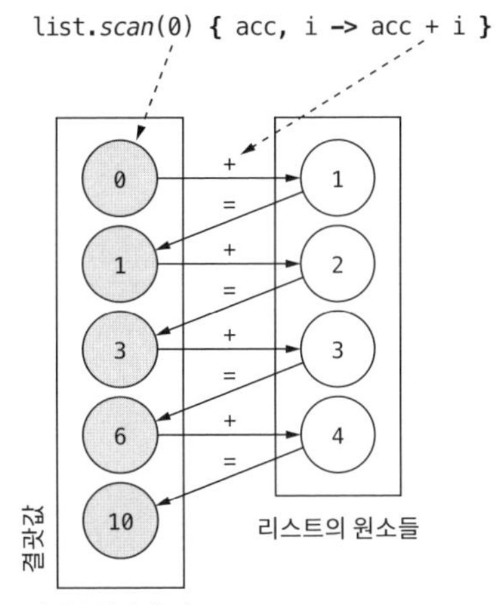

scan은 이전 단계에서 값을 받은 즉시 새로운 값을 만들기 때문에 Flow에서 유용하게 사용됩니다.

```
suspend fun main() {
    flowOf(1, 2, 3, 4)
        .onEach { delay(1000) }
        .scan(0) { acc, v -> acc + v }
        .collect { println(it) }
}
// 0
// (1초 후)
// 1
// (1초 후)
// 3
// (1초 후)
// 6
// (1초 후)
// 10
```

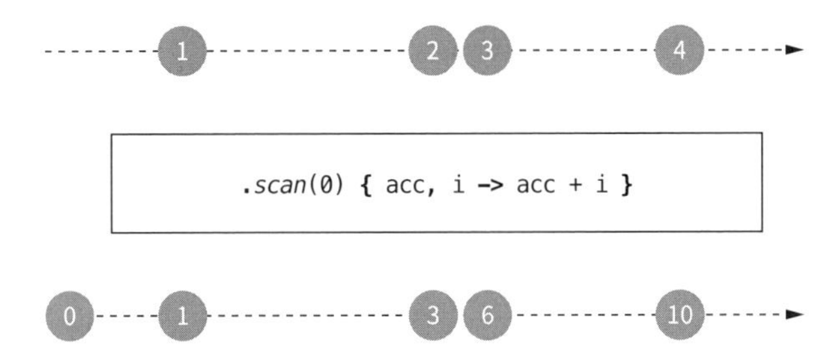

flow 빌더와 collect를 사용해 scan을 쉽게 구현할 수 있습니다. 초기 값을 먼저 내보낸 뒤, 새로운 원소가 나올 때마다 다음 값이 누적된 결과를 내보내면 됩니다.

```
fun <T, R> Flow<T>.scan(
    initial: R,
    operation: suspend (accumulator: R, value: T) -> R
): Flow<R> = flow {
    var accumulator: R = initial
    emit(accumulator)
    collect { value ->
        accumulator = operation(accumulator, value)
        emit(accumulator)
    }
}
```

scan은 변경해야 할 사항을 플로우로 가지고 있으며, 변경 내역에 대한 객체가 필요할 때 주로 사용합니다.

```
val userStateFlow: Flow<User> = userChangesFlow
    .scan(user) { acc, change -> user.withChange(change) }

val messagesListFlow: Flow<List<Message>> = messagesFlow
    .scan(messages) { acc, message -> acc + message }
```

flatMapConcat, flatMapMerge, flatMapLatest

컬렉션에서 잘 알려진 또 다른 함수는 flatMap입니다. 컬렉션의 경우, flatMap은 맵과 비슷하지만 변환 함수가 평탄화된 컬렉션을 반환해야 한다는 점이 다릅니다. 예를 들어 부서 목록을 가지고 있고, 각 부서가 사원 목록을 가지고 있다면 flatMap을 사용해 전체 부서의 사원 목록 전부를 만들 수 있습니다.

```
val allEmployees: List<Employee> = departments
    .flatMap { department -> department.employees }

// 맵을 사용하면 리스트의 리스트를 대신 얻게 됩니다.
val listOfListsOfEmployee: List<List<Employee>> = departments
    .map { department -> department.employees }
```

플로우에서 flatMap은 어떻게 봐야 할까요? 변환 함수가 평탄화된 플로우를 반환한다고 생각하는 것이 직관적입니다. 문제는 플로우 원소가 나오는 시간이 다르다는 것입니다. 두 번째 원소에서 만들어진 플로우가 첫 번째 플로우에서 만들어진 원소를 기다려야 할까요, 아니면 동시에 처리해야 할까요? 이런 이유 때문에 Flow에는 flatMap 함수가 없으며, flatMapConcat, flatMapMerge, flatMapLatest와 같은 다양한 함수가 있습니다.

flatMapConcat 함수는 생성된 플로우를 하나씩 처리합니다. 그래서 두 번째 플로우는 첫 번째 플로우가 완료되었을 때 시작할 수 있습니다. 다음 예제에서는 알파벳 "A", "B", "C"의 플로우를 만듭니다. 각 알파벳이 만드는 플로우는 알파벳과 함께 숫자 1, 2, 3을 가지며, 만들어지는 주기는 1초입니다.

```
fun flowFrom(elem: String) = flowOf(1, 2, 3)
    .onEach { delay(1000) }
    .map { "${it}_${elem} " }

suspend fun main() {
    flowOf("A", "B", "C")
        .flatMapConcat { flowFrom(it) }
        .collect { println(it) }
}
// (1초 후)
// 1_A
// (1초 후)
// 2_A
// (1초 후)
// 3_A
// (1초 후)
// 1_B
// (1초 후)
// 2_B
// (1초 후)
// 3_B
// (1초 후)
// 1_C
// (1초 후)
// 2_C
// (1초 후)
// 3_C
```

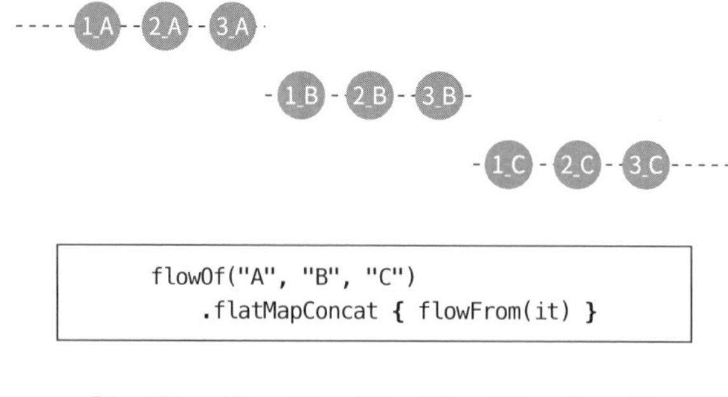

두 번째 함수인 flatMapMerge는 필자가 느끼기에 가장 직관적인 함수입니다. 만들어진 플로우를 동시에 처리합니다.

```
fun flowFrom(elem: String) = flowOf(1, 2, 3)
    .onEach { delay(1000) }
    .map { "${it}_${elem} " }

suspend fun main() {
    flowOf("A", "B", "C")
        .flatMapMerge { flowFrom(it) }
        .collect { println(it) }
}
// (1초 후)
// 1_A
// 1_B
// 1_C
// (1초 후)
// 2_A
// 2_B
// 2_C
// (1초 후)
// 3_A
// 3_B
// 3_C
```

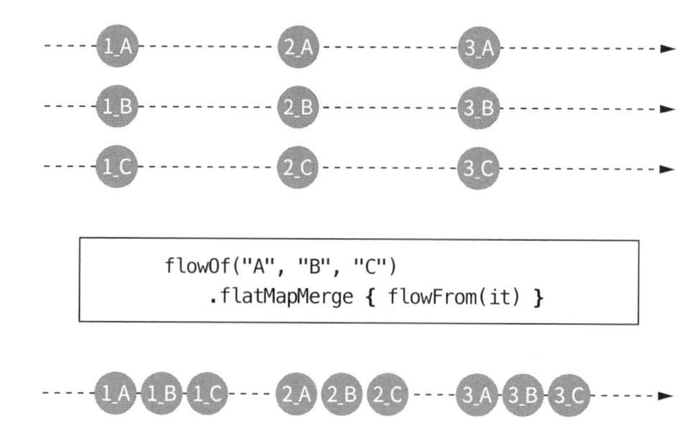

concurrency 인자를 사용해 동시에 처리할 수 있는 플로우의 수를 설정할 수 있습니다. 인자의 기본값은 16이지만 JVM에서 DEFAULT_CONCURRENCY_PROPERTY_NAME 프로퍼티를 사용해 변경 가능합니다. 여러 개의 원소를 가진 플로우에서 flatMapMerge를 사용하면 기본값으로 제한되어 있어 동시에 16개만 처리 가능하다는 걸 유념해야 합니다.

```
suspend fun main() {
    flowOf("A", "B", "C")
        .flatMapMerge(concurrency = 2) { flowFrom(it) }
        .collect { println(it) }
}
// (1초 후)
// 1_A
// 1_B
// (1초 후)
// 2_A
// 2_B
// (1초 후)
// 3_A
// 3_B
// (1초 후)
// 1_C
// (1초 후)
// 2_C
// (1초 후)
// 3_C
```

flatMapMerge는 플로우의 각 원소에 대한 데이터를 요청할 때 주로 사용됩니다. 예를 들어 종류를 목록으로 가지고 있다면 종류별로 요청을 보내야 합니다. async 함수를 사용해 이런 처리를 할 수 있다는 걸 우리는 이미 알고 있습니다. async 대신 플로우와 함께 flatMapMerge를 사용하면 두 가지 이점이 있습니다.

- 동시성 인자를 제어하고 (같은 시간에 수백 개의 요청을 보내는 걸 피하기 위해) 같은 시간에 얼마만큼의 종류를 처리할지 결정할 수 있습니다.
- Flow를 반환하여 데이터가 생성될 때마다 다음 원소를 보낼 수 있습니다(함수를 사용하는 측면에서 보면 데이터를 즉시 처리할 수 있습니다).

```
suspend fun getOffers(
    categories: List<Category>
): List<Offer> = coroutineScope {
    categories
        .map { async { api.requestOffers(it) } }
        .flatMap { it.await() }
}

// 더 나은 방법입니다.
suspend fun getOffers(
    categories: List<Category>
): Flow<Offer> = categories
    .asFlow()
    .flatMapMerge(concurrency = 20) {
        suspend { api.requestOffers(it) }.asFlow()
        // 또는 flow { emit(api.requestOffers(it)) }
    }
```

마지막 함수는 flatMapLatest입니다. 이 함수는 새로운 플로우가 나타나면 이전에 처리하던 플로우를 잊어버립니다. 새로운 값이 나올 때마다 이전 플로우 처리는 사라져 버립니다. "A", "B", "C" 사이에 지연이 없다면 "1_C", "2_C", "3_C"만 보게 될 것입니다.

```
fun flowFrom(elem: String) = flowOf(1, 2, 3)
    .onEach { delay(1000) }
    .map { "${it}_${elem} " }
```

```
suspend fun main() {
    flowOf("A", "B", "C")
        .flatMapLatest { flowFrom(it) }
        .collect { println(it) }
}
// (1초 후)
// 1_C
// (1초 후)
// 2_C
// (1초 후)
// 3_C
```

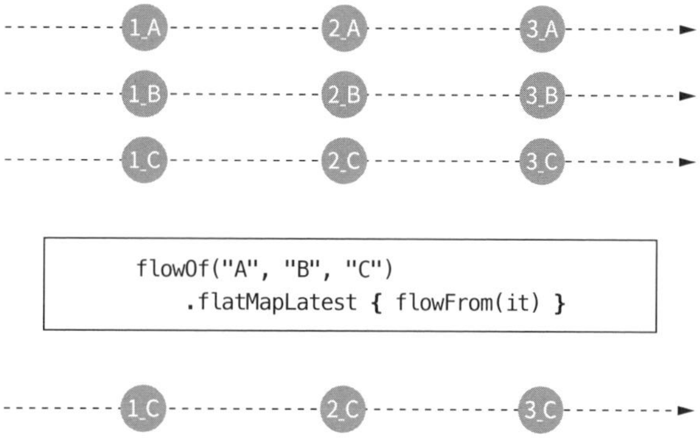

1_A 2_A 3_A
1_B 2_B 3_B
1_C 2_C 3_C

```
flowOf("A", "B", "C")
    .flatMapLatest { flowFrom(it) }
```

1_C 2_C 3_C

시작 플로우의 원소를 생성할 때 지연이 발생하면 더 재밌는 상황이 발생합니다. 다음 예제에서는 (1.2초가 지난 뒤에) "A"가 `flowFrom`을 사용해 생성하는 플로우를 시작합니다. 이 플로우는 1초 뒤에 "1_A"를 만들고, 200밀리초 뒤에 "B"가 나타나면서 이전 플로우는 닫히고 사라집니다. "B" 플로우는 "1_B"를 생성하게 되며, "C"가 나타나면 새로운 플로우가 시작됩니다. 최종적으로 "1_C", "2_C", "3_C"가 만들어지며, 이 원소들이 만들어지는 시간 차이는 1초입니다.

```
fsuspend fun main() {
    flowOf("A", "B", "C")
        .onEach { delay(1200) }
        .flatMapLatest { flowFrom(it) }
        .collect { println(it) }
}
// (2.2초 후)
// 1_A
// (1.2초 후)
// 1_B
```

```
// (1.2초 후)
// 1_C
// (1초 후)
// 2_C
// (1초 후)
// 3_C
```

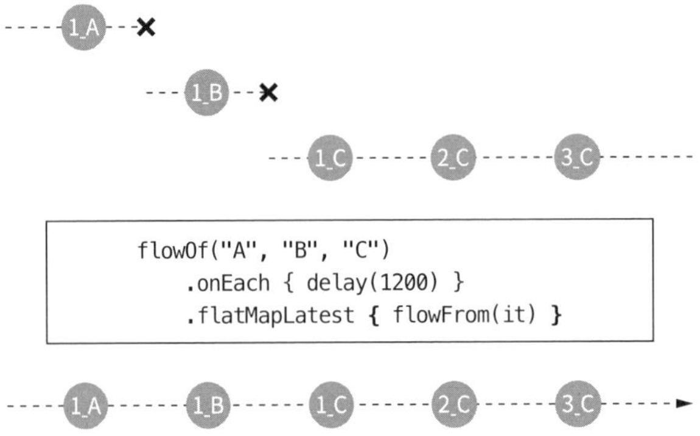

1_A
1_B
1_C 2_C 3_C

```
flowOf("A", "B", "C")
    .onEach { delay(1200) }
    .flatMapLatest { flowFrom(it) }
```

1_A 1_B 1_C 2_C 3_C

재시도(retry)

예외는 플로우를 따라 흐르면서 각 단계를 하나씩 종료합니다. 종료된 단계는 비활성화되기 때문에, 예외가 발생한 뒤 메시지를 보내는 건 불가능하지만, 각 단계가 이전 단계에 대한 참조를 가지고 있으며, 플로우를 다시 시작하기 위해 참조를 사용할 수 있습니다. 이 원리에 기반하여, 코틀린은 retry와 retryWhen 함수를 제공합니다. 다음은 retryWhen 함수를 간단하게 구현한 것입니다.

```
// retryWhen을 간단하게 구현한 것입니다.
fun <T> Flow<T>.retryWhen(
    predicate: suspend FlowCollector<T>.(
        cause: Throwable,
        attempt: Long,
    ) -> Boolean,
): Flow<T> = flow {
        var attempt = 0L
        do {
            val shallRetry = try {
                collect { emit(it) }
                false
            } catch (e: Throwable) {
```

```
                predicate(e, attempt++)
                    .also { if (!it) throw e }
            }
        } while (shallRetry)
    }
```

코드에서 볼 수 있듯이, retryWhen은 플로우의 이전 단계에서 예외가 발생할 때마다 조건자(predicate)[1]를 확인합니다. 여기서 조건자는 예외가 무시되고 이전 단계가 다시 시작되어야 하는지, 또는 플로우를 계속해서 종료해야 하는지를 정합니다. 대부분의 경우, 몇 번까지 재시도할지와 (네트워크 연결 예외와 같은) 특정 예외 클래스가 발생했을 때만 처리할지를 명시합니다. 이럴 때 내부적으로 retryWhen을 사용하는 retry 함수를 사용할 수 있습니다.

```
// retry를 실제로 구현한 코드입니다.
fun <T> Flow<T>.retry(
    retries: Long = Long.MAX_VALUE,
    predicate: suspend (cause: Throwable) -> Boolean = {true}
): Flow<T> {
    require(retries > 0) {
        "Expected positive amount of retries, but had $retries"
    }
    return retryWhen { cause, attempt ->
        attempt < retries && predicate(cause)
    }
}
```

다음은 retry를 사용하는 방법입니다.

```
suspend fun main() {
    flow {
        emit(1)
        emit(2)
        error("E")
        emit(3)
    }.retry(3) {
        print(it.message)
        true
    }.collect { print(it) } // 12E12E12E12(예외가 발생합니다.)
}
```

1 (옮긴이) 조건자란 인자로 들어온 조건에 따라 참 또는 거짓을 반환하는 함수입니다.

재시도하는 함수를 사용하는 대표적인 예 몇 가지를 봅시다. 어떤 예외든지 항상 재시도하는 경우를 많이 볼 수 있습니다. 이런 경우, 로그를 남기고 새로운 연결 맺는 걸 시도할 때 시간 간격을 주기 위해 조건자를 정의합니다.

```
fun makeConnection(config: ConnectionConfig) = api
    .startConnection(config)
    .retry { e ->
        delay(1000)
        log.error(e) { "Error for $config" }
        true
    }
```

연결을 계속해서 재시도할 때 시간 간격을 점진적으로 증가시키는 방법도 자주 사용됩니다. 예외가 특정 타입일 때 또는 특정 타입이 아닌 경우에만 재시도하는 조건자를 구현할 수도 있습니다.

```
fun makeConnection(config: ConnectionConfig) = api
    .startConnection(config)
    .retryWhen { e, attempt ->
        delay(100 * attempt)
        log.error(e) { "Error for $config" }
        e is ApiException && e.code !in 400..499
    }
```

중복 제거 함수

```
// distinctUntilChanged를 간단하게 구현한 것입니다.
fun <T> Flow<T>.distinctUntilChanged(): Flow<T> = flow {
        var previous: Any? = NOT_SET
        collect {
            if (previous == NOT_SET || previous != it) {
                emit(it)
                previous = it
            }
        }
    }

private val NOT_SET = Any()
```

반복되는 원소가 동일하다고 판단되면 제거하는 distinctUntilChanged 함수도 아주 유용합니다. 이 함수는 **바로 이전의 원소와 동일한 원소만 제거**합니다.

```
suspend fun main() {
    flowOf(1, 2, 2, 3, 2, 1, 1, 3)
        .distinctUntilChanged()
        .collect { print(it) } // 123213
}
```

이 함수의 변형된 형태도 있습니다. 먼저 소개할 distinctUntilChangedBy는 두 원소가 동일한지 판단하기 위해 비교할 키 선택자(key selector)를 인자로 받습니다. distinctUnitlChanged는 람다 표현식을 받아 두 원소가 비교되는 방법을 정의합니다(기본으로 사용되는 equals를 대신하게 됩니다).

```
data class User(val id: Int, val name: String) {
    override fun toString(): String = "[$id] $name"
}

suspend fun main() {
    val users = flowOf(
        User(1, "Alex"),
        User(1, "Bob"),
        User(2, "Bob"),
        User(2, "Celine")
    )

    println(users.distinctUntilChangedBy { it.id }.toList())
    // [[1] Alex, [2] Bob]
    println(users.distinctUntilChangedBy{ it.name }.toList())
    // [[1] Alex, [1] Bob, [2] Celine]
    println(users.distinctUntilChanged { prev, next ->
        prev.id == next.id || prev.name == next.name
    }.toList()) // [[1] Alex, [2] Bob]
    // 이전에 방출된 원소와 비교하기 때문에
    // [2] Bob이 방출됩니다.
}
```

최종 연산

마지막으로 플로우 처리를 끝내는 연산만 남았습니다. 이 연산을 최종 연산이라 부릅니다. 지금까지는 collect만 사용했지만 컬렉션과 Sequence가 제공하는 것과 비슷한 연산인 (플로우에서 원소의 수를 세는) count, first, (플로우가 내보낸 첫 번째 원소를 얻는) firstOrNull, fold, (원소들을 누적 계산하여 하나의 객체를 만드는) reduce 또한 최종 연산입니다. 최종 연산은 중단 가능하며 플로우가 완료되었을 때 (또는 최종 연산 자체가 플로우를 완료시켰을 때) 값을 반환합니다.

```
suspend fun main() {
    val flow = flowOf(1, 2, 3, 4) // [1, 2, 3, 4]
        .map { it * it }          // [1, 4, 9, 16]

    println(flow.first()) // 1
    println(flow.count()) // 4

    println(flow.reduce { acc, value -> acc * value })  // 576
    println(flow.fold(0) { acc, value -> acc + value }) // 30
}
```

플로우에서 제공하는 최종 연산은 앞의 메서드들이 전부지만, 다른 연산이 필요하다면 직접 구현할 수도 있습니다. 다음 예제는 Int 플로우의 sum을 어떻게 구현할 수 있는지 보여 줍니다.

```
suspend fun Flow<Int>.sum(): Int {
    var sum = 0
    collect { value ->
        sum += value
    }
    return sum
}
```

위 예제처럼 collect 메서드만 사용해서 또 다른 최종 연산을 구현할 수도 있습니다.

요약

플로우 처리를 지원하는 다양한 방법이 많습니다. 플로우 처리는 백엔드와 안드로이드 개발 모두 유용하게 사용되므로 어느 정도 알고 있는 것이 좋습니다. 커스텀한 플로우 처리 함수가 필요하다면 `collect` 메서드와 `flow` 빌더만으로 아주 쉽게 구현할 수 있습니다.

24장

K o t l i n C o r o u t i n e s

공유플로우와 상태플로우

일반적으로 플로우는 콜드 데이터이기 때문에 요청할 때마다 값이 계산됩니다. 하지만 여러 개의 수신자가 하나의 데이터가 변경되는지 감지하는 경우도 있습니다. 이럴 때 메일링 리스트와 비슷한 개념인 공유플로우(SharedFlow)를 사용합니다. 상태플로우(StateFlow)는 감지 가능한 값과 비슷합니다. 하나씩 살펴봅시다.

공유플로우

브로드캐스트 채널과 비슷한 `MutableSharedFlow`를 먼저 봅시다. 공유플로우를 통해 메시지를 보내면 (내보내면) 대기하고 있는 모든 코루틴이 수신하게 됩니다.

```
suspend fun main(): Unit = coroutineScope {
    val mutableSharedFlow =
        MutableSharedFlow<String>(replay = 0)
    // 또는 MutableSharedFlow<String>()

    launch {
        mutableSharedFlow.collect {
            println("#1 received $it")
        }
    }
```

```
    launch {
        mutableSharedFlow.collect {
            println("#2 received $it")
        }
    }

    delay(1000)
    mutableSharedFlow.emit("Message1")
    mutableSharedFlow.emit("Message2")
}
// (1초 후)
// #1 received Message1
// #2 received Message1
// #1 received Message2
// #2 received Message2
// (프로그램은 절대 끝나지 않습니다.)
```

위 프로그램은 coroutineScope의 자식 코루틴이 launch로 시작된 뒤 MutableSharedFlow를 감지하고 있는 상태이므로 종료되지 않습니다. 물론 MutableSharedFlow를 종료할 방법은 없으므로 프로그램을 종료하려면 전체 스코프를 취소하는 방법밖에 없습니다.

MutableSharedFlow는 메시지 보내는 작업을 유지할 수도 있습니다. (기본값이 0인) replay 인자를 설정하면 마지막으로 전송한 값들이 정해진 수만큼 저장됩니다. 코루틴이 감지를 시작하면 저장된 값들을 먼저 받게 됩니다. resetReplayCache를 사용하면 값을 저장한 캐시를 초기화할 수 있습니다.

```
suspend fun main(): Unit = coroutineScope {
    val mutableSharedFlow = MutableSharedFlow<String>(
        replay = 2,
    )
    mutableSharedFlow.emit("Message1")
    mutableSharedFlow.emit("Message2")
    mutableSharedFlow.emit("Message3")

    println(mutableSharedFlow.replayCache)
    // [Message2, Message3]

    launch {
        mutableSharedFlow.collect {
            println("#1 received $it")
        }
```

```
        // #1 received Message2
        // #1 received Message3
    }

    delay(100)
    mutableSharedFlow.resetReplayCache()
    println(mutableSharedFlow.replayCache) // []
}
```

MutableSharedFlow는 RxJava의 서브젝트(Subjects)와 개념이 비슷합니다. replay 인자가 0으로 설정되면 PublishSubject처럼 됩니다. replay가 1로 설정되면 BehaviorSubject처럼 됩니다. replay가 Int.MAX_VALUE로 설정되면 ReplaySubject처럼 됩니다.

코틀린에서는 감지만 하는 인터페이스와 변경하는 인터페이스를 구분하는 것이 관행입니다. 앞에서 SendChannel, ReceiveChannel, Channel로 구분하는 걸 예로 들 수 있습니다. 같은 법칙이 여기서도 적용됩니다. MutableSharedFlow는 SharedFlow와 FlowCollector 모두를 상속합니다. SharedFlow는 Flow를 상속하고 감지하는 목적으로 사용되며, FlowCollector는 값을 내보내는 목적으로 사용됩니다.

```
interface MutableSharedFlow<T> :
    SharedFlow<T>, FlowCollector<T> {

    fun tryEmit(value: T): Boolean
    val subscriptionCount: StateFlow<Int>
    fun resetReplayCache()
}

interface SharedFlow<out T> : Flow<T> {
    val replayCache: List<T>
}

interface FlowCollector<in T> {
    suspend fun emit(value: T)
}
```

SharedFlow와 FlowCollector 인터페이스는 값을 내보내거나 또는 수집하는 함수만 노출하기 위해 자주 사용됩니다.

```
suspend fun main(): Unit = coroutineScope {
    val mutableSharedFlow = MutableSharedFlow<String>()
    val sharedFlow: SharedFlow<String> = mutableSharedFlow
    val collector: FlowCollector<String> = mutableSharedFlow

    launch {
        mutableSharedFlow.collect {
            println("#1 received $it")
        }
    }
    launch {
        sharedFlow.collect {
            println("#2 received $it")
        }
    }

    delay(1000)
    mutableSharedFlow.emit("Message1")
    collector.emit("Message2")
}
// (1초 후)
// #1 received Message1
// #2 received Message1
// #1 received Message2
// #2 received Message2
```

다음은 안드로이드에서 공유플로우를 사용하는 예입니다.

```
class UserProfileViewModel {
    private val _userChanges =
        MutableSharedFlow<UserChange>()
    val userChanges: SharedFlow<UserChange> = _userChanges

    fun onCreate() {
        viewModelScope.launch {
            userChanges.collect(::applyUserChange)
        }
    }

    fun onNameChanged(newName: String) {
        // ...
        _userChanges.emit(NameChange(newName))
    }

    fun onPublicKeyChanged(newPublicKey: String) {
        // ...
```

```
        _userChanges.emit(PublicKeyChange(newPublicKey))
    }
}
```

shareIn

플로우는 사용자 액션, 데이터베이스 변경, 또는 새로운 메시지와 같은 변화를 감지할 때 주로 사용됩니다. 우리는 이미 이러한 이벤트를 처리하고 다루는 다양한 방법을 알고 있습니다. 여러 가지 플로우를 하나로 합치는 법에 대해서도 배웠습니다. 하지만 다양한 클래스가 변화를 감지하는 상황에서 하나의 플로우로 여러 개의 플로우를 만들고 싶다면 어떻게 해야 할까요? SharedFlow가 해결책이며, Flow를 SharedFlow로 바꾸는 가장 쉬운 방법이 shareIn 함수를 사용하는 것입니다.

```
suspend fun main(): Unit = coroutineScope {
    val flow = flowOf("A", "B", "C")
        .onEach { delay(1000) }

    val sharedFlow: SharedFlow<String> = flow.shareIn(
        scope = this,
        started = SharingStarted.Eagerly,
        // replay = 0 (default)
    )

    delay(500)

    launch {
        sharedFlow.collect { println("#1 $it") }
    }

    delay(1000)

    launch {
        sharedFlow.collect { println("#2 $it") }
    }

    delay(1000)

    launch {
        sharedFlow.collect { println("#3 $it") }
    }
}
```

```
// (1초 후)
// #1 A
// (1초 후)
// #1 B
// #2 B
// (1초 후)
// #1 C
// #2 C
// #3 C
```

shareIn 함수는 SharedFlow를 만들고 Flow의 원소를 보냅니다. 플로우의 원소를 모으는 코루틴을 시작하므로 shareIn 함수는 첫 번째 인자로 코루틴 스코프를 받습니다. 세 번째 인자는 기본값이 0인 replay입니다. 두 번째 인자인 started가 흥미로운데, 리스너의 수에 따라 값을 언제부터 감지할지 결정합니다. 다음과 같은 옵션을 지원합니다.

- SharingStarted.Eagerly: 즉시 값을 감지하기 시작하고 플로우로 값을 전송합니다. replay 값에 제한이 있고 감지를 시작하기 전에 값이 나오면 일부를 유실할 수도 있습니다. (만약 리플레이 인자가 0이라면 먼저 들어온 값이 전부 유실됩니다).

```
suspend fun main(): Unit = coroutineScope {
    val flow = flowOf("A", "B", "C")

    val sharedFlow: SharedFlow<String> = flow.shareIn(
        scope = this,
        started = SharingStarted.Eagerly,
    )

    delay(100)
    launch {
        sharedFlow.collect { println("#1 $it") }
    }
    print("Done")
}
// (0.1초 후)
// Done
```

- SharingStarted.Lazily: 첫 번째 구독자가 나올 때 감지하기 시작합니다. 첫 번째 구독자는 내보내진 모든 값을 수신하는 것이 보장되며, 이후의 구독자

는 replay 수만큼 가장 최근에 저장된 값들을 받게 됩니다. 모든 구독자가 사라져도 업스트림(데이터를 방출하는) 플로우는 액티브 상태지만, 구독자가 없으면 replay 수만큼 가장 최근의 값들만 캐싱합니다.

```
suspend fun main(): Unit = coroutineScope {
    val flow1 = flowOf("A", "B", "C")
    val flow2 = flowOf("D")
        .onEach { delay(1000) }

    val sharedFlow = merge(flow1, flow2).shareIn(
        scope = this,
        started = SharingStarted.Lazily,
    )

    delay(100)
    launch {
        sharedFlow.collect { println("#1 $it") }
    }
    delay(1000)
    launch {
        sharedFlow.collect { println("#2 $it") }
    }
}
// (0.1초 후)
// #1 A
// #1 B
// #1 C
// (1초 후)
// #2 D
// #1 D
```

- WhileSubscribed(): 첫 번째 구독자가 나올 때 감지하기 시작하며, 마지막 구독자가 사라지면 플로우도 멈춥니다. SharedFlow가 멈췄을 때 새로운 구독자가 나오면 플로우가 다시 시작됩니다. WhileSubscribed는 (기본값은 0이며, 마지막 구독자가 사라지고 난 뒤 감지할 시간을 나타내는) stopTimeoutMillis와 (기본값은 Long.MAX_VALUE이며 멈춘 뒤 리플레이 값을 가지고 있는 시간을 나타내는) replayExpirationMillis라는 설정 파라미터를 추가로 가지고 있습니다.

```
suspend fun main(): Unit = coroutineScope {
    val flow = flowOf("A", "B", "C", "D")
        .onStart { println("Started") }
        .onCompletion { println("Finished") }
        .onEach { delay(1000) }

    val sharedFlow = flow.shareIn(
        scope = this,
        started = SharingStarted.WhileSubscribed(),
    )

    delay(3000)
    launch {
        println("#1 ${sharedFlow.first()}")
    }
    launch {
        println("#2 ${sharedFlow.take(2).toList()}")
    }
    delay(3000)
    launch {
        println("#3 ${sharedFlow.first()}")
    }
}
// (3초 후)
// Started
// (1초 후)
// #1 A
// (1초 후)
// #2 [A, B]
// Finished
// (1초 후)
// Started
// (1초 후)
// #3 A
// Finished
```

- SharingStarted 인터페이스를 구현하여 커스텀화된 전략을 정의하는 것도 가능합니다.

동일한 변화를 감지하려고 하는 서비스가 여러 개일 때 shareIn을 사용하면 편리합니다. 저장소가 시간이 지나면서 어떻게 변하는지 감지하고 싶을 때가 있습니다. 다음은 Room 라이브러리를 사용해 안드로이드에서 데이터 전송 객체(Data Transfer Object, DTO)를 구현한 것입니다.

```
@Dao
interface LocationDao {
    @Insert(onConflict = OnConflictStrategy.IGNORE)
    suspend fun insertLocation(location: Location)

    @Query("DELETE FROM location_table")
    suspend fun deleteLocations()

    @Query("SELECT * FROM location_table ORDER BY time")
    fun observeLocations(): Flow<List<Location>>
}
```

다양한 서비스가 위치에 의존하고 있다면 각 서비스가 데이터베이스를 독자적으로 감지하는 건 최적화된 방법이 아닙니다. 대신 이런 변화를 감지하고 SharedFlow를 통해 감지된 변화를 공유하는 서비스를 만들 수 있습니다. 이런 경우에 shareIn을 사용합니다. 그런데 어떻게 설정해야 할까요? 각자 상황에 맞게 결정해야 합니다. 구독자가 위치의 마지막 목록을 즉시 받기를 원하나요? 그러면 replay를 1로 설정하면 됩니다. 구독 후의 변경에만 반응하려면 0으로 설정하세요. started는 어떨까요? 이 경우에는 WhileSubscribed()가 가장 좋은 방법일 것입니다.

```
class LocationService(
    private val locationDao: LocationDao,
    private val scope: CoroutineScope
) {
    private val locations = locationDao.observeLocations()
        .shareIn(
            scope = scope,
            started = SharingStarted.WhileSubscribed(),
        )

    fun observeLocations(): Flow<List<Location>> = locations
}
```

> **!** 조심하세요! 호출할 때마다 새로운 공유플로우를 만들면 안 됩니다. 공유플로우를 만든 뒤 프로퍼티로 저장하세요.

상태플로우

상태플로우는 공유플로우의 개념을 확장시킨 것으로, replay 인자 값이 1인 공유플로우와 비슷하게 작동합니다. 상태플로우는 value 프로퍼티로 접근 가능한 값 하나를 항상 가지고 있습니다.

```
interface StateFlow<out T> : SharedFlow<T> {
    val value: T
}

interface MutableStateFlow<T> :
    StateFlow<T>, MutableSharedFlow<T> {

    override var value: T

    fun compareAndSet(expect: T, update: T): Boolean
}
```

MutableStateFlow 내부에서 value 프로퍼티가 어떻게 오버라이드되었는지 유의해서 보세요. 코틀린에서 open val 프로퍼티는 var 프로퍼티로 오버라이드할 수 있습니다. val은 값을 얻는 것만 허용하며(게터), var는 새로운 값을 설정하는 것만 지원합니다(세터).

초기 값은 생성자를 통해 전달되어야 합니다. value 프로퍼티로 값을 얻어올 수도 있고 설정할 수도 있습니다. 아래 예제에서처럼, MutableStateFlow는 값을 감지할 수 있는 보관소입니다.

```
suspend fun main() = coroutineScope {
    val state = MutableStateFlow("A")
    println(state.value) // A
    launch {
        state.collect { println("Value changed to $it") }
        // Value changed to A
    }

    delay(1000)
    state.value = "B" // Value changed to B

    delay(1000)
```

```
    launch {
        state.collect { println("and now it is $it") }
        // and now it is B
    }

    delay(1000)
    state.value = "C" // Value changed to C and now it is C
}
```

안드로이드에서 상태플로우는 라이브데이터(LiveData)를 대체하는 최신 방식으로 사용되고 있습니다. 먼저 코루틴을 완벽하게 지원합니다. 두 번째로 초기값을 가지고 있기 때문에 널(null)일 필요가 없습니다. 따라서 상태플로우는 뷰모델(ViewModels)에서 상태를 나타낼 때 주로 사용됩니다. 상태플로우의 상태를 감지할 수 있으며, 감지된 상태에 따라 뷰가 보여지고 갱신됩니다.

```
class LatestNewsViewModel(
    private val newsRepository: NewsRepository
) : ViewModel() {
    private val _uiState =
        MutableStateFlow<NewsState>(LoadingNews)
    val uiState: StateFlow<NewsState> = _uiState

    fun onCreate() {
        scope.launch {
            _uiState.value =
                NewsLoaded(newsRepository.getNews())
        }
    }
}
```

상태플로우는 데이터가 덮어 씌워지기 때문에, 관찰이 느린 경우 상태의 중간 변화를 받을 수 없는 경우도 있습니다. 모든 이벤트를 다 받으려면 공유플로우를 사용해야 합니다.

```
suspend fun main(): Unit = coroutineScope {
    val state = MutableStateFlow('X')

    launch {
        for (c in 'A'..'E') {
            delay(300)
            state.value = c
```

```
            // 또는 state.emit(c)
        }
    }

    state.collect {
        delay(1000)
        println(it)
    }
}
// X
// C
// E
```

현재 상태만 가지고 있는 특성은 설계적으로 의도된 것입니다. 상태플로우는 현재 상태만 나타내기 때문에, 상태 플로우의 이전 상태에는 아무도 관심이 없을 것입니다.

stateIn

stateIn은 Flow<T>를 StateFlow<T>로 변환하는 함수입니다. 스코프에서만 호출 가능하지만 중단 함수이기도 합니다. StateFlow는 항상 값을 가져야 합니다. 따라서 값을 명시하지 않았을 때는 첫 번째 값이 계산될 때까지 기다려야 합니다.

```
suspend fun main() = coroutineScope {
    val flow = flowOf("A", "B", "C")
        .onEach { delay(1000) }
        .onEach { println("Produced $it") }
    val stateFlow: StateFlow<String> = flow.stateIn(this)

    println("Listening")
    println(stateFlow.value)
    stateFlow.collect { println("Received $it") }
}
// (1초 후)
// Produced A
// Listening
// A
// Received A
// (1초 후)
// Produced B
// Received B
```

```
// (1초 후)
// Produced C
// Received C
```

stateIn의 두 번째 형태는 중단 함수가 아니지만 초기 값과 started 모드를 지정해야 합니다. started 모드는 shareIn과 (이전에 설명한 것과 동일한) 같은 옵션을 가집니다.

```
suspend fun main() = coroutineScope {
    val flow = flowOf("A", "B")
        .onEach { delay(1000) }
        .onEach { println("Produced $it") }

    val stateFlow: StateFlow<String> = flow.stateIn(
        scope = this,
        started = SharingStarted.Lazily,
        initialValue = "Empty"
    )

    println(stateFlow.value)

    delay(2000)
    stateFlow.collect { println("Received $it") }
}
// Empty
// (2초 후)
// Received Empty
// (1초 후)
// Produced A
// Received A
// (1초 후)
// Produced B
// Received B
```

하나의 데이터 소스에서 값이 변경된 걸 감지하는 경우에 주로 stateIn 함수를 사용합니다. 상태플로우로 상태를 변경할 수 있으며, 결국엔 뷰가 변화를 감지할 수 있게 됩니다.

```
class LocationsViewModel(
    private val locationService: LocationService
) : ViewModel() {
```

```
    private val location = locationService.observeLocations()
        .map { it.toLocationsDisplay() }
        .stateIn(
            scope = viewModelScope,
            started = SharingStarted.Lazily,
            initialValue = emptyList(),
        )

    // ...
}
```

요약

이 장에서 배운 SharedFlow와 StateFlow는 MVVM 패턴으로 널리 사용되므로 안드로이드 개발자들에게 특히 중요합니다. 특히 안드로이드 개발에서 뷰 모델을 사용할 때, 두 가지 플로우의 개념을 잘 기억해 두었다가 사용하는 법을 떠올려 보기 바랍니다.

25장

Kotlin Coroutines

플로우 테스트하기

이제 여러분들은 플로우 반환 함수를 테스트할 수 있는 모든 원리에 대해 배웠습니다. 플로우 반환 함수를 테스트하는 원리는 아주 간단하지만, 여러분들의 상상력을 돋우기 위해 가장 흔하게 사용되는 예 몇 가지와 플로우를 테스트할 때 처리해야 할 가장 중요한 문제를 살펴보겠습니다.

변환 함수

Flow를 반환하는 대부분의 함수는 Flow를 반환하는 다른 함수를 호출합니다. 가장 흔하고 간단한 경우이므로, 이러한 함수를 어떻게 테스트하는지부터 시작하겠습니다. 다음 클래스를 봅시다.

```
class ObserveAppointmentsService(
    private val appointmentRepository: AppointmentRepository
) {
    fun observeAppointments(): Flow<List<Appointment>> =
        appointmentRepository
            .observeAppointments()
            .filterIsInstance<AppointmentsUpdate>()
            .map { it.appointments }
            .distinctUntilChanged()
            .retry {
                it is ApiException && it.code in 500..599
            }
}
```

observeAppointments 메서드는 원소 필터링, 매핑, 반복되는 원소의 제거, 특정 예외의 경우 재시도와 같은 연산으로 AppointmentRepository의 observeAppointments를 데코레이트합니다. 이 함수가 어떤 역할을 하는지 기능에 따라 별개의 문장으로 설명해 달라고 요청한다면, 다음과 같은 단위 테스트들이 있어야 한다고 말할 수 있습니다.

- 갱신된 약속만 유지합니다.
- 이전 원소와 동일한 원소는 제거합니다.
- 5XX 에러 코드를 가진 API 예외가 발생한다면 재시도해야 합니다.

위와 같은 테스트를 구현하려면 AppointmentRepository를 가짜로 만들거나(fake), 모킹(mock)해야 합니다. 이런 테스트를 위해 가짜 객체를 만들고, 객체의 observeAppointments 함수에서 데이터 소스로 상수값을 제공하는 플로우를 반환할 수 있습니다. observeAppointments와 같은 함수를 테스트하는 가장 간단한 방법은 flowOf를 사용해 시간이 중요하지 않으며 한정된 플로우를 소스 플로우로 정의하는 것입니다. 테스트하는 함수에서 시간이 중요하지 않다면, toList 함수를 사용해 결과를 리스트로 변환하고 어설션(assertion)에서 기대되는 결괏값과 비교하기만 하면 됩니다.

```
class FakeAppointmentRepository(
    private val flow: Flow<AppointmentsEvent>
) : AppointmentRepository {
    override fun observeAppointments() = flow
}

class ObserveAppointmentsServiceTest {
    val aDate1 = Instant.parse("2020-08-30T18:43:00Z")
    val anAppointment1 = Appointment("APP1", aDate1)
    val aDate2 = Instant.parse("2020-08-31T18:43:00Z")
    val anAppointment2 = Appointment("APP2", aDate2)

    @Test
    fun `should keep only appointments from...`() = runTest {
        // given
        val repo = FakeAppointmentRepository(
            flowOf(
```

```
                AppointmentsConfirmed,
                AppointmentsUpdate(listOf(anAppointment1)),
                AppointmentsUpdate(listOf(anAppointment2)),
                AppointmentsConfirmed,
            )
        )
        val service = ObserveAppointmentsService(repo)

        // when
        val result = service.observeAppointments().toList()

        // then
        assertEquals(
            listOf(
                listOf(anAppointment1),
                listOf(anAppointment2),
            ),
            result
        )
    }

    // ...
}
```

두 번째 테스트도 같은 방법으로 구현할 수 있지만, 테스트를 약간 복잡하게 만드는 요소를 추가해서 아직 접해 보지 못한 테스트를 해 보고자 합니다. 위와 같은 테스트의 문제점은 플로우를 리스트처럼 다룬다는 것입니다. 이렇게 하면 테스트를 간단하게 만들 수 있지만, 원소가 실제로 지연 없이 전달되는지는 확인할 수 없습니다. 개발자가 다음과 같은 코드에서처럼 플로우 변환에 지연을 추가했다고 생각해 봅시다. 위 테스트에서는 지연이 생긴 걸 확인할 수 없습니다.

```
class ObserveAppointmentsService(
    private val appointmentRepository: AppointmentRepository
) {
    fun observeAppointments(): Flow<List<Appointment>> =
        appointmentRepository
            .observeAppointments()
            .onEach { delay(1000) } // 위 테스트에 영향을 주지 않습니다.
            .filterIsInstance<AppointmentsUpdate>()
            .map { it.appointments }
```

```
            .distinctUntilChanged()
            .retry {
                it is ApiException && it.code in 500..599
            }
}
```

플로우 변환 대신 리스트 변환을 사용한 좀더 극단적인 예를 살펴봅시다. 말도 안 되는 구현 방법이지만, 이전 테스트처럼 구현했을 경우 문제없이 통과하게 됩니다.

```
class ObserveAppointmentsService(
    private val appointmentRepository: AppointmentRepository,
) {
    // 이렇게 구현하면 안 됩니다!!
    fun observeAppointments(): Flow<List<Appointment>> =
        flow {
            val list = appointmentRepository
                .observeAppointments()
                .filterIsInstance<AppointmentsUpdate>()
                .map { it.appointments }
                .distinctUntilChanged()
                .retry {
                    it is ApiException && it.code in 500..599
                }
                .toList()
            emitAll(list)
        }
}
```

시간 의존성을 확인하는 테스트를 구현하려면, runTest를 사용하고 데이터를 만드는 플로우의 람다식에 delay를 추가해야 합니다. 변환된 플로우에서는 언제 원소가 방출되었는지에 대한 정보를 저장해야 하며, 단정문에서 그 결과를 확인할 수 있습니다.

```
class ObserveAppointmentsServiceTest {
    // ...

    @Test
    fun `should eliminate elements that are...`() = runTest {
        // given
        val repo = FakeAppointmentRepository(flow {
```

```
            delay(1000)
            emit(AppointmentsUpdate(listOf(anAppointment1)))
            emit(AppointmentsUpdate(listOf(anAppointment1)))
            delay(1000)
            emit(AppointmentsUpdate(listOf(anAppointment2)))
            delay(1000)
            emit(AppointmentsUpdate(listOf(anAppointment2)))
            emit(AppointmentsUpdate(listOf(anAppointment1)))
        })
        val service = ObserveAppointmentsService(repo)

        // when
        val result = service.observeAppointments()
            .map { currentTime to it }
            .toList()

        // then
        assertEquals(
            listOf(
                1000L to listOf(anAppointment1),
                2000L to listOf(anAppointment2),
                3000L to listOf(anAppointment1),
            ), result
        )
    }

    // ...
}
```

테스트 이름은 페이지의 크기 제한 때문에 줄인 것이며, 실제 프로젝트에서는 모두 써야 합니다.

마지막으로 세 번째 기능인 '5XX 에러 코드를 가진 API 예외가 발생한다면 재시도해야 한다'라는 기능을 생각해 봅시다. 재시도하지 않는 플로우를 반환할 경우, 재시도 기능을 테스트할 필요가 없습니다. 재시도하는 플로우를 반환할 경우에는, 테스트하는 함수가 무한정 재시도하게 되며 끝나지 않는 플로우가 생성됩니다. 끝나지 않는 플로우를 테스트하는 가장 쉬운 방법은 take를 사용해 원소의 수를 제한하는 것입니다.

```
class ObserveAppointmentsServiceTest {
    // ...

    @Test
    fun `should retry when API exception...`() = runTest {
        // given
        val repo = FakeAppointmentRepository(flow {
            emit(AppointmentsUpdate(listOf(anAppointment1)))
            throw ApiException(502, "Some message")
        })
        val service = ObserveAppointmentsService(repo)

        // when
        val result = service.observeAppointments()
            .take(3)
            .toList()

        // then
        assertEquals(
            listOf(
                listOf(anAppointment1),
                listOf(anAppointment1),
                listOf(anAppointment1),
            ), result
        )
    }
}
```

✓ 'API 예외가 아닐 때는 재시도하지 않는다'와 '5xx 에러 코드가 아닌 API 예외는 재시도하지 않는다'와 같은 기능 또한 테스트해야 하지만, 이 책에서는 생략하였습니다.

또 다른 방법은 플로우가 재시도해야 하는 예외를 먼저 던진 다음에, 재시도하지 않아야 하는 예외를 던지게 하는 것입니다. 이렇게 하면 재시도해야 하는 예외뿐만 아니라 재시도하지 않아야 하는 예외도 테스트할 수 있습니다.

```
class ObserveAppointmentsServiceTest {
    // ...

    @Test
    fun `should retry when API exception with the code 5XX`() = runTest {
        // given
        var retried = false
```

```
        val someException = object : Exception() {}
        val repo = FakeAppointmentRepository(flow {
            emit(AppointmentsUpdate(listOf(anAppointment1)))
            if (!retried) {
                retried = true
                throw ApiException(502, "Some message")
            } else {
                throw someException
            }
        })
        val service = ObserveAppointmentsService(repo)

        // when
        val result = service.observeAppointments()
            .catch<Any> { emit(it) }
            .toList()

        // then
        assertTrue(retried)
        assertEquals(
            listOf(
                listOf(anAppointment1),
                listOf(anAppointment1),
                someException,
            ), result
        )
    }
}
```

끝나지 않는 플로우 테스트하기

상태플로우와 공유플로우를 사용하는 클래스를 테스트하는 건 훨씬 복잡합니다. 첫 번째 이유는 상태플로우와 공유플로우는 스코프를 필요로 한다는 것입니다. runTest를 사용해 테스트할 경우 스코프는 this가 아닌 backgroundScope가 되므로, 테스트에서 스코프가 끝나는 걸 기다릴 수 없습니다. 두 번째는 상태플로우와 공유플로우는 무한정이기 때문에 스코프가 취소되지 않는 한 플로우도 완료되지 않는다는 것입니다. 끝나지 않는 플로우를 테스트하는 방법을 몇 가지 예제를 통해 보여드리겠습니다.

특정 사용자로부터 온 메시지를 감지하는 데 사용되는 다음 서비스를 봅시다. 이 클래스 또한 공유플로우를 사용하기 때문에 감지자가 여러 개 있더라도 메시지 소스에 대한 연결은 하나로 제한하고 있습니다. observeMessages는 scope가 취소되지 않는 한 끝나지 않는 플로우를 반환한다는 의미입니다.

```
class MessagesService(
    messagesSource: Flow<Message>,
    scope: CoroutineScope
) {
    private val source = messagesSource
        .shareIn(
            scope = scope,
            started = SharingStarted.WhileSubscribed()
        )

    fun observeMessages(fromUserId: String) = source
        .filter { it.fromUserId == fromUserId }
}
```

어떤 문제인지 이해를 돕기 위해 실패하는 테스트를 보겠습니다.

```
class MessagesServiceTest {
    // 실패하는 테스트입니다.
    @Test
    fun `should emit messages from user`() = runTest {
        // given
        val source = flowOf(
            Message(fromUserId = "0", text = "A"),
            Message(fromUserId = "1", text = "B"),
            Message(fromUserId = "0", text = "C"),
        )
        val service = MessagesService(
            messagesSource = source,
            scope = backgroundScope,
        )

        // when
        val result = service.observeMessages("0")
            .toList() // 여기서 영원히 기다리게 됩니다.

        // then
        assertEquals(
            listOf(
                Message(fromUserId = "0", text = "A"),
```

```
                Message(fromUserId = "0", text = "C"),
            ), result
        )
    }
}
```

위의 테스트는 toList에서 영원히 중단됩니다. 가장 간단한 (슬프게도 가장 인기 있는) 해결 방법은 기대되는 원소의 개수를 특정하여 take를 호출하는 것입니다. 다음 테스트가 통과하긴 하지만, 많은 정보를 잃게 됩니다. observeMessages가 방출해서는 안 되는 메시지가 다음 위치에 있는 경우를 생각해 봅시다. 이런 상황은 단위 테스트로는 인지할 수 없습니다. 더 큰 문제는 누군가 코드를 바꾸어 영원히 실행되게 만드는 경우입니다. 다음과 같이 테스트를 구현하면 문제가 발생하는 원인을 알아차리기 더욱 힘들어집니다.

```
class MessagesServiceTest {
    @Test
    fun `should emit messages from user`() = runTest {
        // given
        val source = flowOf(
            Message(fromUserId = "0", text = "A"),
            Message(fromUserId = "1", text = "B"),
            Message(fromUserId = "0", text = "C"),
        )
        val service = MessagesService(
            messagesSource = source,
            scope = backgroundScope,
        )

        // when
        val result = service.observeMessages("0")
            .take(2)
            .toList()

        // then
        assertEquals(
            listOf(
                Message(fromUserId = "0", text = "A"),
                Message(fromUserId = "0", text = "C"),
            ), result
        )
    }
}
```

다음 방법은 backgroundScope에서 플로우를 시작하고 플로우가 방출하는 모든 원소를 컬렉션에 저장하는 것입니다. 이러한 방식은 실패하는 경우에 '무엇인지'와 '무엇이 되어야 하는지'에 대해 명확하게 보여 줄 뿐만 아니라, 테스트 시간을 유연하게 설정할 수 있게 해줍니다. 다음 예제에서는 메시지가 언제 전송되는지 검증하기 위해 지연(delay) 호출을 추가했습니다.

```
class MessagesServiceTest {
    @Test
    fun `should emit messages from user`() = runTest {
        // given
        val source = flow {
            emit(Message(fromUserId = "0", text = "A"))
            delay(1000)
            emit(Message(fromUserId = "1", text = "B"))
            emit(Message(fromUserId = "0", text = "C"))
        }
        val service = MessagesService(
            messagesSource = source,
            scope = backgroundScope,
        )

        // when
        val emittedMessages = mutableListOf<Message>()
        service.observeMessages("0")
            .onEach { emittedMessages.add(it) }
            .launchIn(backgroundScope)
        delay(1)

        // then
        assertEquals(
            listOf(
                Message(fromUserId = "0", text = "A"),
            ), emittedMessages
        )

        // when
        delay(1000)

        // then
        assertEquals(
            listOf(
                Message(fromUserId = "0", text = "A"),
                Message(fromUserId = "0", text = "C"),
```

```
            ), emittedMessages
        )
    }
}
```

또 다른 좋은 방법으로는 짧은 시간 동안만 감지할 수 있는 toList 함수를 사용하는 방법이 있습니다. 유연성은 떨어지지만 간단하고 가독성이 좋아 필자는 이 방법을 선호합니다. 다음 예제는 toList 함수를 사용해 테스트를 어떻게 구현하는지 보여 줍니다.

```
suspend fun <T> Flow<T>.toListDuring(
    duration: Duration
): List<T> = coroutineScope {
    val result = mutableListOf<T>()
    val job = launch {
        this@toListDuring.collect(result::add)
    }
    delay(duration)
    job.cancel()
    return@coroutineScope result
}

class MessagesServiceTest {
    @Test
    fun `should emit messages from user`() = runTest {
        // given
        val source = flow {
            emit(Message(fromUserId = "0", text = "A"))
            emit(Message(fromUserId = "1", text = "B"))
            emit(Message(fromUserId = "0", text = "C"))
        }
        val service = MessagesService(
            messagesSource = source,
            scope = backgroundScope,
        )

        // when
        val emittedMessages = service.observeMessages("0")
            .toListDuring(1.milliseconds)

        // then
        assertEquals(
            listOf(
```

```
                Message(fromUserId = "0", text = "A"),
                Message(fromUserId = "0", text = "C"),
            ), emittedMessages
        )
    }
}
```

Turbine과 같은 라이브러리는 객체별로 데이터를 모을 수 있게 해 주며, 원소를 기다리는 데 사용할 수 있는 도구를 제공하여 플로우 테스트를 간단하게 만들어 준다는 점에서 소개할 만한 가치가 있습니다.

```
class MessagesServiceTest {
    @Test
    fun `should emit messages from user`() = runTest {
        // given
        val source = flow {
            emit(Message(fromUserId = "0", text = "A"))
            emit(Message(fromUserId = "1", text = "B"))
            emit(Message(fromUserId = "0", text = "C"))
        }
        val service = MessagesService(
            messagesSource = source,
            scope = backgroundScope,
        )

        // when
        val messagesTurbine = service.observeMessages("0")
            .testIn(backgroundScope)

        // then
        assertEquals(
            Message(fromUserId = "0", text = "A"),
            messagesTurbine.awaitItem()
        )
        assertEquals(
            Message(fromUserId = "0", text = "C"),
            messagesTurbine.awaitItem()
        )
        messagesTurbine.expectNoEvents()
    }
}
```

Turbine은 플로우를 테스트할 때 정말 인기가 많은 라이브러리지만, 필자는 정말 필요한 경우가 아니라면 서드파티 라이브러리를 적용하는 걸 좋아하지 않습니다.

개방할 연결 개수 정하기

MessageService의 가장 중요한 기능 중 하나는 얼마나 많은 관찰자가 있든지 상관없이 소스에 단 하나의 연결만 시작해야 한다는 것입니다.

```
// 데이터 소스와 최대 한 개의 연결을 맺을 수 있습니다.
class MessagesService(
    messagesSource: Flow<Message>,
    scope: CoroutineScope
) {
    private val source = messagesSource
        .shareIn(
            scope = scope,
            started = SharingStarted.WhileSubscribed()
        )

    fun observeMessages(fromUserId: String) = source
        .filter { it.fromUserId == fromUserId }
}

// 데이터 소스와 여러 개의 연결을 맺을 수 있습니다.
class MessagesService(
    messagesSource: Flow<Message>,
) {
    fun observeMessages(fromUserId: String) = messagesSource
        .filter { it.fromUserId == fromUserId }
}
```

실제로 연결이 하나만 있는지 확인하는 가장 간단한 방법은 구독자의 수를 세는 플로우를 만드는 것입니다. onStart할 때 카운터의 수를 1씩 증가시키고, onCompletion할 때 1씩 감소시키면 됩니다.

```
private val infiniteFlow =
    flow<Nothing> {
        while (true) {
            delay(100)
        }
    }
```

```
class MessagesServiceTest {
    // ...

    @Test
    fun `should start at most one connection`() = runTest {
        // given
        var connectionsCounter = 0
        val source = infiniteFlow
            .onStart { connectionsCounter++ }
            .onCompletion { connectionsCounter-- }
        val service = MessagesService(
            messagesSource = source,
            scope = backgroundScope,
        )

        // when
        service.observeMessages("0")
            .launchIn(backgroundScope)
        service.observeMessages("1")
            .launchIn(backgroundScope)
        service.observeMessages("0")
            .launchIn(backgroundScope)
        service.observeMessages("2")
            .launchIn(backgroundScope)
        delay(1000)

        // then
        assertEquals(1, connectionsCounter)
    }
}
```

뷰 모델 테스트하기

플로우 빌더는 원소가 소스로부터 어떻게 방출되어야 하는지 지정하는 간단하고 강력한 메서드입니다. 하지만 SharedFlow를 소스로 사용하고 테스트에서 원소를 방출하는 방법도 있습니다. 뷰 모델을 테스트할 때 이 방식이 특히 유용합니다.

```
class ChatViewModel(
    private val messagesService: MessagesService,
) : ViewModel() {
```

```
    private val _lastMessage =
        MutableStateFlow<String?>(null)
    val lastMessage: StateFlow<String?> = _lastMessage

    private val _messages =
        MutableStateFlow(emptyList<String>())
    val messages: StateFlow<List<String>> = _messages

    fun start(fromUserId: String) {
        messagesService.observeMessages(fromUserId)
            .onEach {
                val text = it.text
                _lastMessage.value = text
                _messages.value = _messages.value + text
            }
            .launchIn(viewModelScope)
    }
}

class ChatViewModelTest {
    @Test
    fun `should expose messages from user`() = runTest {
        // given
        val source = MutableSharedFlow<Message>()

        // when
        val viewModel = ChatViewModel(
            messagesService = FakeMessagesService(source)
        )
        viewModel.start("0")

        // then
        assertEquals(null, viewModel.lastMessage.value)
        assertEquals(emptyList(), viewModel.messages.value)

        // when
        source.emit(Message(fromUserId = "0", text = "ABC"))

        // then
        assertEquals("ABC", viewModel.lastMessage.value)
        assertEquals(listOf("ABC"), viewModel.messages.value)

        // when
        source.emit(Message(fromUserId = "0", text = "DEF"))
        source.emit(Message(fromUserId = "1", text = "GHI"))
```

```
        // then
        assertEquals("DEF", viewModel.lastMessage.value)
        assertEquals(
            listOf("ABC", "DEF"),
            viewModel.messages.value
        )
    }
}
```

이렇게 하면 가상 시간에 전혀 의존하지 않고도 함수의 동작을 정확하게 테스트할 수 있으며, 단위 테스트를 더 쉽게 읽을 수 있습니다.

요약

이 장에서는 플로우를 사용하는 클래스를 어떻게 테스트하는지 배웠습니다. 테스트하는 원리는 중단 함수와 비슷하지만, 플로우는 고유한 특징을 가지고 있으며, 플로우의 특징을 어떻게 테스트할 수 있는지 여러 가지 예제를 통해 살펴봤습니다.

4부

코틀린 코루틴 적용하기

여기까지 읽었다면 여러분들은 코루틴을 실제 현업 프로젝트에서 사용할 준비를 마친 것입니다. 이전 장들을 통해 중단 함수를 사용하는 방법부터 플로우에서 연산하는 방법까지 코루틴의 모든 요소에 대해 배웠습니다. 몇 가지 사용 예와 흔히 저지르는 실수 또한 살펴봤습니다. 4부의 목표는 코루틴의 사용법을 복습하고, 현업 프로젝트에서 코틀린 코루틴을 어떻게 사용해야 하는지 그리고 어떻게 사용하면 안 되는지 심도 있게 이해하는 것입니다. 가장 일반적인 사용 예제와 모범 사례를 살펴볼 것입니다. 이전 장들에서 공부한 내용을 기초로 하며, 각 장에서 살펴본 코루틴의 원리에 대해서도 자주 언급할 것입니다. 4부는 코루틴을 적용하기 위한 필수적인 지침이자 정리가 될 것입니다.

26장

K o t l i n C o r o u t i n e s

일반적인 사용 예제

코틀린 코루틴을 사용해 구현된 애플리케이션에서 가장 쉽게 찾아볼 수 있는 패턴을 살펴봅시다. 이러한 패턴들은 백엔드와 안드로이드 모두에서 널리 사용됩니다.

대부분의 애플리케이션은 다음 세 가지 계층으로 구분할 수 있습니다.

- 데이터/어댑터 계층: 데이터를 저장하거나 다른 시스템과 통신하는 것을 책임지는 계층입니다. 주로 하나 또는 더 많은 데이터 소스를 가진 저장소들로 구성되어 있습니다. 이 계층에서는 코루틴이 다른 라이브러리를 사용할 수 있으며, 몇몇 라이브러리는 코루틴을 지원하지 않을 수도 있습니다.
- 도메인 계층: 애플리케이션의 비즈니스 로직이 구현된 계층입니다. 사용 예, 서비스, 퍼사드[1]와 같은 특정 연산을 캡슐화한 클래스를 포함합니다. 이 계층에서는 핵심 프로세스를 최적화하기 위해 코루틴을 사용합니다.
- 표현/API/UI 계층: 애플리케이션 프로세스를 시작하는 계층입니다. 애플리케이션으로 들어가는 진입점이라고 볼 수 있습니다. 이 계층에서는 코루틴을 시작하고 실행 결과를 처리합니다.

1 (옮긴이) 퍼사드(facade)란 클래스 라이브러리 같은 어떤 소프트웨어의 다른 커다란 코드 부분에 대한 간략화된 인터페이스를 말합니다.

각 계층에서 코루틴을 사용하는 방법은 제각기 다릅니다. 이 장에서는 각각의 계층에서 코루틴을 사용하는 일반적인 방법에 대해 알아보겠습니다.

데이터/어댑터 계층

저장소, 프로바이더, 어댑터, 데이터 소스를 구현하는 데이터/어댑터 계층에서 코틀린 코루틴을 사용하는 일반적인 방법부터 살펴보겠습니다. 현재 데이터/어댑터 계층을 다루는 것은 상대적으로 쉬운 편인데, 인기 있는 많은 JVM 라이브러리가 기본적으로 또는 몇몇 의존성을 추가하는 것으로 코틀린 코루틴을 지원하기 때문입니다.

네트워크 요청을 다룰 때 사용하는 인기 있는 라이브러리인 Retrofit을 예로 들 수 있습니다. Retrofit은 중단 함수를 기본적으로 지원합니다. 요청을 정의한 함수를 블로킹 함수 대신 중단 함수로 만들고 싶다면 `suspend` 제어자를 추가하면 됩니다.

```
// Retrofit
class GithubApi {
    @GET("orgs/{organization}/repos?per_page=100")
    suspend fun getOrganizationRepos(
        @Path("organization") organization: String
    ): List<Repo>
}
```

또 다른 좋은 예로, 안드로이드에서 SQLite 데이터베이스와 통신할 때 주로 사용하는 라이브러리인 Room을 들 수 있습니다. 중단 함수로 만들기 위해 `suspend` 제어자를 넣어주는 것이 가능하며, 테이블 상태를 감지하기 위한 `Flow`도 지원합니다.

```
// Room
@Dao
interface LocationDao {
    @Insert
    suspend fun insertLocation(location: Location)

    @Query("DELETE FROM location_table")
    suspend fun deleteLocations()
```

```
    @Query("SELECT * FROM location_table ORDER BY time")
    fun observeLocations(): Flow<List<Location>>
}
```

콜백 함수

코틀린 코루틴을 지원하지 않는 라이브러리를 사용해 콜백 함수를 반드시 사용해야 하는 경우라면, suspendCancellableCoroutine[2]을 사용해 콜백 함수를 중단 함수로 변환합니다. 콜백 함수가 호출되면 Continuation 객체의 resume 메서드를 사용해 코루틴을 재개해야 합니다. 콜백 함수가 취소 가능하다면, invokeOnCancellation 람다식[3] 내부에서 취소해야 합니다.

```
suspend fun requestNews(): News {
    return suspendCancellableCoroutine<News> { cont ->
        val call = requestNewsApi { news ->
            cont.resume(news)
        }
        cont.invokeOnCancellation {
            call.cancel()
        }
    }
}
```

성공했을 때와 실패했을 때 사용하는 함수를 구분하는 콜백 함수를 구현하는 방법은 여러 가지 있습니다. 콜백 함수를 래핑하고 Result를 반환 타입으로 설정한 뒤 코루틴을 Result.success 또는 Result.failure로 재개하는 것이 한 가지 방법입니다.

```
suspend fun requestNews(): Result<News> {
    return suspendCancellableCoroutine<News> { cont ->
        val call = requestNewsApi(
            onSuccess = { news ->
                cont.resume(Result.success(news))
            },
            onError = { e ->
                cont.resume(Result.failure(e))
```

2 3장의 '값으로 재개하기' 절을 참고하세요.
3 9장의 'invokeOnCancellation' 절을 참고하세요.

```
            }
        )
        cont.invokeOnCancellation {
            call.cancel()
        }
    }
}
```

또 다른 방법은 널이 가능한 값을 반환한 뒤, 결괏값 또는 null 값으로 코루틴을 재개하는 것입니다.

```
suspend fun requestNews(): News? {
    return suspendCancellableCoroutine<News> { cont ->
        val call = requestNewsApi(
            onSuccess = { news -> cont.resume(news) },
            onError = { e -> cont.resume(null) }
        )
        cont.invokeOnCancellation {
            call.cancel()
        }
    }
}
```

마지막으로 널리 쓰이는 방법 중 하나는 콜백 함수가 성공했을 때 결괏값을 반환하고 실패했을 때 예외를 던지는 것입니다. 실패했을 경우에는 중단점에서 예외를 던집니다.[4]

```
suspend fun requestNews(): News {
    return suspendCancellableCoroutine<News> { cont ->
        val call = requestNewsApi(
            onSuccess = { news -> cont.resume(news) },
            onError = { e -> cont.resumeWithException(e) }
        )
        cont.invokeOnCancellation {
            call.cancel()
        }
    }
}
```

4 3장의 '예외로 재개하기' 절을 참고하세요.

블로킹 함수

블로킹 함수를 어쩔 수 없이 사용해야 하는 라이브러리도 많이 볼 수 있습니다. 일반적인 중단 함수에서는 블로킹 함수를 절대 호출해서는 안 됩니다. 코틀린 코루틴에서는 스레드를 정밀하게 사용하기 때문에, 스레드가 블로킹되면 심각한 문제를 불러일으킬 수 있습니다. 안드로이드에서 Dispatchers.Main의 스레드가 블로킹되면 전체 애플리케이션 실행이 멈추게 됩니다. Dispatchers.Default의 스레드를 블로킹하면 프로세서를 효율적으로 사용하지 못하게 됩니다. 따라서 디스패처를 명시하지 않고 블로킹 함수를 호출하면 절대 안 됩니다.[5]

블로킹 함수를 호출하려면 withContext를 사용해 디스패처를 명시해야 합니다. 대부분의 경우 애플리케이션에서 저장소를 구현할 때는 Dispatchers.IO를 사용하면 됩니다.[6]

```
class DiscSaveRepository(
    private val discReader: DiscReader
) : SaveRepository {

    override suspend fun loadSave(name: String): SaveData =
        withContext(Dispatchers.IO) {
            discReader.read("save/$name")
        }
}
```

IO 디스패처를 사용하더라도, Dispatchers.IO의 스레드가 64개로 제한되어 있기 때문에 백엔드와 안드로이드에서 충분하지 않을 수 있다는 점을 알고 있어야 합니다. 모든 요청이 블로킹 함수를 호출하고 초당 수천 개의 요청을 처리해야 한다면 64개의 스레드를 기다리는 요청이 급격히 증가하게 됩니다. 이런 경우에는 Dispatchers.IO의 limitedParallelism을 사용해 64개보다 더 많은 스레드를 활용하는 새로운 디스패처를 만드는 방법도 고려해 볼 수 있습니다.[7]

5 12장 '디스패처'를 참고하세요.
6 12장의 'IO 디스패처' 절을 참고하세요.
7 12장의 '커스텀 스레드풀을 사용하는 IO 디스패처' 절을 참고하세요.

```
class LibraryGoogleAccountVerifier : GoogleAccountVerifier {
    private val dispatcher = Dispatchers.IO
        .limitedParallelism(100)

    private var verifier =
        GoogleIdTokenVerifier.Builder(..., ...)
    .setAudience(...)
    .build()

    override suspend fun getUserData(
        googleToken: String
    ): GoogleUserData? = withContext(dispatcher) {
        verifier.verify(googleToken)
            ?.payload
            ?.let {
                GoogleUserData(
                    email = it.email,
                    name = it.getString("given_name"),
                    surname = it.getString("family_name"),
                    imageUrl = it.getString("picture"),
                )
            }
    }
}
```

함수를 호출하는 코루틴이 너무 많아 상당한 수의 스레드가 필요하다고 예상될 때, Dispatchers.IO와 독립적인 스레드 제한을 가진 디스패처를 사용해야 합니다. Dispatchers.IO의 스레드를 블로킹하여 의도치 않게 어떤 작업이 대기하게 되는 경우를 방지하기 위함입니다.

라이브러리를 구현할 때는 함수의 사용성을 모르기 때문에 독립적인 스레드 풀을 가진 디스패처에서 실행하는 게 일반적입니다. 이럴 때 디스패처가 사용하는 스레드 수의 제한은 어떻게 정해야 할까요? 여러분들이 스스로 결정해야 합니다. 너무 작은 수로 정하면 코루틴이 다른 코루틴을 기다리는 경우가 생길 수 있습니다. 너무 큰 수로 정하면 활성화된 스레드로 인해 할당된 메모리가 커지고 CPU 실행 시간도 길어지게 됩니다.

```
class CertificateGenerator {
    private val dispatcher = Dispatchers.IO
        .limitedParallelism(5)
```

```
    suspend fun generate(data: CertificateData): UserData =
        withContext(dispatcher) {
            Runtime.getRuntime()
                .exec("generateCertificate " + data.toArgs())
        }
}
```

CPU 집약적인 연산은 `Dispatchers.Default`에서, 메인 뷰를 다루는 연산은 `Dispatchers.Main.immediate`에서 실행해야 합니다. 디스패처를 설정할 때 `withContext`를 사용할 수도 있습니다.

```
suspend fun calculateModel() =
    withContext(Dispatchers.Default) {
        model.fit(
            dataset = newTrain,
            epochs = 10,
            batchSize = 100,
            verbose = false
        )
    }

suspend fun setUserName(name: String) =
    withContext(Dispatchers.Main.immediate) {
        userNameView.text = name
    }
```

플로우로 감지하기

중단 함수는 하나의 값을 생성하고 가져오는 과정을 구현하기에 적합합니다. 하지만 여러 개의 값을 다루는 경우에는 `Flow`를 사용해야 합니다. 앞에서 본 Room 라이브러리처럼, 하나의 데이터베이스 연산을 수행할 때는 중단 함수를 사용하고, 테이블에서 변화를 감지할 때는 `Flow`를 사용합니다.

```
// Room
@Dao
interface LocationDao {
    @Insert(onConflict = OnConflictStrategy.IGNORE)
    suspend fun insertLocation(location: Location)

    @Query("DELETE FROM location_table")
    suspend fun deleteLocations()
```

```
    @Query("SELECT * FROM location_table ORDER BY time")
    fun observeLocations(): Flow<List<Location>>
}
```

네트워크 호출 또한 비슷합니다. API를 통해 하나의 값을 가져올 때는 중단 함수를 사용하는 것이 가장 좋습니다. 하지만 웹소켓(WebSocket)을 설정하고 메시지를 기다릴 때는 Flow를 사용해야 합니다. (사용하는 라이브러리에서 값을 반환할 수 없다면) 플로우를 만들 때는 callbackFlow(또는 channelFlow)를 사용합니다. 플로우 빌더의 끝에는 awaitClose를 반드시 넣어줘야 합니다.[8]

```
fun listenMessages(): Flow<List<Message>> = callbackFlow {
    socket.on("NewMessage") { args ->
        trySend(args.toMessage())
    }
    awaitClose()
}
```

버튼을 클릭하거나 텍스트가 바뀌는 등의 UI 이벤트를 감지할 때 Flow를 주로 사용합니다.

```
fun EditText.listenTextChange(): Flow<String> = callbackFlow {
    val watcher = doAfterTextChanged {
        trySendBlocking(it.toString())
    }
    awaitClose { removeTextChangedListener(watcher) }
}
```

플로우는 콜백 함수로 사용될 수 있으며, 콜백 함수가 여러 개의 값을 만들 때 사용해야 합니다.

```
fun flowFrom(api: CallbackBasedApi): Flow<T> = callbackFlow {
    val callback = object : Callback {
        override fun onNextValue(value: T) {
            trySendBlocking(value)
        }
        override fun onApiError(cause: Throwable) {
            cancel(CancellationException("API Error", cause))
```

8 21장의 '콜백플로우(callbackFlow)' 절을 참고하세요.

```
        }
        override fun onCompleted() = channel.close()
    }
    api.register(callback)
    awaitClose { api.unregister(callback) }
}
```

플로우 빌더에서 특정 디스패처가 필요하다면, 생성된 플로우에서 flowOn을 사용하면 됩니다.[9]

```
fun fibonacciFlow(): Flow<BigDecimal> = flow {
    var a = BigDecimal.ZERO
    var b = BigDecimal.ONE
    emit(a)
    emit(b)
    while (true) {
        val temp = a
        a = b
        b += temp
        emit(b)
    }
}.flowOn(Dispatchers.Default)

fun filesContentFlow(path: String): Flow<String> =
    channelFlow {
        File(path).takeIf { it.exists() }
            ?.listFiles()
            ?.forEach {
                send(it.readText())
            }
    }.flowOn(Dispatchers.IO)
```

도메인 계층

이제 도메인 계층에서 코틀린 코루틴이 일반적으로 사용되는 방법을 알아볼 차례입니다. 도메인 계층에서는 비즈니스 로직을 구현하며, 사용 예, 서비스, 퍼사드 객체[10]를 정의합니다. 도메인 계층에서는 코루틴 스코프 객체에서 연

9 22장의 'flowOn' 절을 참고하세요.
10 (옮긴이) 퍼사드 객체란 클래스 라이브러리 같은 어떤 소프트웨어의 다른 커다란 코드 부분에 대한 간략화된 인터페이스를 제공하는 객체를 말합니다.

산을 처리하거나 중단 함수를 노출시키는 건 절대 안 됩니다. 스코프 객체에서 코루틴을 시작하는 건 아래에 있는 표현 계층이 담당해야 합니다. 도메인 계층에서 코루틴을 시작하려면 코루틴 스코프 함수를 써야 합니다.

실제 예를 살펴보면, 도메인 계층에서는 다른 중단 함수를 호출하는 중단 함수가 대부분입니다.

```
class NetworkUserRepository(
    private val api: UserApi,
) : UserRepository {
    override suspend fun getUser(): User =
        api.getUser().toDomainUser()
}

class NetworkNewsService(
    private val newsRepo: NewsRepository,
    private val settings: SettingsRepository,
) {
    suspend fun getNews(): List<News> = newsRepo
        .getNews()
        .map { it.toDomainNews() }

    suspend fun getNewsSummary(): List<News> {
        val type = settings.getNewsSummaryType()
        return newsRepo.getNewsSummary(type)
    }
}
```

동시 호출

두 개의 프로세스를 병렬로 실행하려면 함수 본체를 coroutineScope로 래핑하고 내부에서 async 빌더를 사용해 각 프로세스를 비동기로 실행해야 합니다.

```
suspend fun produceCurrentUser(): User = coroutineScope {
    val profile = async { repo.getProfile() }
    val friends = async { repo.getFriends() }
    User(profile.await(), friends.await())
}
```

위와 같이 변경하면 두 프로세스를 병렬로 실행하는 것이 전부라는 사실을 알고 있어야 합니다. 취소, 예외 처리, 컨텍스트 전달과 같은 다른 처리는 동일하게 유지되어야 합니다. 다음의 produceCurrentUserSeq와 produceCurrentUserPar 함수를 보면, 첫 번째 함수가 순차적이며, 두 번째 함수가 두 개의 프로세스를 병렬로 처리하는 것이 유일한 차이점이라는 것을 확인할 수 있습니다.[11]

```
suspend fun produceCurrentUserSeq(): User {
    val profile = repo.getProfile()
    val friends = repo.getFriends()
    return User(profile, friends)
}

suspend fun produceCurrentUserPar(): User = coroutineScope {
    val profile = async { repo.getProfile() }
    val friends = async { repo.getFriends() }
    User(profile.await(), friends.await())
}
```

두 개의 비동기 프로세스를 시작한 뒤 완료되는 걸 기다리고 싶다면, async 함수를 사용해 각 프로세스를 처리하는 코루틴을 만드는 것이 방법입니다. 하지만 하나의 프로세스만 async로 시작하고, 나머지 하나는 기존 코루틴에서 실행해도 같은 결과를 얻을 수 있습니다. 다음과 같이 produceCurrentUserPar를 구현해도 이전과 똑같이 작동합니다. 어떻게 구현하는 것이 나을까요? 대부분의 개발자들이 병렬로 실행되는 프로세스 각각에 async를 사용하는 것이 가독성이 더 좋기 때문에 첫 번째 방법이 낫다고 생각할 것입니다. 반면, 몇몇 개발자들은 적은 수의 코루틴을 사용해 적은 수의 객체를 만들기 때문에 두 번째 방법이 더 효율적이라고 생각할 것입니다. 두 가지 방법 중 각자 선호하는 방법을 선택하면 됩니다.

```
suspend fun produceCurrentUserPar(): User = coroutineScope {
    val profile = async { repo.getProfile() }
    val friends = repo.getFriends()
    User(profile.await(), friends)
}

suspend fun getArticlesForUser(
    userToken: String?,
```

11 11장 '코루틴 스코프 함수'를 참고하세요.

```
): List<ArticleJson> = coroutineScope {
    val articles = async { articleRepository.getArticles() }
    val user = userService.getUser(userToken)
    articles.await()
        .filter { canSeeOnList(user, it) }
        .map { toArticleJson(it) }
}
```

컬렉션 처리 함수와 async를 함께 사용하면 리스트의 각 원소를 비동기로 처리할 수 있습니다. 이때 awaitAll 함수를 사용해 결과를 기다리는 것이 좋습니다.

```
suspend fun getOffers(
    categories: List<Category>
): List<Offer> = coroutineScope {
    categories
        .map { async { api.requestOffers(it) } }
        .awaitAll()
        .flatten()
}
```

동시성 호출 수를 제한하고 싶다면 처리율 제한기(rate limiter)를 사용할 수 있습니다. 예를 들어, resilience4j 라이브러리는 중단 함수에 쓸 수 있는 처리율 제한기를 제공합니다. 리스트를 Flow로 변환하고 동시에 호출하는 횟수 제한을 명시하는 concurrency 파라미터를 flatMapMerge와 함께 사용할 수 있습니다.[12]

```
fun getOffers(
    categories: List<Category>
): Flow<List<Offer>> = categories
    .asFlow()
    .flatMapMerge(concurrency = 20) {
        suspend { api.requestOffers(it) }.asFlow()
        // 또는 flow { emit(api.requestOffers(it)) }
    }
```

coroutineScope를 사용하면, 자식 코루틴에서 발생한 예외는 coroutineScope가 생성한 코루틴을 중단하게 되어 모든 자식 코루틴을 취소한 뒤 예외를 던지게 만듭니다. 몇몇 경우에는 이러한 작동 방식이 적합하지 않을 수 있습니다.

12 23장의 'flatMapConcat, flatMapMerge, flatMapLatest' 절을 참고하세요.

서로 독립적인 작업 여러 개를 동시에 시작하고 싶다면, 자식 코루틴으로 예외 전파가 되지 않는 supervisorScope를 사용해야 합니다.

```
suspend fun notifyAnalytics(actions: List<UserAction>) =
    supervisorScope {
        actions.forEach { action ->
            launch {
                notifyAnalytics(action)
            }
        }
    }
```

작업의 실행 시간을 제한하고 싶다면, withTimeout이나 withTimeoutOrNull을 사용해 명시된 시간보다 오래 걸리는 경우 작업을 취소할 수 있습니다.[13,14]

```
suspend fun getUserOrNull(): User? =
    withTimeoutOrNull(5000) {
        fetchUser()
    }
```

플로우 변환

도메인 객체에서 코루틴 사용하는 방법을 끝내기 전에, 플로우를 처리하는 일반적인 방법을 다시 한 번 살펴보겠습니다. 대부분은 기본적인 플로우 처리 함수인 map, filter, onEach를 사용하지만, scan이나 flatMapMerge와 같은 흔치 않은 함수를 사용하는 경우도 있습니다.[15]

```
class UserStateProvider(
    private val userRepository: UserRepository
) {

    fun userStateFlow(): Flow<User> = userRepository
        .observeUserChanges()
        .filter { it.isSignificantChange }
        .scan(userRepository.currentUser()) { user, update ->
            user.with(update)
```

13 11장의 'supervisorScope' 절을 참고하세요.
14 11장의 'withTimeout' 절을 참고하세요.
15 23장 '플로우 처리'를 참고하세요.

```
        }
        .map { it.toDomainUser() }
}
```

두 플로우를 합치려면, merge, zip, combine을 사용합니다.[16]

```
class ArticlesProvider(
    private val ktAcademy: KtAcademyRepository,
    private val kotlinBlog: KtAcademyRepository,
) {
    fun observeArticles(): Flow<Article> = merge(
        ktAcademy.observeArticles().map { it.toArticle() },
        kotlinBlog.observeArticles().map { it.toArticle() },
    )
}

class NotificationStatusProvider(
    private val userStateProvider: UserStateProvider,
    private val notificationsProvider: NotificationsProvider,
    private val statusFactory: NotificationStatusFactory,
) {
    fun notificationStatusFlow(): NotificationStatus =
        notificationsProvider.observeNotifications()
            .filter { it.status == Notification.UNSEEN }
            .combine(userStateProvider.userStateFlow()) {
                    notifications, user ->
                statusFactory.produce(notifications, user)
            }
}
```

하나의 플로우를 여러 개의 코루틴이 감지하길 원한다면 SharedFlow로 변환해야 합니다. 스코프에서 shareIn을 사용하여 변환하는 방법이 가장 쉽습니다. 필요한 경우에만 플로우를 액티브 상태로 유지하려면 started 인자에 WhileSubscribed를 넣어 줍니다.[17]

```
class LocationService(
    locationDao: LocationDao,
    scope: CoroutineScope
) {
```

16 23장의 'merge, zip, combine' 절을 참고하세요.
17 24장 '공유플로우와 상태플로우'를 참고하세요.

```
    private val locations = locationDao.observeLocations()
        .shareIn(
            scope = scope,
            started = SharingStarted.WhileSubscribed(),
        )

    fun observeLocations(): Flow<List<Location>> = locations
}
```

표현/API/UI 계층

다음으로 논의할 계층은 표현 계층으로, 주로 코루틴으로 시작하는 계층입니다. 몇몇 애플리케이션에서는 스프링 부트(Spring Boot), 케이터(Ktor)와 같은 프레임워크가 모든 작업을 대신해 주기 때문에 표현 계층을 구현하는 것이 가장 쉽습니다. 예를 들어, 웹플럭스(Webflux)를 스프링 부트(Spring Boot)와 함께 사용할 경우, 컨트롤러 함수에 suspend 제어자만 추가하면 스프링은 함수를 코루틴으로 실행합니다.

```
@Controller
class UserController(
    private val tokenService: TokenService,
    private val userService: UserService,
) {
    @GetMapping("/me")
    suspend fun findUser(
        @PathVariable userId: String,
        @RequestHeader("Authorization") authorization: String
    ): UserJson {
        val userId = tokenService.readUserId(authorization)
        val user = userService.findUserById(userId)
        return user.toJson()
    }
}
```

다른 라이브러리 또한 비슷한 기능을 지원합니다. 안드로이드에서는 작업을 스케줄링하기 위해 워크 매니저(Work Manager)를 사용합니다. CoroutineWorker 클래스를 사용해 doWork 메서드를 구현하면 작업이 수행해야 하는 것들을 명시할 수 있습니다. 해당 메서드는 중단 함수이고 라이브러리가 코루틴으로 시작하기 때문에, 직접 코루틴으로 시작할 필요가 없습니다.

```
class CoroutineDownloadWorker(
    context: Context,
    params: WorkerParameters
) : CoroutineWorker(context, params) {

    override suspend fun doWork(): Result {
        val data = downloadSynchronously()
        saveData(data)
        return Result.success()
    }
}
```

하지만 특정 상황에서는 직접 코루틴을 시작해야 하는 경우가 있습니다. 이 때는 일반적으로 스코프 객체에서 `launch`를 사용합니다. 안드로이드에서는 `lifecycle-viewmodel-ktx`가 있어서, 대부분의 경우 `viewModelScope` 또는 `lifecyleScope`를 사용하면 됩니다.

```
class UserProfileViewModel(
    private val loadProfileUseCase: LoadProfileUseCase,
    private val updateProfileUseCase: UpdateProfileUseCase,
) {
    private val userProfile =
        MutableSharedFlow<UserProfileData>()

    val userName: Flow<String> = userProfile
        .map { it.name }
    val userSurname: Flow<String> = userProfile
        .map { it.surname }
    // ...

    fun onCreate() {
        viewModelScope.launch {
            val userProfileData =
                loadProfileUseCase.execute()
            userProfile.value = userProfileData
            // ...
        }
    }

    fun onNameChanged(newName: String) {
        viewModelScope.launch {
            val newProfile = userProfile.copy(name = newName)
            userProfile.value = newProfile
```

```
            updateProfileUseCase.execute(newProfile)
        }
    }
}
```

커스텀 스코프 만들기

코루틴을 시작하거나 스코프를 만드는 라이브러리나 클래스가 없다면, 커스텀 스코프를 만든 뒤 스코프에서 코루틴을 시작해야 합니다.

```
class NotificationsSender(
    private val client: NotificationsClient,
    private val notificationScope: CoroutineScope,
) {
    fun sendNotifications(
        notifications: List<Notification>
    ) {
        for (n in notifications) {
            notificationScope.launch {
                client.send(n)
            }
        }
    }
}

class LatestNewsViewModel(
    private val newsRepository: NewsRepository
) : BaseViewModel() {
    private val _uiState =
        MutableStateFlow<NewsState>(LoadingNews)
    val uiState: StateFlow<NewsState> = _uiState

    fun onCreate() {
        scope.launch {
            _uiState.value =
                NewsLoaded(newsRepository.getNews())
        }
    }
}
```

CoroutineScope 함수를 사용해 커스텀 코루틴 스코프를 정의합니다.[18] 스코프

18 13장 '코루틴 스코프 만들기'를 참고하세요.

스코프 안에서 SupervisorJob을 사용하는 것이 일반적으로 통용되는 방식입니다.[19]

```
val analyticsScope = CoroutineScope(SupervisorJob())
```

스코프를 정의할 때 디스패처나 예외 처리기를 명시할 수 있습니다.[20] 스코프 객체를 취소할 수도 있습니다. 안드로이드에서는 대부분의 스코프가 특정 상황에서 취소되거나 자식 스코프를 취소할 수 있기 때문에 "프로세스를 실행하려면 어떤 스코프를 사용해야 합니까?"라는 질문을 "어떤 상황에서 프로세스를 취소해야 합니까?"로 요약할 수 있습니다. 뷰 모델이 정리될 때 모델의 스코프는 취소됩니다. 워크 매니저는 연관된 작업이 취소될 때 스코프를 취소합니다.

```
// 취소와 예외 처리기를 만든 안드로이드 예제
abstract class BaseViewModel : ViewModel() {
    private val _failure: MutableLiveData<Throwable> =
        MutableLiveData()
    val failure: LiveData<Throwable> = _failure

    private val exceptionHandler =
        CoroutineExceptionHandler { _, throwable ->
            _failure.value = throwable
        }

    private val context =
        Dispatchers.Main + SupervisorJob() + exceptionHandler

    protected val scope = CoroutineScope(context)

    override fun onCleared() {
        context.cancelChildren()
    }
}

// 커스텀 예외 처리기를 만든 스프링 예제
@Configuration
class CoroutineScopeConfiguration {
```

19 SupervisorJob이 어떻게 작동하는지 알고 싶다면, 10장 '예외 처리'를 참고하세요.
20 13장 '코루틴 스코프 만들기'를 참고하세요. 디스패처와 예외 처리기는 각각 12장 '디스패처'와 10장 '예외 처리'에서 확인할 수 있습니다.

```
    @Bean
    fun coroutineDispatcher(): CoroutineDispatcher =
        Dispatchers.IO.limitedParallelism(5)

    @Bean
    fun exceptionHandler(): CoroutineExceptionHandler =
        CoroutineExceptionHandler { _, throwable ->
            FirebaseCrashlytics.getInstance()
                .recordException(throwable)
        }

    @Bean
    fun coroutineScope(
        coroutineDispatcher: CoroutineDispatcher,
        exceptionHandler: CoroutineExceptionHandler,
    ) = CoroutineScope(
        SupervisorJob() +
            coroutineDispatcher +
            exceptionHandler
    )
}
```

runBlocking 사용하기

스코프 객체에서 코루틴을 시작하는 대신, 코루틴을 시작하고 코루틴이 종료될 때까지 현재 스레드를 블로킹하는 runBlocking 함수를 사용할 수 있습니다. 따라서 runBlocking은 스레드를 블로킹하고 싶을 때만 사용해야 합니다. runBlocking을 사용하는 두 가지 목적은 다음과 같습니다.

1 main 함수를 포장하기 위해서입니다. runBlocking을 올바르게 사용한 예시 중 하나인데, runBlocking에서 시작한 코루틴이 끝날 때까지 스레드가 블로킹되어야 하기 때문입니다.
2. 테스트 함수를 포장하기 위해서입니다. 이 경우에도 테스트 스레드를 블로킹하여, 코루틴이 완료될 때까지 테스트 실행이 종료되지 않게 합니다.

```
fun main() = runBlocking {
    // ...
}

class SomeTests {
    @Test
```

```
    fun someTest() = runBlocking {
        // ...
    }
}
```

두 경우 모두 최신 방식으로 대체가 가능합니다. 테스트에서 coroutineScope 또는 runTest로 메인 함수를 일시 중단시킬 수 있습니다. 그렇다고 해서 runBlocking을 사용하지 않아야 된다는 의미는 아니며, 필요한 경우도 일부 있습니다.

```
suspend fun main() = coroutineScope {
    // ...
}

class SomeTests {
    @Test
    fun someTest() = runTest {
        // ...
    }
}
```

하지만 위에서 말한 목적이 아니라면 runBlocking을 사용해서는 안 됩니다. runBlocking은 현재 스레드를 블로킹하며, 코틀린 코루틴에서 절대 일어나서는 안 되는 경우입니다. 현재 스레드를 의도적으로 블로킹하고 싶은 경우에만 runBlocking을 사용하면 됩니다.

```
class NotificationsSender(
    private val client: NotificationsClient,
    private val notificationScope: CoroutineScope,
) {
    @Measure
    fun sendNotifications(notifications: List<Notification>){
        val jobs = notifications.map { notification ->
            scope.launch {
                client.send(notification)
            }
        }
        // 여기서 모든 알림이 전송될 때까지
        // 스레드를 블로킹하여,
        // 함수 실행 시간을 정확하게 측정합니다.
```

```
        runBlocking { jobs.joinAll() }
    }
}
```

플로우 활용하기

플로우를 사용할 때는, onEach에서 변경을 처리하고, launchIn으로 또 다른 코루틴에서 플로우를 시작하며, onStart로 플로우가 시작될 때 특정 행동을 지시하고, onCompletion으로 플로우가 완료되었을 때 행동을 정의하며, catch로 예외를 처리합니다. 플로우에서 발생하는 모든 예외를 처리하고 싶으면, 가장 마지막에 catch를 명시해야 합니다.[21]

```
fun updateNews() {
    newsFlow()
        .onStart { showProgressBar() }
        .onCompletion { hideProgressBar() }
        .onEach { view.showNews(it) }
        .catch { view.handleError(it) }
        .launchIn(viewModelScope)
}
```

안드로이드에서는 뷰 모델 클래스의 MutableStateFlow 타입의 프로퍼티에 애플리케이션의 상태를 나타내는 방법을 자주 사용합니다.[22]

상태 변경에 따라 뷰를 갱신하는 코루틴이 해당 프로퍼티를 감지합니다.

```
class NewsViewModel : BaseViewModel() {
    private val _loading = MutableStateFlow(false)
    val loading: StateFlow<Boolean> = _loading

    private val _news = MutableStateFlow(emptyList<News>())
    val news: StateFlow<List<News>> = _news

    fun onCreate() {
        newsFlow()
            .onStart { _loading.value = true }
            .onCompletion { _loading.value = false }
            .onEach { _news.value = it }
```

21 22장 '플로우 생명주기 함수'를 참고하세요.
22 24장 '공유플로우와 상태플로우'를 참고하세요.

```
            .catch { _failure.value = it }
            .launchIn(viewModelScope)
    }
}

class LatestNewsActivity : AppCompatActivity() {
    @Inject
    val newsViewModel: NewsViewModel

    override fun onCreate(savedInstanceState: Bundle?) {
        // ...
        launchOnStarted {
            newsViewModel.loading.collect {
                progressBar.visbility =
                    if (it) View.VISIBLE else View.GONE
            }
        }
        launchOnStarted {
            newsViewModel.news.collect {
                newsList.adapter = NewsAdapter(it)
            }
        }
    }
}
```

상태를 나타내는 프로퍼티를 하나의 플로우에서만 사용한다면, stateIn 메서드를 사용할 수 있습니다. started 파라미터에 따라 플로우는 즉시(클래스가 초기화될 때), 지연되어(코루틴이 플로우 데이터를 모으기 시작할 때), 또는 구독할 때 시작됩니다.[23]

```
class NewsViewModel : BaseViewModel() {

    private val _loading = MutableStateFlow(false)
    val loading: StateFlow<Boolean> = _loading

    private val _news = MutableStateFlow(emptyList<News>())
    val newsState: StateFlow<List<News>> = newsFlow()
        .onStart { _loading.value = true }
        .onCompletion { _loading.value = false }
        .catch { _failure.value = it }
        .stateIn(
            scope = viewModelScope,
```

23 이 옵션들은 24장의 'shareIn'과 'stateIn' 절에서 설명했습니다.

```
            started = SharingStarted.Lazily,
            initialValue = emptyList(),
        )
}

class LocationsViewModel(
    locationService: LocationService
) : ViewModel() {

    private val location = locationService.observeLocations()
        .map { it.toLocationsDisplay() }
        .stateIn(
            scope = viewModelScope,
            started = SharingStarted.Lazily,
            initialValue = LocationsDisplay.Loading,
        )

    // ...
}
```

상태플로우는 상태를 나타낼 때 사용합니다. 공유플로우는 여러 개의 코루틴이 이벤트나 데이터 변경을 감지하는 경우에 사용합니다.

```
class UserProfileViewModel {
    private val _userChanges =
        MutableSharedFlow<UserChange>()
    val userChanges: SharedFlow<UserChange> = _userChanges

    fun onCreate() {
        viewModelScope.launch {
            userChanges.collect(::applyUserChange)
        }
    }

    fun onNameChanged(newName: String) {
        // ...
        _userChanges.emit(NameChange(newName))
    }

    fun onPublicKeyChanged(newPublicKey: String) {
        // ...
        _userChanges.emit(PublicKeyChange(newPublicKey))
    }
}
```

요약

이번 장에서 코루틴을 어떻게 활용할 수 있는지에 대해 배웠지만, 확실한 정답은 없습니다. 각 프로젝트는 자기만의 스타일을 가지고 있으며, 작동하는 원리가 정확하다면 상관이 없습니다. 이 장에서 코루틴을 사용한 예제가 낯설다고 생각되면, 각 개념을 소개한 장을 다시 보면 됩니다. 여러분만의 사용 예를 자유롭게 만들어 보고, 각자의 애플리케이션을 개발할 때 도움이 될 수 있도록 여기서 소개한 방법을 잘 기억해 두기 바랍니다.

27장

Kotlin Coroutines

코루틴 활용 비법

이 장에서는 여러분들의 개발 시간을 줄여 줄 코틀린 코루틴 활용 비법 몇 가지를 살펴보고자 합니다. 여기서 소개하는 비법은 여러 프로젝트를 통해 테스트하고 개선되었으므로 여러분의 툴킷에 추가하여 사용하면 매우 유용할 것입니다.

이러한 비법은 단위 테스트와 함께 다음 깃허브(GitHub) 저장소에서 찾을 수 있습니다.

https://github.com/MarcinMoskala/kotlin-coroutines-recipes

좀더 편리하게 사용할 수 있도록 메이븐(Maven)에도 비법을 올려 두어 여러분의 프로젝트에서 쉽게 접근할 수 있게 하였습니다.

비법 1: 비동기 맵

비동기 맵(asynchronous map)은 하나의 패턴으로 이미 살펴본 주제지만, 자주 사용하는 패턴이라 함수로 추출하는 것이 좋습니다.

```
suspend fun <T, R> List<T>.mapAsync(
    transformation: suspend (T) -> R
): List<R> = coroutineScope {
    this@mapAsync.map { async { transformation(it) } }
```

```
        .awaitAll()
}

// 실제 사용 예
suspend fun getBestStudent(
    semester: String,
    repo: StudentsRepository
): Student =
    repo.getStudentIds(semester)
        .mapAsync { repo.getStudent(it) }
        .maxBy { it.result }

// 실제 사용 예
suspend fun getCourses(user: User): List<UserCourse> =
    courseRepository.getAllCourses()
        .mapAsync { composeUserCourse(user, it) }
        .filterNot { courseShouldBeHidden(user, it) }
        .sortedBy { it.state.ordinal }
```

mapAsync 함수 덕분에 map, awaitAll, coroutineScope를 추상화하여 사용하지 않아도 됩니다. mapAsync 함수로 비동기 매핑을 좀더 명확하고 정확하게 구현할 수 있습니다. 처리율 제한을 구현하여 동시에 들어오는 요청 수를 조절하고 싶으면 세마포어를 활용할 수 있습니다.

```
suspend fun <T, R> List<T>.mapAsync(
    concurrencyLimit: Int = Int.MAX_VALUE,
    transformation: suspend (T) -> R
): List<R> = coroutineScope {
    val semaphore = Semaphore(concurrencyLimit)
    this@mapAsync.map {
        async {
            semaphore.withPermit {
                transformation(it)
            }
        }
    }.awaitAll()
}
```

mapAsync 함수에 concurrencyLimit 파라미터를 도입하여 동시에 들어오는 요청 수를 쉽게 조절할 수 있게 되면, 애플리케이션이 반응성을 유지하고 요청을 효율적으로 처리할 수 있습니다.

비법 2: 지연 초기화 중단

코틀린 코루틴에서는 중단 함수를 map과 같은 suspend 제어자가 없는 람다식에서도 사용할 수 있습니다. 람다식이 인라인 함수라면 suspend 제어자가 없어도 중단함수를 호출할 수 있으며, map은 인라인 함수입니다. 중단 함수의 이런 제약 조건은 합리적이지만, 우리에게 익숙한 특정 함수를 사용하지 못할 수도 있습니다.

```
// map이 인라인 함수이기 때문에,
// 람다식 자체가 중단 가능하지 않더라도,
// 람다식에서 중단 가능한 await를 호출할 수 있습니다.
suspend fun getOffers(
    categories: List<Category>
): List<Offer> = coroutineScope {
    categories
        .map { async { api.requestOffers(it) } }
        .map { it.await() } // awaitAll을 사용하는 것이 낫습니다.
        .flatten()
}
```

필자에게 가장 중요했던 경우는 중단 함수에서 사용할 수 없는 lazy 델리게이트(delegate)였습니다.

```
suspend fun makeConnection(): Connection = TODO()

val connection by lazy { makeConnection() } // COMPILER ERROR
```

lazy를 사용하려면 suspendLazy를 구현해야 합니다. 하지만 값의 계산 과정을 중단하려면 suspend 게터 함수가 필요하며, 또한 suspend 프로퍼티도 필요합니다. 코틀린에서는 suspend 프로퍼티를 지원하지 않으므로, 게터 함수를 생성하는 함수를 만들어야 합니다.

```
fun <T> suspendLazy(
    initializer: suspend () -> T
): suspend () -> T {
    TODO()
}
```

먼저 여러 개의 코루틴이 같은 시간에 하나의 값을 계산하는 걸 방지하기 위해 Mutex를 사용합니다.[1] Mutex는 하나의 스레드로 제한된 디스패처로 대체할 수 없는데, 이전 코루틴이 중단되더라도 하나 이상의 프로세스가 값을 계산하면 안 되기 때문입니다. 다음으로, 계산된 값에 대한 변수를 설정합니다. 아직 값이 초기화되지 않은 상태에 대한 플래그로 NOT_SET을 사용합니다. 그리고 값을 생성하고 값을 보호하는 프로세스는 값이 계산되었는지 확인해야 합니다. 아직 계산되지 않았다면 초기자 함수(initializer function)를 사용해 계산한 뒤 값을 반환합니다.

```
private val NOT_SET = Any()

fun <T> suspendLazy(
    initializer: suspend () -> T
): suspend () -> T {
    val mutex = Mutex()
    var holder: Any? = NOT_SET

    return {
        if (holder !== NOT_SET) holder as T
        else mutex.withLock {
            if (holder === NOT_SET) holder = initializer()
            holder as T
        }
    }
}
```

위 구현 방식에 메모리 누수가 있다는 걸 눈치 채셨나요? initializer를 사용하고 나면, 함수의 참조를 유지할 필요가 없기 때문에, initializer를 null로 설정하여 (람다식이 참조한 모든 값을 포함해서) 람다식을 해제할 수 있습니다.[2] 이렇게 구현하면 초기화하는 조건을 바꿔서 initializer가 여전히 null이 아닐 때 값을 지연 초기화할 수 있습니다. 다음은 중단 함수를 사용해 지연 초기화를 구현한 예입니다.

1 Mutex에 대한 정보는 14장 '공유 상태로 인한 문제'에 있습니다.
2 《이펙티브 코틀린》의 '아이템 48: 더 이상 사용하지 않는 객체의 레퍼런스를 제거하라'에 자세히 설명되어 있습니다.

```
fun <T> suspendLazy(
    initializer: suspend () -> T
): suspend () -> T {
    var initializer: (suspend () -> T)? = initializer
    val mutex = Mutex()
    var holder: Any? = Any()

    return {
        if (initializer == null) holder as T
        else mutex.withLock {
            initializer?.let {
                holder = it()
                initializer = null
            }
            holder as T
        }
    }
}

// 사용 예
suspend fun makeConnection(): String {
    println("Creating connection")
    delay(1000)
    return "Connection"
}

val getConnection = suspendLazy { makeConnection() }

suspend fun main() {
    println(getConnection())
    println(getConnection())
    println(getConnection())
}
// Creating connection
// (1초 후)
// (1초 후)
// Connection
// Connection
// Connection

// 실제 사용 예
val userData: suspend () -> UserData = suspendLazy {
    service.fetchUserData()
}

suspend fun getUserData(): UserData = userData()
```

비법 3: 연결 재사용

이전 장에서 SharedFlow로 하나의 플로우를 재사용해 여러 개의 플로우로 값을 방출할 수 있는 방법을 보여드렸습니다. 공유플로우는 가장 중요한 최적화 방법 중 하나로, 특히 초기 플로우가 (웹소켓(WebSocket)이나 알소켓(RSocket)과 같이) 영구적인 HTTP 연결을 필요로 하거나 데이터베이스를 감지할 때 필요합니다. 연결을 유지하는 건 많은 비용이 들기 때문에, 같은 데이터를 받을 때 두 개의 연결을 유지할 필요가 없습니다. 따라서 하나의 연결을 재사용하기 위해 플로우를 공유 플로우로 변환하는 방법에 대해 알아야 합니다.

```
class LocationService(
    locationDao: LocationDao,
    scope: CoroutineScope
) {
    private val locations = locationDao.observeLocations()
        .shareIn(
            scope = scope,
            started = SharingStarted.WhileSubscribed(),
        )

    fun observeLocations(): Flow<List<Location>> = locations
}
```

이 패턴은 파라미터화되지 않은 연결에 대해서는 유용하지만, 특정 파라미터로 시작된 연결은 어떻게 하는 것이 좋을까요? 예를 들어, 메신저 애플리케이션을 구현할 때 특정 토론에 대한 스레드[3]들을 감지하고 싶은 경우입니다. 이런 경우, 다음 ConnectionPool 클래스가 아주 유용합니다. getConnection이 처음으로 호출되면, 빌더로 지정된 플로우로 연결을 맺는 상태 플로우를 만듭니다. ConnectionPool은 WhileSubscribed를 지정한 상태플로우를 사용하기 때문에 필요한 경우에만 연결이 유지됩니다.

```
class ConnectionPool<K, V>(
    private val scope: CoroutineScope,
```

3 (옮긴이) 인터넷 게시판의 운영 형태 중 하나로, BBS 방식이 주류인 국내에서는 거의 사용되지 않으나 해외권 인터넷 포럼에서는 널리 사용됩니다. 스레드 시스템은 게시글과 댓글이 본질적으로 동일합니다.

```
    private val builder: (K) -> Flow<V>,
) {
    private val connections = mutableMapOf<K, Flow<V>>()

    fun getConnection(key: K): Flow<V> = synchronized(this) {
        connections.getOrPut(key) {
            builder(key).shareIn(
                scope,
                started = SharingStarted.WhileSubscribed(),
            )
        }
    }
}

// 실제 사용 예
private val scope = CoroutineScope(SupervisorJob())
private val messageConnections =
    ConnectionPool(scope) { threadId: String ->
        api.observeMessageThread(threadId)
    }

fun observeMessageThread(threadId: String) =
    messageConnections.getConnection(threadId)
```

getConnection 메서드는 일반적인 동기화 블록을 사용합니다. Flow를 반환하는 모든 함수처럼 이 메서드 또한 일반 함수이기 때문입니다. 동기화 블록은 connections 변수에 대한 접근을 안전하게 만듭니다. getConnection 함수는 플로우만 정의하고 있기 때문에 아주 빨리 실행됩니다. 최소 하나의 플로우가 연결을 필요로 할 때, 연결이 생성됩니다. WhileSubscribed를 사용했기 때문에 최소 하나의 코루틴이 연결을 사용하고 있을 때만 연결이 유지됩니다.

WhileSubscribed를 파라미터로 만들 수도 있습니다. 아래 예제에서처럼, 생성자를 사용해 파라미터를 ConnectionPool에 주입할 수 있습니다.

```
class ConnectionPool<K, V>(
    private val scope: CoroutineScope,
    private val replay: Int = 0,
    private val stopTimeout: Duration,
    private val replayExpiration: Duration,
    private val builder: (K) -> Flow<V>,
) {
```

```
    private val connections = mutableMapOf<K, Flow<V>>()

    fun getConnection(key: K): Flow<V> = synchronized(this) {
        connections.getOrPut(key) {
            builder(key).shareIn(
                scope,
                started = SharingStarted.WhileSubscribed(
                    stopTimeoutMillis =
                    stopTimeout.inWholeMilliseconds,
                    replayExpirationMillis =
                    replayExpiration.inWholeMilliseconds,
                ),
                replay = replay,
            )
        }
    }
}
```

비법 4: 코루틴 경합

17장 '셀렉트'에서 본 것처럼, 중단 가능한 프로세스 여러 개를 시작하고 먼저 끝나는 것의 결과를 기다리려면, Splitties 라이브러리의 raceOf 함수를 사용하면 됩니다. 하지만 필자는 몇 줄로 구현할 수 있는 간단한 함수를 사용하기 위해 라이브러리에 의존하는 걸 별로 좋아하지 않습니다. 다음은 필자가 raceOf를 구현한 것입니다.

```
suspend fun <T> raceOf(
    racer: suspend CoroutineScope.() -> T,
    vararg racers: suspend CoroutineScope.() -> T
): T = coroutineScope {
    select {
        (listOf(racer) + racers).forEach { racer ->
            async { racer() }.onAwait {
                coroutineContext.job.cancelChildren()
                it
            }
        }
    }
}

// 사용 예
suspend fun a(): String {
```

```
    delay(1000)
    return "A"
}

suspend fun b(): String {
    delay(2000)
    return "B"
}

suspend fun c(): String {
    delay(3000)
    return "C"
}

suspend fun main(): Unit = coroutineScope {
    println(raceOf({ c() }))
    // (3초 후)
    // C
    println(raceOf({ b() }, { a() }))
    // (1초 후)
    // A
    println(raceOf({ b() }, { c() }))
    // (2초 후)
    // B
    println(raceOf({ b() }, { a() }, { c() }))
    // (1초 후)
    // A
}

// 실제 사용 예
suspend fun fetchUserData(): UserData = raceOf(
    { service1.fetchUserData() },
    { service2.fetchUserData() }
)
```

비법 5: 중단 가능한 프로세스 재시작하기

프로그램 또한 현실 세계의 일부분이기 때문에, 예상치 못한 에러에 맞닥뜨리는 경우도 있습니다. 서비스에 데이터를 요청할 때, 네트워크 연결이 끊어지는 등의 이유로 응답을 일시적으로 받지 못하는 경우가 있습니다. 이런 상황에 대처할 수 있는 방법 중 하나는 프로세스가 실패했을 경우 자동으로 다시 요청하도록 구현하는 것입니다.

retry 또는 retryWhen 메서드를 사용하면 플로우를 재시도할 수 있다는 것을 앞에서 살펴봤습니다.

```
fun makeConnection(config: ConnectionConfig) = api
    .startConnection(config)
    .retryWhen { e, attempt ->
        val times = 2.0.pow(attempt.toDouble()).toInt()
        delay(maxOf(10_000L, 100L * times))
        log.error(e) { "Error for $config" }
        e is ApiException && e.code !in 400..499
    }
```

일반적인 중단 가능 프로세스를 재시도하는 함수는 없지만, 가장 간단한 방법으로 성공할 때까지 프로세스를 재시도하는 반복문을 만들 수 있습니다.

```
inline fun <T> retry(operation: () -> T): T {
    while (true) {
        try {
            return operation()
        } catch (e: Throwable) {
            // 처리 안 함
        }
    }
}

// 사용 예
suspend fun requestData(): String {
    if (Random.nextInt(0, 10) == 0) {
        return "ABC"
    } else {
        error("Error")
    }
}

suspend fun main(): Unit = coroutineScope {
    println(retry { requestData() })
}
// (1초 후)
// ABC

// 실제 사용 예
suspend fun checkConnection(): Boolean = retryWhen(
    predicate = { _, retries -> retries < 3 },
```

```
    operation = { api.connected() }
)
```

문제는 재시도하는 과정에 표준이 없다는 것입니다. 재시도를 구현한다면, 다음과 같은 것을 추가하고 싶을 것입니다.

- 재시도 횟수와 예외 종류에 따라 프로세스가 재시도되는 조건
- 재시도 사이의 시간 간격 증가
- 예외와 그 외 정보 로깅

retry를 구현하는 두 가지 좋은 방법이 있습니다. 첫 번째는 retryWhen처럼 사용자 측면에서 파라미터화하기 쉬운 범용 함수를 정의하는 것입니다. 다음 코드는 재시도할 수 있는 범용 함수를 구현하고 있으며, 다음 두 가지 특징을 가집니다.

- 취소 과정에 영향을 끼치지 않기 위해 취소 예외는 재시도하지 않습니다.
- 이전에 발생한 예외는 무시된 예외로 판단하며, 마지막 예외를 함수 밖으로 던질 때 출력됩니다.

```
inline fun <T> retryWhen(
    predicate: (Throwable, retries: Int) -> Boolean,
    operation: () -> T
): T {
    var retries = 0
    var fromDownstream: Throwable? = null
    while (true) {
        try {
            return operation()
        } catch (e: Throwable) {
            if (fromDownstream != null) {
                e.addSuppressed(fromDownstream)
            }
            fromDownstream = e
            if (e is CancellationException ||
                !predicate(e, retries++)
            ) {
                throw e
            }
        }
```

```
    }
}

// 사용 예
suspend fun requestWithRetry() = retryWhen(
    predicate = { e, retries ->
        val times = 2.0.pow(attempt.toDouble()).toInt()
        delay(maxOf(10_000L, 100L * times))
        log.error(e) { "Retried" }
        retries < 10 && e is IllegalStateException
    }
) {
    requestData()
}
```

두 번째 방법은 애플리케이션에서 재시도할 방법을 미리 정의하여 애플리케이션에 종속적인 retry 함수를 구현하는 것입니다. 애플리케이션에서 정의한 재시도 함수의 형태는 다음과 같습니다.

```
inline suspend fun <T> retry(
    operation: () -> T
): T {
    var retries = 0
    while (true) {
        try {
            return operation()
        } catch (e: Exception) {
            val times = 2.0.pow(attempt.toDouble()).toInt()
            delay(maxOf(10_000L, 100L * times))
            if (e is CancellationException || retries >= 10){
                throw e
            }
            retries++
            log.error(e) { "Retrying" }
        }
    }
}

// 사용 예
suspend fun requestWithRetry() = retry {
    requestData()
}
```

재시도할 때 사용하는 대표적인 알고리즘 중 하나는 지수 백오프(exponential backoff)[4]로, 재시도가 실패할 때마다 백오프 지연 시간을 늘리는 것입니다. 더 오래 기다릴수록, 에러가 일어날 가능성이 적다는 발상에 기반한 알고리즘입니다. 필자의 깃허브 저장소[5]에서 recipe를 찾아보면 구현한 코드를 볼 수 있습니다. 다음은 지수 백오프를 사용한 예입니다.

```
suspend fun fetchUser(): User = retryBackoff(
    minDelay = 1.seconds,
    maxDelay = 10.seconds,       // optional
    maxAttempts = 10,            // optional
    backoffFactor = 1.5,         // optional
    jitterFactor = 0.5,          // optional
    beforeRetry = { cause, _, -> // optional
        println("Retrying after $cause")
    },
    retriesExhausted = { cause -> // optional
        println("Retries exhausted after $cause")
    },
) {
    api.fetchUser()
}

fun observeUserUpdates(): Flow<User> = api
    .observeUserUpdates()
    .retryBackoff(
        minDelay = 1.seconds,
        maxDelay = 1.minutes,          // optional
        maxAttempts = 30,              // optional
        backoffFactor = 2.0,           // optional
        jitterFactor = 0.1,            // optional
        beforeRetry = { cause, _, _ -> // optional
            println("Retrying after $cause")
        },
        retriesExhausted = { cause -> // optional
            println("Retries exhausted after $cause")
        },
    )
```

4 *https://en.wikipedia.org/wiki/Exponential_backoff*

5 *https://github.com/MarcinMoskala/kotlin-coroutines-recipes/blob/master/src/commonMain/kotlin/RetryBackoff.kt*

요약

이 장에서는 필자가 실제 프로젝트에서 사용하는 몇 가지 비법을 보여드렸습니다. 여기서 보여드린 비법이 문제를 해결하는 데뿐만 아니라 여러분 고유의 비법을 직접 구현하는 데도 도움이 되길 바랍니다.

28장

K o t l i n C o r o u t i n e s

다른 언어에서의 코루틴 사용법

언어에 따라 동시성에 접근하는 방식은 제각기 다릅니다. 자바에서는 스레드를 시작하고 블로킹하는 것이 일반적이지만, 비동기 처리가 기본이며 비동기 함수를 가진 자바스크립트에서는 자바와 같은 과정이 절대로 일어나지 않습니다. 각기 다른 플랫폼에 익숙한 개발자들을 위해 코틀린으로 구현한 API를 정의하는 방법을 알아야 하며, 특정 플랫폼에서 동시성과 관련한 제한에는 어떤 것들이 있는지 알 필요가 있습니다. 이 장에서는 코틀린의 특징 중 어떤 것들이 플랫폼에 종속적인지와, API를 다른 언어에 노출하고 싶을 때 코틀린 코루틴을 플랫폼에 맞게 어떻게 변형시키는지에 대해 알아보겠습니다.

다른 플랫폼에서의 스레드 특징

자바스크립트는 싱글스레드에서 작동하기 때문에[1] 슬립(sleep)을 통해 일시 정지시키면 안 됩니다. 이것이 코틀린/자바스크립트에서 `runBlocking`을 지원하지 않는 이유입니다. 코틀린 코드를 자바스크립트 플랫폼에서 실행하고 싶다면 스레드를 블로킹해서는 안 됩니다. 하지만 코틀린/자바스크립트에서 테스트를 위해 `runTest`를 사용할 수는 있습니다.

1 자바스크립트가 반드시 싱글스레드인 것은 아닙니다. npm에서는 멀티스레드로 작동할 수 있고, 여러 개의 스레드로 처리할 수 있는 웹소켓 API(WebSocket API)가 있습니다. 하지만 일반적으로 자바스크립트는 싱글스레드로 작동합니다.

똑같은 이유로, Dispatchers.IO는 코틀린/JVM에 종속되기 때문에 코틀린/자바스크립트에서는 사용할 수 없습니다. 하지만 이게 문제가 되지는 않는데, 스레드를 블로킹할 필요가 있을 때 Dispatchers.IO를 사용하며, 스레드를 블로킹하는 경우는 JVM이나 다른 네이티브 API(native API)와 호환할 때만 일어나기 때문입니다.

중단 함수를 비중단 함수로 변환하기

블로킹이나 콜백 함수를 중단 함수로 변환하는 방법에 대해서는 앞에서 이미 배웠습니다. 하지만 코틀린이 아닌 다른 언어에서 반대로 변환한 뒤 중단 함수를 사용하는 경우는 어떨까요? 4장 '코루틴의 실제 구현'에서 살펴봤듯이, 중단 함수는 코틀린이 제공하는 Continuation 객체를 필요로 합니다. 코틀린은 멀티플랫폼 언어이기 때문에 JVM 언어(자바, 스칼라, 그루비, 클로저, …), 자바스크립트 언어(자바스크립트, 타입스크립트), 또는 네이티브 언어(스위프트, C++, C, …)에서 중단 함수를 사용하려면 이런 난관을 극복해야 합니다. 이 문제를 해결하기 위해 우리가 선택할 수 있는 몇 가지 중요한 방법을 살펴봅시다.

중단 함수를 사용해 멀티플랫폼을 지원하는 라이브러리를 만든다고 생각했을 때, 라이브러리의 API가 다음과 같은 형태로 퍼사드[2]를 노출한다고 생각해 봅시다.[3]

```
class AnkiConnector(
    // ...
) {
    suspend fun checkConnection(): Boolean = ...

    suspend fun getDeckNames(): List<String> = ...

    suspend fun pushDeck(
        deckName: String,
        markdown: String
    ): AnkiConnectorResult = ...
```

2 (옮긴이) 363쪽의 퍼사드(facade)를 참고하세요.
3 안키마크다운(AnkiMarkdown) 프로젝트의 간단한 퍼사드입니다.

```
    suspend fun pullDeck(
        deckName: String,
        currentMarkdown: String
    ): AnkiConnectorResult = ...
}
```

코틀린이 아닌 다른 언어에서 중단 함수를 호출할 수 없기 때문에, 다른 언어를 지원하는 라이브러리를 만들고 싶다면 대체할 수 있는 API를 명시해야 합니다.

중단 함수를 블로킹 함수로 변환하기

코틀린/JVM과 코틀린/네이티브에서 가장 쉬운 방법은 runBlocking을 사용해 중단 함수를 블로킹 함수로 변환하는 것입니다. 좋은 방법은 아니지만, 가장 쉬운 방법입니다.

라이브러리를 정의할 때, API에서 노출하고 싶은 클래스에 블로킹 함수를 정의한 래퍼 클래스를 제공할 수 있습니다.

```
class AnkiConnectorBlocking {
    private val connector = AnkiConnector(/*...*/)

    fun checkConnection(): Boolean = runBlocking {
        connector.checkConnection()
    }

    fun getDeckNames(): List<String> = runBlocking {
        connector.getDeckNames()
    }

    fun pushDeck(
        deckName: String,
        markdown: String
    ): AnkiConnectorResult = runBlocking {
        connector.pushDeck(deckName, markdown)
    }

    fun pullDeck(
        deckName: String,
        currentMarkdown: String
    ): AnkiConnectorResult = runBlocking {
        connector.pullDeck(deckName, currentMarkdown)
    }
}
```

코틀린뿐 아니라 다른 언어에서도 사용할 수 있는 클래스를 작성하길 원한다면, 중단 가능한 함수와 함께 블로킹 함수를 정의할 수 있습니다.

```
class AnkiConnector(
    // ...
) {
    suspend fun checkConnection(): Boolean = ...

    fun checkConnectionBlocking(): Boolean = runBlocking {
        connector.checkConnection()
    }

    // ...
}
```

함수에 알맞은 어노테이션을 붙이면 블로킹 함수를 암시적으로 생성하는 코틀린 플러그인이 있습니다. 그중 하나가 다음 예제에서 사용한 kotlin-jvm-blocking-bridge입니다.

```
class AnkiConnector(
    // ...
) {
    @JvmBlockingBridge
    suspend fun checkConnection(): Boolean = ...
}

// Java
class JavaTest {
    public static void main(String[] args) {
        AnkiConnector connector = new AnkiConnector();
        boolean connection = connector.checkConnection();
        // ...
    }
}
```

중단 함수를 콜백 함수로 변환하기

또 다른 방법은 중단 함수를 콜백 함수로 변환하는 것입니다. 스코프를 정의한 후, 정의한 스코프하에 각 함수에서 코루틴을 시작해야 합니다. 다음 예제에서 콜백 함수는 래퍼 함수가 종료되었을 경우엔 성공을, 예외가 발생했을 경우엔 실패를 나타내는 Result를 인자로 호출합니다. 또한 이 콜백 함수가 특정 함수의 실행을 취소할 수 있는 Cancellable을 반환하도록 만들었습니다.

```
class AnkiConnectorCallback {
    private val connector = AnkiConnector(/*...*/)
    private val scope = CoroutineScope(SupervisorJob())

    fun checkConnection(
        callback: (Result<Boolean>) -> Unit
    ): Cancellable = toCallback(callback) {
        connector.checkConnection()
    }

    fun getDeckNames(
        callback: (Result<List<String>>) -> Unit
    ): Cancellable = toCallback(callback) {
        connector.getDeckNames()
    }

    fun pushDeck(
        deckName: String,
        markdown: String,
        callback: (Result<AnkiConnectorResult>) -> Unit
    ): Cancellable = toCallback(callback) {
        connector.pushDeck(deckName, markdown)
    }

    fun pullDeck(
        deckName: String,
        currentMarkdown: String,
        callback: (Result<AnkiConnectorResult>) -> Unit
    ): Cancellable = toCallback(callback) {
        connector.pullDeck(deckName, currentMarkdown)
    }

    fun <T> toCallback(
        callback: (Result<T>) -> Unit,
        body: suspend () -> T
    ): Cancellable {
        val job = scope.launch {
            try {
                val result = body()
                callback(Result.success(result))
            } catch (t: Throwable) {
                callback(Result.failure(t))
```

```
            }
        }
        return Cancellable(job)
    }

    class Cancellable(private val job: Job) {
        fun cancel() {
            job.cancel()
        }
    }
}
```

플랫폼 종속적인 옵션

각각의 플랫폼은 비동기 작업에 대한 참조를 표시하는 독자적인 방법을 가지고 있습니다. 자바스크립트를 예로 들면, Promise가 있습니다. Promise는 자바스크립트에서 작업의 결과를 기다리는 데 사용하며, 중단 함수를 시작하고 Promise를 반환값으로 노출하려면 promise 코루틴 빌더를 사용합니다. 물론 해당 빌더는 코틀린/JS에서만 작동합니다.

```
@JsExport
@JsName("AnkiConnector")
class AnkiConnectorJs {
    private val connector = AnkiConnector(/*...*/)
    private val scope = CoroutineScope(SupervisorJob())

    fun checkConnection(): Promise<Boolean> = scope.promise {
        connector.checkConnection()
    }

    fun getDeckNames(): Promise<Array<String>> =
        scope.promise {
            connector.getDeckNames().toTypedArray()
        }

    fun pushDeck(
        deckName: String,
        markdown: String
    ): Promise<AnkiConnectorResult> = scope.promise {
        connector.pushDeck(deckName, markdown)
    }
```

```
    fun pullDeck(
        deckName: String,
        currentMarkdown: String
    ): Promise<AnkiConnectorResult> = scope.promise {
        connector.pullDeck(deckName, currentMarkdown)
    }
}
```

코틀린/JVM에서는 자바의 표준 라이브러리에 포함되어 있는 CompletableFuture를 반환하고 싶을 수 있습니다. 이럴 때는 future 코루틴 빌더를 사용합니다.

```
class AnkiConnectorFuture {
    private val connector = AnkiConnector(/*...*/)
    private val scope = CoroutineScope(SupervisorJob())

    fun checkConnection(): CompletableFuture<Boolean> =
        scope.future {
            connector.checkConnection()
        }

    fun getDeckNames(): CompletableFuture<List<String>> =
        scope.future {
            connector.getDeckNames()
        }

    fun pushDeck(
        deckName: String,
        markdown: String
    ): CompletableFuture<AnkiConnectorResult> = scope.future {
        connector.pushDeck(deckName, markdown)
    }

    fun pullDeck(
        deckName: String,
        currentMarkdown: String
    ): CompletableFuture<AnkiConnectorResult> = scope.future {
        connector.pullDeck(deckName, currentMarkdown)
    }
}
```

함수를 JVM에서 매우 인기 있는 외부 라이브러리인 RxJava의 객체로 변환하고 싶을 수도 있습니다. 중단 함수를 Single이나 Objservable과 같은 RxJava 객체로 변환하기 위해, 코틀린은 몇 가지 의존성을 제공합니다. 예를 들어, 중단 함수를 RxJava 3.x의 `Single` 객체로 변환하고 싶으면, `kotlinx-coroutines-rx3` 의존성과 `rxSingle` 함수를 사용합니다.

```
class AnkiConnectorBlocking {
    private val connector = AnkiConnector(/*...*/)

    fun checkConnection(): Single<Boolean> = rxSingle {
        connector.checkConnection()
    }

    fun getDeckNames(): Single<List<String>> = rxSingle {
        connector.getDeckNames()
    }

    fun pushDeck(
        deckName: String,
        markdown: String
    ): Single<AnkiConnectorResult> = rxSingle {
        connector.pushDeck(deckName, markdown)
    }

    fun pullDeck(
        deckName: String,
        currentMarkdown: String
    ): Single<AnkiConnectorResult> = rxSingle {
        connector.pullDeck(deckName, currentMarkdown)
    }
}
```

다른 언어에서 중단 함수 호출하기

필자가 작업했던 프로젝트에서, 이전 개발자가 스폭(Spock) 프레임워크와 그루비(Groovy)를 사용해 테스트를 작성하기로 했습니다. 하지만 프로젝트에서 코틀린 코루틴을 사용하기 시작하자 문제가 생겼습니다. 단위 테스트에서 중단 함수를 호출할 수밖에 없었는데, 중단 함수가 테스트해야 할 함수였기 때문입니다. 모든 테스트를 그루비에서 코틀린으로 옮기는 건 정말 힘든 작업이었습니다.

가장 쉬운 해결책은 자바와 같은 다른 언어에서처럼 `runBlocking`을 사용해 컨티뉴에이션 객체를 만드는 것입니다. 다음과 같은 방법으로 구현할 수 있습니다.

```
// Java
public class MainJava {
    public static void main(String[] args) {
        AnkiConnector connector = new AnkiConnector();
        boolean connected;
        try {
            connected = BuildersKt.runBlocking(
                    EmptyCoroutineContext.INSTANCE,
                    (s, c) -> connector.checkConnection(c)
            );
        } catch (InterruptedException e) {
            throw new RuntimeException(e);
        }
        // ...
    }
}
```

위 함수는 사용하기에 불편한 점 세 가지가 있습니다.

1. BuildersKt는 좋은 이름이 아닙니다.
2. 이 경우에는 EmptyCoroutineContext로 충분하지만, 컨텍스트를 명시할 필요가 있습니다.
3. 블로킹 스레드의 실행에 문제가 생길 경우 runBlocking이 던지는 InterruptedException을 처리해야 합니다.

위 코드를 개선하기 위해, 래퍼 함수를 구현할 수 있습니다.

```
// Java
class SuspendUtils {
    public static <T> T runBlocking(
        Function<Continuation<? super T>, T> func
    ) {
        try {
            return BuildersKt.runBlocking(
                EmptyCoroutineContext.INSTANCE,
                (s, c) -> func.apply(c)
            );
        } catch (InterruptedException e) {
```

```
            throw new RuntimeException(e);
        }
    }
}

public class MainJava {
    public static void main(String[] args) {
        AnkiConnector connector = new AnkiConnector();
        boolean connected = SuspendUtils.runBlocking((c) ->
            connector.checkConnection(c)
        );
        // ...
    }
}
```

플로우와 리액티브 스트림

21장 '플로우 만들기'에서 확인한 것처럼, 간단한 변환 함수를 사용해 Flow와 (리액터(Reactor)[4], RxJava 2.x[5], 그리고 RxJava 3.x[6]와 같은) 리액티브 스트림(reactive stream)을 양방향으로 쉽게 변환할 수 있습니다.

Flux, Flowable, Observable 같은 리액티브 스트림의 모든 객체는 자바 표준 라이브러리에 있는 Publisher 인터페이스를 구현하며, 해당 인터페이스는 kotlinx-coroutines-reactive 라이브러리의 asFlow 함수를 사용해 Flow로 변환할 수 있습니다.

```
suspend fun main() = coroutineScope {
    Flux.range(1, 5).asFlow()
        .collect { print(it) } // 12345
    Flowable.range(1, 5).asFlow()
        .collect { print(it) } // 12345
    Observable.range(1, 5).asFlow()
        .collect { print(it) } // 12345
}
```

반대 방향으로 변환하고 싶다면, 좀더 구체적인 라이브러리를 사용해야 합니

4 *https://projectreactor.io*
5 *https://github.com/ReactiveX/RxJava/tree/2.x*
6 *https://github.com/ReactiveX/RxJava/tree/3.x*

다. kotlinx-coroutines-reactor로 Flow를 Flux로 변환할 수 있습니다. 또한 kotlinx-coroutines-rx3(또는 kotlinx-coroutines-rx2)로 Flow를 Flowable이나 Observable로 변환할 수 있습니다.

```
suspend fun main(): Unit = coroutineScope {
    val flow = flowOf(1, 2, 3, 4, 5)

    flow.asFlux()
        .doOnNext { print(it) } // 12345
        .subscribe()

    flow.asFlowable()
        .subscribe { print(it) } // 12345

    flow.asObservable()
        .subscribe { print(it) } // 12345
}
```

JVM에서 플로우를 감지하거나 플로우가 완료될 때까지 현재 스레드를 블로킹하는 간단한 함수를 정의할 수도 있습니다.

```
// Kotlin
object FlowUtils {
    private val scope = CoroutineScope(SupervisorJob())

    @JvmStatic
    @JvmOverloads
    fun <T> observe(
        flow: Flow<T>,
        onNext: OnNext<T>? = null,
        onError: OnError? = null,
        onCompletion: OnCompletion? = null,
    ) {
        scope.launch {
            flow.onCompletion { onCompletion?.handle() }
                .onEach { onNext?.handle(it) }
                .catch { onError?.handle(it) }
                .collect()
        }
    }

    @JvmStatic
    @JvmOverloads
```

```
    fun <T> observeBlocking(
        flow: Flow<T>,
        onNext: OnNext<T>? = null,
        onError: OnError? = null,
        onCompletion: OnCompletion? = null,
    ) = runBlocking {
        flow.onCompletion { onCompletion?.handle() }
            .onEach { onNext?.handle(it) }
            .catch { onError?.handle(it) }
            .collect()
    }

    fun interface OnNext<T> {
        fun handle(value: T)
    }

    fun interface OnError {
        fun handle(value: Throwable)
    }

    fun interface OnCompletion {
        fun handle()
    }
}

class FlowTest {
    fun test(): Flow<String> = flow {
        emit("A")
        delay(1000)
        emit("B")
    }
}

// Java
public class Main {
     public static void main(String[] args) {
         FlowTest obj = new FlowTest();
         FlowUtils.observeBlocking(
                 obj.test(),
                 System.out::println
         );
     }
}
// A
// (1초 후)
// B
```

`Flow`를 `Promise` 또는 `CompletableFuture`로 변환하는 건 이점이 거의 없습니다. `Flow`는 여러 개의 값을 나타낼 수 있지만, `Promise`나 `CompletableFuture`는 단 하나의 값만 나타냅니다.

요약

이 장에서는 다른 플랫폼에서 코루틴을 사용하는 데 제한이 있다는 것에 대해 배웠습니다. 또한 코틀린 코루틴 개념을 다른 언어에서 사용할 수 있도록 변환하는 방법도 익혔습니다. 가장 기본적인 방법은 중단 함수를 블로킹이나 콜백 함수로 변환하는 것입니다. 플로우를 RxJava나 리액터(Reactor) 같은 라이브러리의 객체로 변환하거나, 다른 언어에서 사용 가능한 클래스로 래핑할 수도 있습니다. 하지만 플랫폼 종속적인 방법도 많습니다. 다른 언어에서 코틀린 코루틴을 사용해야 할 때 여기서 배운 내용이 많은 도움이 되기를 바랍니다.

29장

K o t l i n C o r o u t i n e s

코루틴을 시작하는 것과 중단 함수 중 어떤 것이 나을까?

여러 개의 동시성 작업을 수행해야 하는 경우를 생각해 봅시다. 이 작업을 수행하는 데 사용할 수 있는 함수는 두 종류가 있습니다.

- 코루틴 스코프 객체에서 실행되는 일반 함수
- 중단 함수

```
class NotificationsSender(
    private val client: NotificationsClient,
    private val notificationScope: CoroutineScope,
) {
    fun sendNotifications(
        notifications: List<Notification>
    ) {
        for (n in notifications) {
            notificationScope.launch {
                client.send(n)
            }
        }
    }
}

class NotificationsSender(
    private val client: NotificationsClient,
) {
    suspend fun sendNotifications(
        notifications: List<Notification>
```

```
    ) = supervisorScope {
        for (n in notifications) {
            launch {
                client.send(n)
            }
        }
    }
}
```

두 가지 방법은 비슷해 보이기는 하지만, 완전히 다른 사용 예를 보여 주고 있습니다. 차이점을 보기 위해 함수 본체를 읽을 필요도 없습니다.

일반 함수가 코루틴을 시작하려면 스코프 객체를 사용해야 합니다. 일반 함수는 대체로 코루틴을 시작한 뒤 완료되는 것을 기다리지 않으므로, sendNotifications가 실행되는 데 몇 밀리초면 충분합니다. 코루틴을 외부 스코프에서 시작하면 코루틴에서 발생한 예외는 해당 스코프에서 처리됩니다(대부분은 출력한 뒤 무시됩니다). 일반 함수에서 시작된 코루틴은 스코프 객체로부터 컨텍스트를 상속받으므로, 코루틴을 취소하려면 스코프를 취소해야 합니다.

```
class NotificationsSender(
    private val client: NotificationsClient,
    private val notificationScope: CoroutineScope,
) {
    // 시작한 코루틴을 기다리지 않습니다.
    // 예외는 스코프에서 처리됩니다.
    // 스코프로부터 컨텍스트를 받으며,
    // 스코프와 관계를 유지합니다.
    fun sendNotifications(
        notifications: List<Notification>
    ) {
        // ...
    }
}
```

중단 함수가 코루틴을 시작하면, 모든 코루틴이 끝날 때까지 중단 함수가 끝나지 않습니다. 마지막 알림이 완전히 처리될 때까지 sendNotifications 함수는 중단됩니다. 이 원리는 동기화가 이뤄진다는 점에서 중요합니다. 또한 중단 함수는 부모 코루틴을 취소하지 않습니다. 대신에 일반 함수가 예외를 던지거나 무시하는 것처럼, 예외를 던지거나 무시합니다. 중단 함수로 시작된 코루틴은 호출한 함수로부터 컨텍스트를 상속받고 호출한 함수와 관계를 맺게 됩니다.

```
class NotificationsSender(
    private val client: NotificationsClient,
) {
    // 코루틴을 기다립니다.
    // 예외를 처리합니다.
    // 컨텍스트를 받고
    // 시작한 코루틴과 관계를 유지합니다.
    suspend fun sendNotifications(
        notifications: List<Notification>
    ) {
        // ...
    }
}
```

두 가지 경우 모두 애플리케이션에서 중요합니다. 선택할 수 있다면 관리하기 쉽고 동기화도 가능한 중단 함수를 사용하는 것이 낫습니다. 하지만 코루틴을 처음 시작하는 경우에는 스코프 객체가 있는 일반 함수를 사용해야 합니다.

몇몇 애플리케이션에서는 외부 스코프에서 외부 프로세스를 시작해야 하는 중단 함수가 필요해, 두 종류의 함수를 혼합해서 사용해야 하는 경우도 있습니다.

실행에 필수적인 연산을 처리하지만, 독립적인 프로세스를 시작하기도 하는 함수를 생각해 봅시다. 다음 예제에서 이벤트를 보내는 프로세스는 외부 프로세스이기 때문에 외부 스코프에서 시작됩니다. 이렇게 하면,

- updateUser는 sendEvent 처리가 완료될 때까지 기다리지 않습니다.
- updateUser를 시작한 코루틴이 취소될 때 sendEvent 프로세스는 취소되지 않습니다. (동기화가 되지 않는 상황이므로 당연합니다.)
- eventScope가 이벤트를 전송하기 위한 컨텍스트와, 이벤트의 발생 여부를 결정합니다. (eventScope가 액티브하지 않다면, 이벤트는 전송되지 않습니다.)

```
suspend fun updateUser() = coroutineScope {
    val apiUserAsync = async { api.fetchUser() }
    val dbUserAsync = async { db.getUser() }
    val apiUser = apiUserAsync.await()
    val dbUser = dbUserAsync.await()
```

```
    if (apiUser.lastUpdate > dbUser.lastUpdate) {
        db.updateUser(apiUser)
    } {
        api.updateUser(dbUser)
    }

    eventsScope.launch { sendEvent(UserSunchronized) }
}
```

특정 상황에서는, 애플리케이션에서 두 가지 방식을 혼합하여 사용하는 것이 필요하지만, 주의해서 사용해야 합니다.

30장

K o t l i n C o r o u t i n e s

모범 사례

책을 끝내기 전에 필자가 구현한 모범 사례 몇 가지를 보여드리고자 합니다. 이 책에서 전부 소개된 내용이지만, 간단한 요약 정도로 생각하면 되며, 여러분들이 현업에서 코루틴을 적용할 때 여기서 본 모범 사례가 도움이 되었으면 합니다.

async 코루틴 빌더 뒤에 await를 호출하지 마세요

async로 비동기 작업을 정의한 뒤, 아무것도 하지 않은 채 연산이 완료되는 걸 기다리는 건 아무 의미가 없습니다.

```
// 이렇게 구현하면 안 됩니다.
suspend fun getUser(): User = coroutineScope {
    val user = async { repo.getUser() }.await()
    user.toUser()
}

// 이렇게 구현하세요.
suspend fun getUser(): User {
    val user = repo.getUser()
    return user.toUser()
}
```

위처럼 변환하는 것이 간단하지 않은 경우도 있습니다. async { ... }.await()

대신에 스코프가 필요하다면, coroutineScope를 사용하세요. 컨텍스트를 설정해야 한다면, withContext를 사용하세요.

비동기 작업 여러 개를 동시에 수행한다면, 마지막 작업을 제외한 모든 작업이 async를 사용해야 합니다. 가독성을 위해 모든 작업에 async를 사용하는 것이 낫습니다.

```
fun showNews() {
    viewModelScope.launch {
        val config = async { getConfigFromApi() }
        val news = async { getNewsFromApi(config.await()) }
        val user = async { getUserFromApi() } // async가 반드시 필요한 건 아니지만
                                              // 가독성을 위해 사용했습니다.
        view.showNews(user.await(), news.await())
    }
}
```

withContext(EmptyCoroutineContext) 대신 coroutineScope를 사용하세요

withContext와 coroutineScope의 차이는 withContext가 컨텍스트를 재정의할 수 있다는 것밖에 없으므로, withContext(EmptyCoroutineContext) 대신 coroutineScope를 사용하세요.

awaitAll을 사용하세요

awaitAll 함수는 비동기 작업 중 하나가 예외를 던졌을 경우에 곧바로 멈추며, map{ it.await() }는 실패하는 작업에 맞닥뜨릴 때까지 하나씩 기다리므로 map{ it.await() }보다 awaitAll을 사용해야 합니다.

중단 함수는 어떤 스레드에서 호출되어도 안전해야 합니다

중단 함수를 호출할 때, 지금 사용하고 있는 스레드가 블로킹될까 봐 걱정하면 안 됩니다. 특히 Dispatchers.Main을 자주 사용하는 안드로이드에서 중요하지

만, 백엔드에서 동기화를 위해 싱글스레드로 제한된 디스패처를 사용하는 경우에도 마찬가지입니다.

중단 함수가 블로킹 함수를 호출할 때는 Dispatchers.IO나 블로킹에 사용하기로 설계된 커스텀 디스패처를 사용해야 합니다. CPU 집약적인 디스패처로는 Dispatchers.Default나 병렬 처리 수가 제한된 Dispatchers.Default를 사용해야 합니다. 함수를 호출할 때 디스패처를 설정할 필요가 없도록 withContext로 디스패처를 설정해야 합니다.

```
class DiscSaveRepository(
    private val discReader: DiscReader
) : SaveRepository {

    override suspend fun loadSave(name: String): SaveData =
        withContext(Dispatchers.IO) {
            discReader.read("save/$name")
        }
}
```

Flow를 반환하는 함수는 flowOn을 사용하여 디스패처를 지정하며, flowOn은 상위 단계에서 지정된 컨텍스트를 전부 재정의하기 때문에 함수의 가장 마지막 단계로 사용합니다.

안드로이드의 뷰를 갱신하는 중단 함수에서 Dispatchers.Main.immediate를 반드시 사용해야 하는지에 대해서는 논란이 많습니다. 프로젝트의 정책에 따라 Dispatchers.Main.immediate의 사용 여부를 결정하면 됩니다. 안드로이드 프로젝트의 표현 계층과 같이 Dispatchers.Main이 기본 디스패처인 계층에서는 굳이 사용할 필요가 없습니다.

중단 함수를 사용하는 클래스에 대한 단위 테스트를 하고 싶다면, 단위 테스트를 위해 오버라이딩할 디스패처를 주입해야 합니다.

```
class DiscSaveRepository(
    private val discReader: DiscReader,
    private val dispatcher: CoroutineContext = Dispatchers.IO
) : SaveRepository {
```

```
    override suspend fun loadSave(name: String): SaveData =
        withContext(dispatcher) {
            discReader.read("save/$name")
        }
}
```

Dispatchers.Main 대신 Dispatchers.Main.immediate를 사용하세요

Dispatchers.Main.immediate는 Dispatchers.Main이 최적화된 것으로, 필요한 경우에만 코루틴을 재분배합니다. 보통은 Dispatchers.Main.immediate를 사용합니다.

```
suspend fun showUser(user: User) =
    withContext(Dispatchers.Main.immediate) {
        userNameElement.text = user.name
        // ...
    }
```

무거운 함수에서는 yield를 사용하는 것을 기억하세요

중단 가능하지 않으면서 CPU 집약적인 또는 시간 집약적인 연산들이 중단 함수에 있다면, 각 연산들 사이에 yield를 사용하는 것이 좋습니다. yield를 사용하면 중단되고 코루틴을 곧바로 재개하기 때문에, 코루틴을 취소하는 것도 가능합니다. yield를 호출하면 재분배도 가능하기 때문에, 한 프로세스가 다른 프로세스를 기아 상태에 빠지게 만드는 경우가 없게 만듭니다.

```
suspend fun cpuIntensiveOperations() =
    withContext(Dispatchers.Default) {
        cpuIntensiveOperation1()
        yield()
        cpuIntensiveOperation2()
        yield()
        cpuIntensiveOperation3()
    }
```

코루틴 빌더 내부에서 ensureActive를 사용할 수도 있습니다.

중단 함수는 자식 코루틴이 완료되는 걸 기다립니다

부모 코루틴은 자식 코루틴이 끝나기 전에 완료될 수 없으며, coroutineScope나 withContext 같은 코루틴 스코프 함수는 스코프 내의 코루틴이 완료될 때까지 부모 코루틴을 중단시킵니다. 그 결과, 부모 코루틴은 부모 코루틴이 시작한 모든 코루틴을 기다리게 됩니다.

```
suspend fun longTask() = coroutineScope {
    launch {
        delay(1000)
        println("Done 1")
    }
    launch {
        delay(2000)
        println("Done 2")
    }
}

suspend fun main() {
    println("Before")
    longTask()
    println("After")
}
// Before
// (1초 후)
// Done 1
// (1초 후)
// Done 2
// After
```

코루틴 스코프 함수의 마지막 코드에 launch를 사용하면 launch를 제거해도 똑같기 때문에 굳이 launch를 사용할 필요가 없습니다.

```
suspend fun updateUser() = coroutineScope {
    // ...

    // 이렇게 구현하면 안 됩니다.
    launch { sendEvent(UserSunchronized) }
}
```

중단 함수는 함수 내에서 시작한 코루틴이 완료되는 걸 기다리는 것이 기본 동작입니다. 외부 스코프를 사용하면 이 원칙을 위배할 수 있으며, 합당한 이유가 없다면 이런 방식은 피해야 합니다.

```
suspend fun updateUser() = coroutineScope {
    // ...

    eventsScope.launch { sendEvent(UserSunchronized) }
}
```

Job은 상속되지 않으며, 부모 관계를 위해 사용됩니다

코틀린 코루틴을 사용한 프로젝트에서 문제를 가장 많이 일으키는 원인 중 하나는 Job 컨텍스트가 유일하게 상속되지 않는 컨텍스트라는 사실을 잘못 이해하고 있다는 것입니다. 부모나 인자를 통해 받은 Job은 상속하는 것이 아니라 코루틴의 부모 관계를 정립하기 위해 사용합니다.

다음 예제를 봅시다. 코루틴 빌더에 SupervisorJob을 인자로 넣어봤자 변하는 건 없기 때문에 무의미합니다.

```
// 이렇게 구현하면 안 됩니다.
fun main() = runBlocking(SupervisorJob()) {
    launch {
        delay(1000)
        throw Error()
    }
    launch {
        delay(2000)
        println("Done")
    }
    launch {
        delay(3000)
        println("Done")
    }
}
// (1초 후)
// Error...
```

Job은 유일하게 상속되지 않는 컨텍스트입니다. 코루틴은 각자의 잡을 가지고 있으며, 잡을 자식 코루틴으로 전달하고, 전달된 잡이 자식 코루틴 잡의 부모가 됩니다. 앞의 코드에서, SupervisorJob은 runBlocking의 부모가 됩니다. 자식 코루틴에서 예외가 발생한다면, 예외는 runBlocking으로 전파되어, 해당 코루틴의 Job을 취소하고, 자식 코루틴 또한 취소되며, 예외를 던집니다. SupervisorJob을 부모로 만든 건 아무런 쓸모가 없습니다.

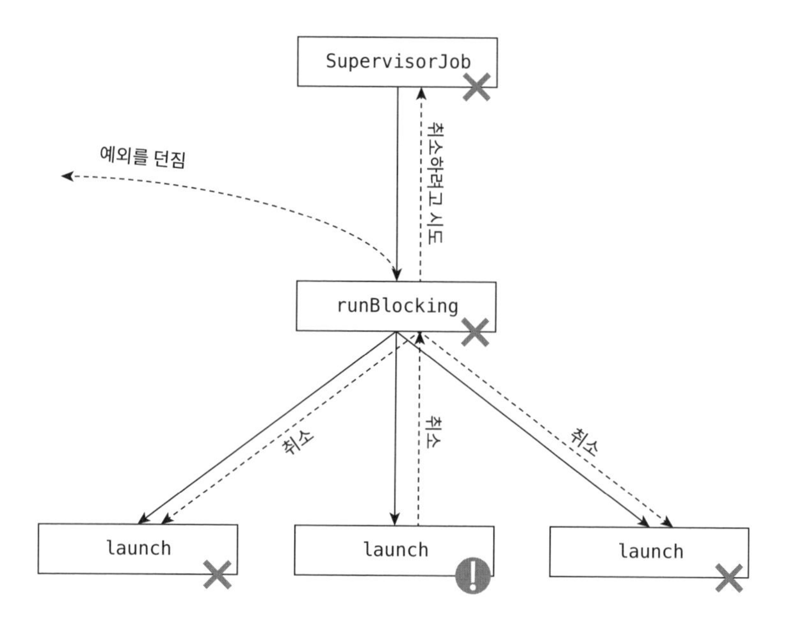

withContext를 SupervisorJob과 함께 사용할 때도 비슷한 실수를 많이 합니다.

```
// 이렇게 구현하면 안 됩니다.
suspend fun sendNotifications(
    notifications: List<Notification>
) = withContext(SupervisorJob()) {
        for (notification in notifications) {
            launch {
                client.send(notification)
            }
        }
    }
```

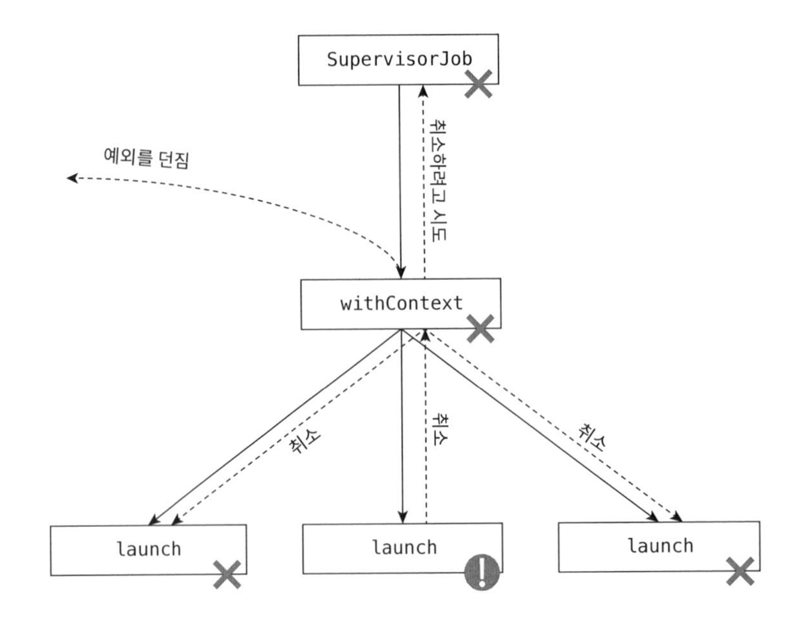

SupervisorJob을 이런 방식으로 사용하는 건 의미가 없습니다. SupervisorJob을 부모로 설정한 걸 보면, 자식 코루틴에서 발생한 예외를 무시하려는 의도로 보입니다. 자식 코루틴에서 발생한 예외를 무시하는 supervisorScope를 사용하는 것이 올바른 방법입니다.

```
// 이렇게 구현하세요.
suspend fun sendNotifications(
    notifications: List<Notification>
) = supervisorScope {
        for (notification in notifications) {
            launch {
                client.send(notification)
            }
        }
    }
```

withContext(Job())도 의미가 없으며, 잘못 구현한 코드입니다.

구조화된 동시성을 깨뜨리지 마세요

위에서 보여 준 실수는 의미가 없을 뿐 아니라 위험합니다. Job을 명시적인 코루틴 컨텍스트로 설정했을 경우, 코루틴의 부모 관계가 깨질 수 있습니다. 아래 예제를 보세요. Job을 코루틴의 인자로 사용할 경우 Job이 코루틴의 부모로 설정되는 문제가 발생합니다. 그 결과, withContext는 이 함수를 호출한 코루틴의 자식 코루틴이 될 수 없습니다. 호출한 코루틴이 취소되어도, Job을 부모로 설정한 코루틴은 취소되지 않으므로, 해당 코루틴의 내부에서 수행되는 프로세스가 지속되고 자원을 낭비하게 됩니다. 외부의 잡이나 스코프를 사용하면 구조화된 동시성이 깨지게 되며, 코루틴이 취소되지 않아 결과적으로 메모리 누수가 발생할 수 있습니다.

```
// 이렇게 구현하면 안 됩니다.
suspend fun getPosts() = withContext(Job()) {
    val user = async { userService.currentUser() }
    val posts = async { postsService.getAll() }
    posts.await()
        .filterCanSee(user.await())
}
```

CoroutineScope를 만들 때는 SupervisorJob을 사용하세요

스코프를 만들 때, 보통 스코프에서 시작한 코루틴에서 예외가 발생하면 다른 모든 코루틴을 취소하지 않을 거라고 생각합니다. 예외가 전파되지 않는 스코프를 만들려면 디폴트로 설정된 Job 대신에 SupervisorJob을 사용해야 합니다.

```
// 이렇게 구현하면 안 됩니다.
val scope = CoroutineScope(Job())

// 이렇게 구현하세요.
val scope = CoroutineScope(SupervisorJob())
```

스코프의 자식은 취소할 수 있습니다

스코프가 취소되고 나면, 취소된 스코프를 다시 사용할 수 없습니다. 스코프에서 시작한 모든 작업을 취소하지만 스코프를 액티브 상태로 유지하고 싶은 경우에는, 스코프의 자식을 취소하면 됩니다. 스코프를 유지하는 건 아무런 비용이 들지 않습니다.

```
fun onCleared() {
    // 이렇게 하는 것이 낫습니다.
    scope.coroutineContext.cancelChildren()

    // 이렇게 하는 것보다
    scope.cancel()
}
```

안드로이드에서는 커스텀 스코프를 정의하고 취소하는 것보다, 자동으로 취소할 수 있는 viewModelScope, lifecycleScope, 그리고 ktx 라이브러리의 생명주기를 인지하는 코루틴 스코프를 사용해야 합니다.

스코프를 사용하기 전에, 어떤 조건에서 취소가 되는지 알아야 합니다

안드로이드에서 코틀린 코루틴을 사용하면서 발견한 가장 좋은 원칙 중 하나는 '스코프를 결정하는 건 스코프가 취소되는 때를 정하는 것이다'입니다. 뷰 모델 각각은 뷰 모델이 종료되었을 때 취소되는 viewModelScope를 제공합니다. 생명주기 소유자는 생명주기가 끝났을 때 취소되는 lifecycleScope를 가지고 있습니다. 공유되는 글로벌 스코프 대신에 이러한 스코프를 사용하면, 스코프에서 시작된 코루틴이 더 이상 필요하지 않을 때 코루틴을 취소할 수 있습니다. 다른 스코프에서 시작된 코루틴은 다른 조건에서 취소됩니다. GlobalScope에서 시작한 코루틴은 절대 취소되지 않습니다.

```
class MainViewModel : ViewModel() {
    val scope = CoroutineScope(SupervisorJob())

    fun onCreate() {
        viewModelScope.launch {
            // MainViewModel에서 취소가 됩니다.
            launch { task1() }
            // 절대 취소되지 않습니다.
            GlobalScope.launch { task2() }
            // 스코프를 취소할 때 취소됩니다.
            scope.launch { task2() }
        }
    }
}
```

GlobalScope를 사용하지 마세요

GlobalScope는 사용하기 너무 쉽지만, 필자는 GlobalScope를 사용하는 대신에 SupervisorJob만 컨텍스트로 가진 아주 간단한 스코프를 만듭니다.

```
val scope = CoroutineScope(SupervisorJob())

fun example() {
    // 이렇게 구현하면 안 됩니다.
    GlobalScope.launch { task() }

    // 이렇게 구현하세요.
    scope.launch { task() }
}
```

GlobalScope는 관계가 없으며, 취소도 할 수 없고, 테스트를 위해 오버라이딩하는 것도 힘듭니다. GlobalScope가 당장 필요하더라도, 의미 있는 스코프를 만드는 것이 나중에 도움이 될 것입니다.

```
// GlobalScope의 정의입니다.
public object GlobalScope : CoroutineScope {
    override val coroutineContext: CoroutineContext
        get() = EmptyCoroutineContext
}
```

스코프를 만들 때를 제외하고, Job 빌더를 사용하지 마세요

Job 함수를 사용해 잡을 생성하면, 자식의 상태와는 상관없이 액티브 상태로 생성됩니다. 자식 코루틴 일부가 완료되더라도, 부모 또한 완료되는 것은 아닙니다.

```
suspend fun main(): Unit = coroutineScope {
    val job = Job()
    launch(job) {
        delay(1000)
        println("Text 1")
    }
    launch(job) {
        delay(2000)
```

```
        println("Text 2")
    }
    job.join() // 여기서 영원히 대기하게 됩니다.
    println("Will not be printed")
}
// (1초 후)
// Text 1
// (1초 후)
// Text 2
// (영원히 실행됩니다.)
```

Job이 완료되려면, `complete` 메서드가 먼저 호출되고 'Active' 상태에서 자식 코루틴이 종료될 때까지 기다리는 'Completing' 상태로 바뀌어야 합니다. 하지만 완료 중이거나 완료된 잡에서 새로운 코루틴을 시작할 수는 없습니다. 잡의 자식 참조를 사용해 자식 코루틴을 기다리는 것이 좀더 실용적입니다 (`job.children.forEach { it.join() }`). 대부분은 코루틴 빌더가 반환하는 잡을 기다리는 것이 가장 간단합니다. 활성화된 작업을 가진 잡을 변수에 저장하거나, 시작한 코루틴 전부의 잡을 모으는 방법이 가장 흔한 예입니다.

```
class SomeService {
    private var job: Job? = null
    private val scope = CoroutineScope(SupervisorJob())

    // 새로운 작업을 시작할 때마다,
    // 이전 작업을 취소합니다.
    fun startTask() {
        cancelTask()
        job = scope.launch {
            // ...
        }
    }

    fun cancelTask() {
        job?.cancel()
    }
}

class SomeService {
    private var jobs: List<Job> = emptyList()
    private val scope = CoroutineScope(SupervisorJob())
```

```
    fun startTask() {
        jobs += scope.launch {
            // ...
        }
    }

    fun cancelTask() {
        jobs.forEach { it.cancel() }
    }
}
```

스코프를 만드는 경우가 아니면 Job 빌더를 사용하지 않는 걸 권장합니다.

Flow를 반환하는 함수가 중단 함수가 되어서는 안 됩니다

플로우는 collect 함수를 사용해 시작되는 특정 프로세스를 나타냅니다. Flow를 반환하는 함수가 프로세스를 정의하며, 프로세스가 시작될 때까지 프로세스는 실행되지 않습니다. 프로세스를 직접 수행하는 중단 함수와는 아주 다른 특징을 가지고 있습니다. 두 가지 서로 다른 개념인 플로우 반환 함수와 중단 함수를 혼용해서 사용하는 건 직관적이지 않으며 문제를 일으킬 가능성도 큽니다.

감지하는 서비스를 가지고 와서 감지하는 역할까지 하는 함수가 필요한 경우를 생각해 봅시다. 다음 구현 방법에는 문제가 있습니다.

```
// 플로우를 반환하는 중단 함수를 사용하지 마세요.
suspend fun observeNewsServices(): Flow<News> {
    val newsServices = fetchNewsServices()
    return newsServices
        .asFlow()
        .flatMapMerge { it.observe() }
}

suspend fun main() {
    val flow = observeNewsServices() // 서비스를 가져오고
    // ...
    flow.collect { println(it) }     // 감지하기 시작합니다.
}
```

observeNewsServices가 호출될 때, 프로세스 일부는 실행이 되고, collect를 호출할 때 나머지가 실행이 되는 건 직관적이지 않습니다. 또한 나중에 수집할 때, 이미 가져온 뉴스를 여전히 사용하고 있습니다. 마찬가지로 문제를 일으키며 직관적이지 않습니다. Flow를 반환하는 함수는 플로우에서 전체 프로세스를 처리하도록 만드는 것이 일반적입니다.

위 함수를 개선하기 위해 가장 많이 사용되는 방법은 중단 함수 호출을 플로우에서 처리하게 만드는 것입니다.

```
fun observeNewsServices(): Flow<News> {
    return flow { emitAll(fetchNewsServices().asFlow()) }
        .flatMapMerge { it.observe() }
}

suspend fun main() {
    val flow = observeNewsServices()
    // ...
    flow.collect { println(it) }
    // 서비스를 가져옵니다.
    // 감지하기 시작합니다.
}
```

프로세스가 완료되기까지 중단 함수를 기다리게 하는 것입니다.

```
suspend fun fetchNewsFromServices(): List<News> {
    return fetchNewsServices()
        .mapAsync { it.observe() }
        .flatten()
}

suspend fun main() {
    val news = fetchNewsFromServices()
    // 서비스를 가져옵니다.
    // 감지하기 시작합니다.
    // ...
}
```

하나의 값만 필요하다면 플로우 대신 중단 함수를 사용하세요

가장 논란이 될 주제로 모범 사례를 마무리하려고 합니다. 다음 함수를 보세요. 플로우가 어떤 값을 내보낼지 예측할 수 있나요?

```
interface UserRepository {
    fun getUser(): Flow<User>
}
```

현재 상태뿐 아니라 상태가 바뀌었을 때도 플로우가 사용자 데이터를 내보낼 것을 알 수 있습니다. Flow의 타입은 내보내는 값의 형태를 나타내기 때문입니다. 지연된 데이터가 하나만 있다면, 중단 함수를 사용합니다.

```
interface UserRepository {
    suspend fun getUser(): User
}
```

수많은 애플리케이션들 중 특히 안드로이드 애플리케이션이 이 원칙을 위배하여, 가능한 모든 경우에 중단 함수 대신 플로우를 사용합니다. 이렇게 하는 이유는 팀에서 이전부터 RxJava를 사용해 왔고, 해 왔던 방식을 고수하기 때문입니다. 필자의 친구는 "나는 RxJava 시니어지만, 코틀린 코루틴에 있어서는 주니어야. 난 주니어가 되기 싫고, 플로우는 RxJava와 비슷하니, 플로우에서는 시니어와 주니어의 중간 정도는 되지 않을까?"라고 말한 적이 있습니다.

안드로이드 개발자들이 플로우를 선호하는 한 가지 이유가 더 있습니다. 변경 가능한 상태를 나타낼 때 상태플로우(StateFlow)를 주로 사용하게 되었고, 플로우는 stateIn 함수를 사용해 상태플로우로 쉽게 변경이 가능합니다. 따라서 플로우로 처리하는 것이 편리합니다.

```
class LocationsViewModel(
    locationService: LocationService
) : ViewModel() {

    private val location = locationService.observeLocations()
        .map { it.toLocationsDisplay() }
        .stateIn(
            scope = viewModelScope,
```

```
            started = SharingStarted.Lazily,
            initialValue = LocationsDisplay.Loading,
        )

    // ...
}
```

어디에서든 플로우를 사용하는 팀에 들어간다면, 팀의 정책을 따르는 것이 좋습니다. 모든 팀은 각자만의 스타일과 방식이 있습니다. 하지만 프로젝트를 처음 설계하거나 코루틴을 이제 막 도입하는 상황 같이 선택이 가능한 경우에는 하나의 값만을 얻기 위한 곳에서는 플로우를 사용하지 않는 것이 좋습니다. 이렇게 하면 코드가 더 간단해지고, 쉽게 이해할 수 있으며, 더 효율적이 되기 때문입니다.

이 장을 마치기 전에 마지막으로 당부드리고 싶은 말이 있습니다. 모범 사례가 항상 옳은 것은 아닙니다. 모범 사례는 일반적인 상황에 적용되는 지침이며, 모든 상황에 적용되는 규칙은 아니기 때문입니다.

마치며

모든 좋은 일에도 끝이 있기 마련이라는 사실은 슬프게도 이 책에도 적용됩니다. 코틀린 코루틴에 대해 말할 게 아직 많이 남았지만 필수적인 것들은 대부분 다루었다고 생각합니다. 이제 지금까지 배운 지식을 현업에 적용하고 코틀린 코루틴에 대한 이해도를 높일 차례입니다.

찾아보기